天下文丛

散步·路上
——我与学生聊哲学

陈先达 著

中国人民大学出版社
·北京·

序

八十岁以后，学院领导照顾我，再也没有让我在教室里上大课了。学生知道我喜欢散步并且比较准时，路线也固定，他们喜欢和我聊天，有时特意站在我必经之路等着我，陪我散步聊天。下面记下的一些感想式的东西，其中有些是学生们散步时向我提出的问题，我边走边随口说说。如果我觉得有点意思，会回来翻翻书，加工，扩充。散步是我的生活习惯。另外，学生也会到我家里，谈些哲学问题。学生走后，我也会把谈话内容经过加工后敲在电脑里。这些东西是我晚年生活的一部分。

"教学相长"，的确如此。学生年轻，思想比我敏锐，从网上知道很多东西。他们过的是集体生活，彼此交谈也会产生许多想法和问题。交谈并不是负担，而是一种思想交流，彼此受益。边走边聊，也可算是除课堂教学外的另一种教学方式。可惜现在老师多住在校外，上课来，下课走。学生可能很长时间见不到导师。房改后校内即使有教员，也多已退休。学校，仿佛是知识交易市场，而不是教师和学生融合相处充满文化氛围的文化殿堂。这种情况是好还是不好，我也分不清。我仍然是老脑筋，我还是喜欢一个师生共处的校园，而不只是学生公寓。我们谈起北大的燕东园或什么园的名教授的故居，至今仍津津乐道，因为它代表一种校园文化。这种情况可能要成为历史陈迹了。

我和学生谈的没有什么深奥的哲学思想，我也谈不出什么深奥的哲理。

我喜欢从问题中体现智慧，喜欢能思考的头脑，而不喜欢玩弄概念，更不喜欢看不懂、听不明的道理。

哲学思维当然需要概念，也离不开概念。但体会哲学道理，回答问题，不一定非得搬弄概念不可。纯概念式的思维往往流于空洞。中国式的思维方式更接近生活。从生活中悟出哲学道理，讲授哲学道理更深刻易懂。《道德经》中的"九层之台，起于垒土；千里之行，始于足下"，比纯粹从概念上讲述量变与质变的关系更易懂。庄子以"夏虫不可语于冰，非无冰也，以其未见冰也"，说明个人生命短促带来的认识局限性，多形象、多贴切。孔子以"逝者如斯夫，不舍昼夜"，说明世界事物的运动变化；以"岁寒，然后知松柏之后凋也"，说明人的高尚品格应该经过实际考验。这种例子太多，中国哲学没有抽象说教和概念式演绎，而是结合生活实际，从生活实际中悟出哲学道理。我喜欢这种方式。这能真正表现一个人的哲学智慧水平，而不会使人被云山雾罩的概念弄得头脑浑浑。

我不是否定哲学知识和哲学概念的重要性。没有概念，就没有哲学，也没有哲学思维。我只是说，我们既要有运用概念思维的能力，也要有面对现实通俗讲解、从问题和对问题的回答中体会哲学的能力。如果离开概念就不能讲哲学，正如没有讲稿就不能说话一样，只能说是智慧的欠缺。

哲学追求的是智慧，是关于智慧之学。学习哲学，当然要重视学习哲学史，而哲学史往往同时是概念和范畴发展史。中外历史上大哲学家的思想是他们的智慧，但对我们来说只是哲学史知识。知识是别人的，而智慧必须是自己的。知识可以学习，而智慧必须内化为自己的血肉和灵魂，变为自己的思维方式，变为自己应时处理和观察对象的思维能力和决断力。有哲学史知识的人不一定有智慧，像熟读兵书的赵括，拥有太多的兵书知识但无用兵的智慧，一上战场就一败涂地。一个善于玩弄哲学概念、可以有N多哲学知识的人，不一定是有哲学智慧的人。

古代哲学家有对话体，对话体也可以看作聊哲学。我们先圣孔子的

《论语》也是对话，其中也有闲聊的东西。你看其中不少师生对话，仿佛在聊天。《论语》中记载孔子与学生子路、曾点、冉有、公西华在一起聊，要他们各言其志，师生聊得很热闹，像是一幕折子戏。当其他学生说完远大志向后，孔子听到曾点的志向是春游："暮春者，春服既成。冠者五六人，童子六七人，浴乎沂，风乎舞雩，咏而归。""夫子喟然叹曰：吾与点也！"这哪里像上课，仿佛是朋友聊天，这多好。孔子因才施教无愧为"万世师表"。

我总以为，课堂听、课下聊，各有长处。听，是接受；聊，是对话。听，可得到一些知识；聊，才能碰出思想火花。有时，聊胜过上课。"听君一席话，胜读十年书"，看来古人也有主张聊的。

目　录

第一章　人性的观察

1. 谈人/3

2. 谈我/8

3. 谈头脑/11

4. 谈眼睛/13

5. 谈坐/16

6. 谈人情/19

7. 谈性情/22

8. 谈庸人/24

9. 谈心胸狭隘/26

10. 谈焦虑/28

11. 谈谦虚/30

12. 谈消费/33

13. 谈死/35

第二章　生活的世界

1. 谈生活世界/41
2. 谈尊重生命/44
3. 谈活和为了什么活/46
4. 谈"使人成为人"/50
5. 谈民不聊生/53
6. 谈信/56
7. 谈利益/58
8. 谈贡献/61
9. 谈识时务/63
10. 谈功成身退/66
11. 谈游泳/69
12. 谈风雨/71

第三章　命运的省思

1. 谈人生之路/75
2. 谈生命的短暂/77
3. 谈命与运/79
4. 谈性格与命运/82
5. 谈逢时和安时/85
6. 谈"另一个世界"/87

7. 谈书 /89

8. 谈神 /92

9. 谈风水 /94

10. 谈"我深信" /96

第四章 社会的思考

1. 谈中外古今 /101

2. 谈"两个坚持" /103

3. 谈政治与人性 /106

4. 谈顶层设计 /109

5. 谈国家 /111

6. 谈封建主义 /115

7. 谈我们社会的性质 /118

8. 谈资本与资产者 /122

9. 谈比较 /124

10. 谈发展的代价 /128

11. 谈多难兴邦 /133

12. 谈"民"的地位的演变 /136

13. 谈劳动成果 /141

第五章 历史的世界

1. 谈学点历史 /145

2. 谈向历史学习/148
3. 谈历史与史学/150
4. 谈历史的世界/152
5. 谈历史研究/155
6. 谈历史感/157
7. 谈历史的尝然/160
8. 谈历史的逻辑/163
9. 谈历史眼光/165
10. 谈历史时间/168
11. 谈历史考据/171
12. 谈考古/173
13. 谈古今之辨/175

第六章 文化的视野

1. 谈文化的重要性/181
2. 谈文化与文明/184
3. 谈文化与器物/187
4. 谈文化形态与文化传统/189
5. 谈民族命运与文化命运/192
6. 谈思潮/195
7. 谈儒教/197
8. 谈道德评价/200
9. 谈话语权/203
10. 谈名门政治与传统观念/205

11. 谈向西方学习/207

第七章　认识的解剖

1. 谈认识论/213
2. 谈解释世界/215
3. 谈现象/218
4. 谈事实/220
5. 谈观察/222
6. 谈调查/224
7. 谈眼睛向下/226
8. 谈直面世界/228
9. 谈解剖/230
10. 谈概念/232
11. 谈理性/234
12. 谈偏见/237
13. 谈伪/239

第八章　学术的价值

1. 谈尊重科学/243
2. 谈学术性/247
3. 谈认识对象/250
4. 谈数据/252

5. 谈问题 / 254

6. 谈学科交叉 / 257

7. 谈科学技术 / 259

8. 谈规律性认识 / 262

9. 谈理与论 / 264

10. 谈理论的重要性 / 266

11. 谈理论的运用 / 268

12. 谈学以致用 / 271

13. 谈学者的社会责任 / 273

第九章 辩证的思维

1. 谈辩证思维 / 279

2. 谈思维方法中的质和量 / 281

3. 谈现象与本质 / 284

4. 谈因果联系 / 286

5. 谈偶然性 / 290

6. 谈偶然性的原因 / 294

7. 谈可能性 / 296

8. 谈界限 / 297

9. 谈条件 / 299

10. 谈情理 / 301

11. 谈黑与白 / 303

12. 谈新与旧 / 305

13. 谈经与权 / 307

14. 谈有用与无用 / 308

15. 谈借口与诱因 / 311

第十章 哲学的追问

1. 谈"为什么？" / 315
2. 谈时代精神的精华 / 317
3. 谈哲学难题 / 321
4. 谈哲学开窍 / 324
5. 谈同性恋问题的哲学视角 / 327
6. 谈哲学的现实性与超现实性 / 331
7. 谈改变自我 / 333
8. 谈人类世界 / 337
9. 谈自然界的优先地位 / 339
10. 谈物质恐惧症 / 341
11. 谈地形与地图 / 344
12. 谈格言 / 346
13. 谈用书难 / 350
14. 谈历史唯物主义的最大贡献 / 352
15. 谈历史唯物主义的辩证本性 / 354
16. 谈马克思主义思想中的死东西与活东西 / 357

后记 / 361

第一章 人性的观察

1. 谈人

你们学哲学，首先要理解世界的客观本质，如果这个前提动摇了，其他重大哲学问题的解答就不可能正确。但同样重要的是，你们应该要理解人的本质，理解人在世界中的地位和作用。不理解人的本质，不理解人的实践活动，即使你承认世界的客观性，同样超不出旧唯物主义的水平。我们今天探讨一下关于人的问题。人的问题是个大题目，与人文社会科学各门学科相关，牵涉的问题也最多。这里我们从哲学角度聊一个最重要的问题，这就是人的出现对世界究竟有何意义。

从广义上说，人也是动物，灵长类动物。世界上动物的品种是极其多样的，而且在自然的发展过程中，不断有品种消失，新的品种产生。例如，古代的恐龙。在生态环境恶化的当代，一些动物濒临灭绝的消息，时有所闻。人不同。人是世界上唯一的独特品种。虽然人也经历过进化的不同阶段，但人作为动物中的一种特殊的类存物，是唯一不能消失灭绝的动物。人的消失和其他动物某一品种的消失，意义完全不同。人是唯一通过实践为自己创造生存条件的动物，是有思想、能思维的动物。

人有肉体和精神，是两者的统一。其他动物基本上是肉体性的存在。高等动物也有某些意识和心理的萌芽，但仍然是动物性的本能意识与心理。人不仅有意识而且能意识到自己的意识，即自我意识；人不仅有心理，而且能分析和理解自己的心理，能调控自己的心理。特别重要的是，人是思

想的动物。思想以语言为载体,是具有创造性的、反复的、能动的思维过程。思想就是能让人的意识停下来只关注某一点,反复思考、思索的过程。它的成果是精神产品。王安石写作《泊船瓜洲》的推敲过程就表明人的思想的能动性:"京口瓜洲一水间,钟山只隔数重山。春风又绿江南岸,明月何时照我还。"据说,其中"春风又绿江南岸"的"绿"字,是经过反复推敲才定下来的。原来用"过"字,又用"到"字,又用"入"字,均不满意,最后定为又"绿"江南岸。这就是思想,又思又想,即反复思索。

我们是人,都有思想,但我们多半停留在日常思维的水平,而日常思维往往是习惯性思维。早上起来穿衣、吃饭、上班、回家,一切完全按习惯行事。从早到晚,日复一日,甚至年复一年。我们的思想已经习惯化,而习惯是最无创造性的。我们的哲学史、文学史、科学史都是思想史,不是思维习惯史;我们的政治家、科学家、学者都是思想家,他们不是习惯性思维而是创新性思维。一个按习惯思维的人，成不了思想家，也上不了思想史。人有思想，但不是人人都能成为思想家。我们应该重视思想，这是马克思主义哲学不同于旧唯物主义哲学的地方。笛卡尔的"我思故我在"命题的意义不在于它的科学性，而在于哲学智慧，它强调人是思想的动物。

人是肉体性存在，所以人受生物学规律支配。人的生命是有限的，人的体能是有限的，总之，一切肉体性存在都是有限的。世界奥运短跑冠军只是人间的冠军，在动物世界连兔子都跑不过。跳高冠军也跳不过跳蚤。跳蚤可以跳过自己身体的几百倍高的高度，而世界奥运跳高冠军跳不过自己身高的两三倍的高度。举重冠军无法与骆驼相比。人，就其肉体性存在而言，是无法与其他动物相比的，并不比其他动物优越。

人的肉体是不自由的。手的长度是有限的，所以单纯依靠手，拿不到距离一米远的东西。同样，单纯依靠脚，不可能周游世界。思想不同，思想具有创造性和自由性。手不长，可以发明工具延长手臂；脚走不远，可以发明火车、飞机。总之，一切肉体的限制都可以因为思想的发明和创造而得到克服。这就是有人的世界和无人的世界的根本区别。

人，不仅是从动物中提升出来的一种源自动物又高出动物的新物种，而且改变了世界的面貌。没有人，世界就失去了能了解世界自身的动物。张载所说的"为天地立心"，照我的解读，天地是自然物，它本无心，它不能了解自己，能了解天地的只有人。只有人，才了解天，懂得天行健；了解地，懂得厚德载物。这就等于"为天地立心"。有人的世界和无人的世界完全不同。无人的世界是自在的世界，按自然规律演化，而有人的世界是可以创造人化世界的世界。人化世界是双重规律的世界，不仅受自然规律支配，而且受社会规律支配。

人依存于世界又改变世界。人与世界共同变化。世界的人化与人因改变世界而发生的进步是共进的。不同的是，人的进步不是动物的进化，而是社会的产生、社会的进步。没有人化，就不会产生文化。文化是人化的结果。文化，是人改造世界的副产品。之所以说是副产品，是说人在创造生存资料和生活资料的同时，也在创造文化。副产品，毫无贬低之意，只是说人首先是生产生存的物质资料，然后才有文化活动。可是这个副产品对人类社会进步和发展来说，其重要性是不言而喻的。没有文化和文化活动，人类为生存而进行的物质生产就如同动物的觅食。如果这样，人就不是地球上唯一的独特品种，而是动物世界中多了一个"人"这种动物物种。人失去了人特有的价值和意义，也失去了他们产生和生存的必然性，这样，有人的世界和无人的世界便毫无区别。

意义、价值问题都与人这个"物种"的独特性相关。没有人对客观对象的本质和规律的把握，就不能理解对象。然而，只有理解对象，才能有对对象意义的把握。同样一个对象，对不同的人意义可以完全不同。一棵树，对于一个植物学家和一个非植物学家来说，意义完全不同。植物学家可以说出许多关于树的道理和它对人生存的意义，而外行除了说它是树以外，可以说是一无所知。理解越深，越能懂得对象的意义。价值也是如此。知道它的意义，也就知道它的价值，因为价值与意义不可分。连它的意义都不知道，何以知道它的价值呢？对于外行，也许一块真正的和田玉与一块石头差不多，根本无法分辨，因为他不理解对象，所以也不可能知道玉的意义，从而也不知道玉的价值。可是，只有人而无对象，也不存在意义和价值的问题。意义和价值都是关于对象的意义和价值，如果不存在树，当然也就不存在关于树对人类生存的意义和价值。不存在和田玉，也就不存在和田玉的意义和价值。意义和价值都不能是纯主体的，也不能是纯客体的，而是主客体之间的一种关系。这个关系是可变的，因为主客体关系不是抽象的，它总是一定条件下的主客体关系。人类对对象的意义和价值的理解是变动的。我小时候，甲鱼是最不值钱的，在我们家乡不能上桌待客，可现在却成为珍品。为什么？因为人们发现了它的营养价值。这种情况几乎天天都会发生。对象的意义和价值处于不断被发现的过程之中。

对对象的意义和价值的发现,就是对一个原本不理解它的存在价值的东西,发现了它的存在价值,揭示了它的存在意义。人对对象的认识不能止于对规律的认识,而必须进入对对象的意义和价值的认识。这才知道它是什么,而且知道它对人类自身的生存有什么意义和价值。如果只认识虫草而不知道虫草的药用价值和营养价值,这不能算是对虫草的认识。只不过是认识虫草就是虫草而已,这是只知其名而不知其实。凡是只知名而不知实的认识,都不可能进入价值和意义认识的层次。

人,是镶嵌在自然界王冠上的宝石。他改变了世界的纯自然进化,由自然史进入人类史;改变了自在世界的面貌,产生了人化世界。人化世界丰富多彩。这是我提醒你们研究人的出现的哲学意义的原因。要认真地从马克思主义哲学高度理解人。人跪倒在自然面前,把自然神化,变为自然的奴仆,这是人类早期的不幸;可人若企图取代万能的上帝,以为人无所不能,这又是自然的灾难,归根结底还是人类自身的不幸。当人类由于自然的惩罚而真正陷于灭绝,世界还归无人的世界,这与恐龙或某种动物品种的消失可不是一回事,世界将真正变为一个寂寞的世界!

2. 谈我

年轻人喜欢把我字挂在嘴上，我如何如何。但我劝你们，应该要有自我意识、重视自我，更应该从哲学高度懂得"我"的意义。否则，过分的自我是自己人生的一种灾难。

我是唯一的。世界上只有一个我，不会有第二个我。但我作为人的存在不是唯一，人的存在中包括每一个我，我只有在人的存在中才能成为我。我是唯一的我，而不是唯一的人。德国哲学家施蒂纳在其著作《唯一者及其所有物》中，就把我的唯一性变为人的存在的唯一性，鼓吹极端个人主义，我之外的存在都是为我的存在，因而个人自由是绝对的、无条件的。

实际上，"我"只有在"非我"中才能生存。"非我"中除物外，最重要的是"他人"。"我"只有生活在人中才能成为我。因而，我的自由是有条件、有限度的。只要有两个人，彼此对对方的自由就是一种限制。同一宿舍就没有通宵吵闹的自由，在马路上就没有横冲直闯的自由。人也不可能幻想不依靠飞行器在太空中自由飞翔。这是外在条件的限制。《庄子·逍遥游》中描写的那条北海的鱼，化为大鹏，抟扶摇直上九万里，在太空中自由飞翔。即使如此，庄子也承认大鹏的自由还是"有待"的，即"御风而行"。没有风，大鹏也难以乘风而行。"有待"即是条件。庄子追求"无待"即无条件的自由，这也只是庄子作为哲学家的一种追求而已。实际上，"无待"的自由是不存在的。

不仅有外在限制，还有内在限制，即人自身的意志、能力对自由的限制。人可以在思想中认为自己是绝对自由的，可以狂思乱想，甚至妄想。实际上，人的幻想能力再大，"上穷碧落下黄泉"，可"碧落"和"黄泉"就是范围。无论艺术家、科幻小说家怎样自由思想，无论乌托邦主义者怎样构思未来，我们都可以发现人的思想的制约性，发现思想自由的限度。人的所思所想，无论怎样自由，都不可能超越自己的思想能力和认识能力的限度。

人的所思所想，可以分为"远见"、"短见"。有的人高瞻远瞩，有的人鼠目寸光。人的思想是自由的，但不会因此每个人的思想的自由"度"就完全一样。有的人即使给他最充分的思想自由，仍然超不出鼻子底下的一些琐事。法律规定的思想自由权和人实际具有的自由思想力是不同的。前者是法律问题，后者是哲学问题。思想自由不仅是一种权利，而且是一种能力。

自由主义最大的错误就是追求无条件的自由。自由不能是抽象的，也不是绝对好的东西。绝对自由祸害无穷。马路上的绝对自由就是车祸，婚姻的绝对自由就是家庭的解体。公民的绝对自由就是社会解体、社会秩序混乱，国家办不成任何一件大事。绝对自由的反面就是人人没有自由。正如民主一样，绝对民主就是专制。在某一宗教信仰占统治地位的地区，绝对民主就有可能是宗教极端主义对非教徒的专制；在种族歧视的国家，绝对民主就有可能是占国家人口多数的民族对少数族裔的专制。绝对民主就是绝对专制。在社会领域，自由、民主、人权都必须有规则，即有法律规定。

对我而言，我是唯一的，但每个人都是一个我；人不是唯一的，人是由无数个我组成的。因此，我请诸位注意，凡是强调我的时候都必须考虑到，除我之外，还有无数个我，即别人。只知道有我，不知道还有你和他的人，在哲学上是唯我主义，在道德上是绝对利己主义，而在政治思想上必然是绝对自由主义。在地球上不存在我是"唯一者"的王国，这只能存在于哲学的幻想中，可哲学家同样生活在你我他之中。鲁迅曾嘲笑这种人说，世界最好有三个人：除了我和我的爱人，至少还有一个卖烧饼的。

这个道理似乎中国帝王都懂。皇帝称孤、称寡，并非狂妄而是自谦自警，提醒不要因为失德无道而成为孤家寡人。孤家寡人就是独夫，也就是孟子说的未闻弑君只闻诛独夫。难道我们还要由于绝对个人主义而成为21世纪的孤家寡人吗？

3. 谈头脑

列宁说要靠头脑工作，而不只是靠舌头来工作。可我们经常是靠舌头工作，说空话，不干实事。中国老百姓讽刺这种干部是"口号"挂在嘴上，"不准"贴在墙上，坏事落在行动上。

为老百姓干实事，是不能专靠舌头的，而必须依靠大脑。只依靠舌头，空话永远是空话。依靠大脑才能出点子，出好点子。要由大脑指挥舌头。如果让舌头指挥大脑，巧舌如簧，喋喋不休地说空话，则无一可用之策，无一可行之事。靠舌头，就是空谈误国；靠大脑，才能实干兴邦。可大脑是思维的器官，它自身不会产生思想。光靠拍脑袋是有害的。要充分发挥大脑的作用，必须要有正确的思维方法。我们专业的重要功能就是提供科学的思维方法。

做实际工作要靠大脑。毛泽东说多谋善断，多谋，就是动脑子。我们搞哲学同样要依靠大脑。我的意思不是说其他人可以不用头脑思维。用大脑思维，不是哲学家的特点，而是人的共性。我说哲学家要用脑子，就是说哲学家要善于思索，善于辨明种种不同哲学思潮的本质，不要追风闻味，凡追风闻味者，往往是赶时髦，而非坚持真理。列宁就曾经批评当时俄国一些马克思主义哲学工作者，他们背离马克思主义哲学的基本原则，以所谓探索之名为当时流行的唯心主义学说所俘。他们不是用头脑思索哲学，而是追风闻味，把马克思主义哲学当作用旧的手套，结果掉入时髦唯心主义的陷阱。列宁把他们称为"哲学上的无头脑者"。

头脑如何思维这是一个脑科学问题,极其复杂,至今仍是黑箱,但大脑是思维器官,这个哲学命题不会因为脑科学仍在研究而不可信。因为医学证明,无论是脑梗塞、脑溢血或老年痴呆都影响正常思维,这说明大脑是思维器官这个哲学命题是不可能被推翻的。

我们要做一个坚定的马克思主义哲学工作者,必须头脑清醒。头脑清醒不是指大脑生理运行正常,而是指观点正确、思维清晰。技术可以依靠电脑,清醒的思维必须依靠头脑。你们要重视电脑,更要重视头脑;否则,永远成不了哲学家。

4. 谈眼睛

眼睛是视觉器官，没有眼睛就会失明。这一点谁都知道。可我们搞哲学的人不能只停留于此。对我们来说，眼睛包含太多的哲学问题。你用眼睛看到的对象，是否就是外在的真实的对象呢？为什么同样是用眼睛看，对同一对象可以形成无数不同的映象呢？康德关于物自体的学说，贝克莱关于存在就是被感知的学说，以及现在风行一时的"一人一世界、世界就在你心中"等观念，都是重要的哲学问题。这就存在眼前世界和眼中世界，即心外的世界和心中的世界，是一个世界还是两个世界的问题。哲学路线上的分歧，从根本上说都离不开这个问题。争论了几千年，至今仍在争争吵吵。

我们今天不探讨这些问题，而只聊一个问题，即眼睛的问题。没有眼睛就会失明，就是盲人。可有眼睛照样可以失明。这种"失明"，我们称为"失察"，是失之"明察"。看问题可以有远见、有高见、有浅见、有短见，有的明察秋毫，有的目不见泰山。原因当然不在于眼睛的视觉功能，而在于对眼睛所感知的事实的不同判断。眼睛的生理功能就是看，作出判断的不是眼睛，而是思维。

中国人常说，知子莫若父。其实最不了解儿子的可能是父亲，不要看是在自己眼皮下长大的，但常常却因为爱蒙蔽了眼睛。天下真能看出自己儿子缺点的父亲并不多，看出缺点不为其辩护的父亲更不多。有人调侃说，恋爱时智商最低，是白痴。父母何尝不是如此。古今都证明，凡对子女溺爱的人，头脑是昏的，眼睛是瞎的。有的学者曾以明代宰辅杨士奇为例。杨是江西泰和人，出身寒门，早年为塾师，能做到宰辅，确实不易，说明他不是不明事理的人，可偏偏在对待儿子的问题上看不明白。明明他儿子横行乡里，无恶不作，有人告诉他，他就是不信，反以为是嫉妒，后来儿子犯罪被判重刑，他才后悔莫及。

什么是有色眼镜？自私是有色眼镜，溺爱是有色眼镜，各种各样的利益是有色眼镜。凡为利所蔽，就如同戴上有色眼镜，与自己利益相关的事不容易看清楚。所谓当局者迷，当局者，就是利益攸关方。千万别以为认识就只是用眼睛看。认识是复杂的，有知、有情、有意。认识活动不是单纯的看和反映，而是有着情感与意志参与的复杂过程。就情感而言，凡自私之心、溺爱之心等都影响认识。可以说，不出自公心、为私心所蔽，就不可能有科学认识。列宁说过，只要几何定理触犯一些人的利益，就会有人要求修改。人的意志，同样参与认识活动。真理性认识是个艰苦过程，失败、再失败，历尽磨难，像唐僧取经一样，科学家为一件发明或发现终生奋斗的事例不少。在科学领域中，没有意志，半途而废，很难有所成就。马克思在《资本论》中把科学研究比喻为爬山，只有不畏艰险的人才有可能攀到高峰，这是很有道理的。不畏艰险，就是意志坚定。

眼睛是感觉器官，是外界事物进入大脑的通道。一个人闭目塞听，通道不畅，当然影响认识。但有眼睛不一定就能形成正确的认识。一个人思想不对头，思想方法不对头，把事实放在他面前，他照样看不明白。这就是为什么可以有失明的哲学家、科学家、文学家，而同时会有一群眼睛明亮的大傻瓜。你们要保护眼睛，更要保护大脑。中国哲学把大脑称为"心"。我们不仅要用眼睛看，而且要用心思考。

我想起《六祖坛经》中神秀和慧能各做一偈争夺衣钵的故事。神秀的偈是："身如菩提树，心如明镜台。时时勤拂拭，莫使惹尘埃。"而慧能的偈则相反:"身非菩提树,心非明镜台。本来无一物,何处惹尘埃。"结果是神秀落选,慧能得传衣钵。我们普通人难以理解,何以慧能高于神秀。大概禅宗的禅在于玄。如果心外无物,心性本空,人类如何认识?我们无法按唯物主义原则来理解禅宗。我读《五灯会元》就读不懂。不过我还是说,坐禅谈玄,可供清谈,但绝不能治国、治事,也难治身。你们可以读点这方面的书,但不要入迷。你们一定要注意,心盲比目盲更不幸。

5．谈坐

社会制度与日常生活有关系吗？当然有。日常生活中的不少规定往往可以表现社会制度的本质。在封建社会中，衣食住行都与等级制不可分。就说坐，名堂就很多。

小时候，父亲总是教我：坐要有坐相，站要有站相。我不懂何谓坐相、何谓站相。我父亲从小当学徒，垂首侍立惯了。他的坐相与站相大概是学徒的规矩。后来，我读点历史书，知道点人情世故，才知道"坐"不简单，可以传达很多信息。如踞坐、前席、短坐，都表明不同的身份和态度。

《史记·高祖本纪》中载，刘邦因攻秦军，战不利。"西过高阳"，自称高阳酒徒的郦食其求见，"沛公方踞床，使两女子洗足。郦生不拜，长揖，曰：'足下必欲诛无道秦，不宜踞见长者。'于是，沛公起，摄衣谢之，延上坐"。还有一段是记载秦末名将英布见刘邦的故事，说英布在叛楚归汉之时曾去见刘邦。"淮南王至，上方踞床洗，召布入见，布大怒，悔来，欲自杀。"英布见刘邦踞床见他，视为最大侮辱，甚至想自杀，可见踞坐是最为无礼。床，胡床，就是现在的椅子；踞坐，大概是两只脚叉开，显得傲慢无礼。

古人席地而坐，如果屁股离开后腿，上半身朝向对谈的人，即所谓"前席"，大概是恭敬之意。唐人李商隐的诗："宣室求贤访逐臣，贾生才调更无伦。可怜夜半虚前席，不问苍生问鬼神。"我们不管汉文帝是关心民生

还是求长生之术，我们注意的是"虚前席"这个肢体语言表现的礼节，代表的意义。如果真有此事，可能收获不大，因称之"虚"前席，白白地浪费了宣室的夜半秘谈。

坐的学问大，在不同社会制度下具有不同的政治化的符号意义，例如在中国封建社会，坐什么、如何坐，等级森严。皇帝坐的是龙椅，任何人都不能一试，哪怕是坐片刻，都得满门问斩，因为坐龙椅说明有叛逆之心。即使龙椅空了，太监经过龙椅仍然如同见皇帝一样毕恭毕敬。据说北宋时期，一品官员坐的是凳子，二品官员坐的是坐凳。有一个叫丁谓的大臣从一品降至二品。皇帝说赐坐，太监拿来凳子。他连忙说他是二品，太监马上换成坐凳。资本主义社会取代封建社会以后，这套严格的等级排座的规矩没有了。但国家首脑会见，如何排座位，如何接见，仍然是坐有坐相、站有站相。两边侍立的人员，都是训练有素的，一点也乱不得。如果接见时叉开双腿或者来个二郎腿，是严重失礼，甚至成为外交事件。我们普通老百姓交往没有这么多规矩，但还是有些基本的东西。不会让来客傍坐，更不会让来客坐矮凳，自己坐沙发。除非是自己的晚辈，否则对来客绝不会如此。

坐，仅是一例而已。坐的方式由席地而坐到垂足而坐，坐具从简单到如今品种繁多、高档华贵，都与社会发展变化相联系。透过人们的日常生活，衣食住行，穿衣吃饭，既可以看到一个民族生活方式的文化传统，又可以看到其中体现的社会发展和制度性变化，而且可以看到礼，包括礼仪、礼节、礼数在社会人际关系中的作用。一个不讲"礼"的社会，如同不讲"理"的社会一样，令人不快。

2013年9月6日参考消息有篇文章是转载英国《每日邮报》9月4日的文章，标题是《奥巴马踩桌照挨批》。该文章报道奥巴马在白宫办公室多次穿着鞋子把脚搁到桌子上，文章批评"奥巴马总统坐没有坐相"。

你们是哲学博士，不仅要会讲理，讲哲理；也要讲礼，讲人际交往之礼。有理、有礼，这样才显出你们的素质。

6. 谈人情

人情，是极具温馨的字眼。情感，是人们相互联系的精神纽带。亲情、友情、爱情，历来为人称道。人而无情，岂可为人。鲁迅先生说"无情未必真豪杰，怜子如何不丈夫"，足见鲁迅爱子之心。但人情也有其消极方面。我不是说现在的人情债成为生活之累，这还是小事。人情大于王法的观念，就极端不利于法治国家的建设。在中国，我们会犯一些错误，往往是受三姑六姨之累，被拖下水的。

在西方，这个问题比较清楚，法律高于人情。可中国不同，中国传统文化尤其是儒家文化重伦理和人情。孔子曾与人争论父亲偷羊，儿子要不要告发的事。这是涉及法律与伦理关系的大事。孔子主张"父为子隐，子为父隐"，伦理置于法律之上。这个问题历来引起争议。美国哥伦比亚学院哲学教授史蒂芬·T·阿斯玛出版了名为《反对公平：赞成偏袒》的书，就认为"世间上没有绝对的公平"，认为亲亲相隐"并非自私行为"，在日常生活中，人们都在情感上倾向亲情，而非倾向公平。他说，"在西方，无论是童话寓言、宗教文本，抑或哲学伦理，都鼓励人们淡化人情纽带，要求公平地分配各方权重。但我认为孔子的亲亲相隐原则有着特殊的价值和意义。以人们的日常生活为例，例如我开设的一个酒馆需要乐队，即使我哥哥的乐队的水平比另一支乐队的水平低，我仍然会优先照顾我哥哥"。作者在这里混淆了两个不同的问题。在人们的交往中，肯定有亲疏远近、朋友与路人之分。人们在困难中更自然地指望从亲人或朋友那里得到帮助，而不是从路人那里得到帮助。因此，毫无疑问，在情感上倾向于前者而不是后者。这里不存在法律问题，也不存在法律意义上的公平问题。这是纯粹的私人交往，利益上的照顾与否只涉及照顾者和被照顾者之间的个人关系，而不涉及法律规定的第三者利益。

在日常生活中，我们不可能排除情感因素。人际关系中就包含主体之间的情感关系。对亲人和朋友不可能没有情感上的偏爱，一视同仁只是说说而已。关键是情感倾向涉及的问题的性质。撇开问题的性质，抽象地争论情感因素在人际关系中是否应该被排除，难以说清。在涉及民族大义、大是大非的问题上，应该坚持大义灭亲的原则，这是中华民族的优秀传统。《铡包勉》久演不衰，成为保留剧目的原因正在于此。包公既依法处置侄子，又安慰劝说嫂子，严格执法，又低头赔情。

在不涉及大是大非的问题上，情感偏向当然应该尊重。然而，当问题涉及法律，则是另一性质的问题。例如，名义上公开招标，但暗中却偏袒亲友，这就超出了情感因素的范围，涉及法律问题。包括高考、公务员考试等，都应该按规定办事。事先已为所有人设定共同标准，任何人在这个标准面前都应该平等。如果在标准面前以亲情为依据而摒弃共同标准，这种亲情偏向就是徇私。

徇私与"隐"不同。徇私是枉法，而"隐"是不主动举报。当"隐"成为包庇罪犯，则同样成为法律问题。在法庭上亲人可以不举证、不检举，但不能做伪证；可以对判决表示赞成或反对，或者对判决有情感上的期待，这都是可以理解的，但不能通过各种方式干预审判。南非残奥运动员世界冠军皮斯托瑞斯枪杀女友的事，检察官以无可辩驳的理由说明是蓄意谋杀，而皮斯托瑞斯坚持是误杀。当时出庭旁听的父亲、哥哥、姐姐坚信是误杀。这种所谓"坚信"，往往是由于情感的原因，而非事实的依据。法律可以不采用，但不能认为他们的"坚信"有罪。

由于中国长期的农业生产方式和以其为基础的人际关系，故而中华民族具有人情大于王法的观念传统。这不利于法治建设。在情感与法律的相互关系上，法律应该具有至上性、权威性。在法律面前应该人人平等，不能因为是名人、要人、亲人而徇私枉法。法律强调的是理，个人强调的是情；法律强调的是公平，情感强调的是偏袒。它们分属于不同的范围。如果法律以情为依据进行判决，就是徇情枉法；如果对判决的期待不存情感偏向，则是无情。

　　我遇到过一位农村学生，其就业选择颇费周折。按照他自己的志愿和条件，到高校比较合适，可父母、亲戚都希望他在政府机关工作，尤其是在本省、本市。有些人以为只要家里有人在政府工作，就不仅可以抬头做人，而且会带来许多方便。如果碍于亲情，选择在政府机关当公务员，首先要弄清人情与王法的关系。这不仅是个法律问题，也是个哲学问题。任何时候都不能把亲友之情置于法律之上。中国至今仍然是人情社会，如果为人情包围，很容易掉进人情陷阱。

7. 谈性情

中国语言中，性与情合组为"性情"。这不是单纯的词组，而是有着深刻道理的哲学范畴。

没有性，就没有情。人类的男女之情源自性，父子之情、父母之情、兄弟姐妹手足之情源自人的血缘关系。人的性欲、人的血缘关系都属于人的自然本性。只要是人，就有情欲；只要是人，就有血缘关系。因此，情是性的必然表现。性不可见，能见的是情。情是性的外在流露或迸发。

人不仅有自然之性，这就是男女之情、血缘之爱；人还有社会性，这种由人的社会性产生的情，则具有社会特性。人的爱国之情、乡土之情、朋友之情，都不是源于自然本性，而是后天的社会性情感。从爱好来说，人还可以对某种东西怀有特殊感情，爱之如命，如对舞蹈、对音乐、对文学、对京剧、对昆剧或其他剧种等。人可以各有所爱，甚至爱之成癖。这不是自然本性，而是在某种特殊境遇中形成的感情。"情有独钟"，是情不同于性之处。人的自然本性相近，而情则可"独钟"。比起那源自自然本性的自然之情，社会之情处于更高的层次。它体现人的文化素质和教养，反映社会文明和道德发展的水平。

无论中外，凡属感人之作都是歌颂情而非渲染性，把情放在性之上。我记得我读《唐宋传奇》之《李娃传》，就深为长安娼妓李娃与常州刺史荥阳公的公子的不离不弃的爱情故事所感动。唐玄宗李隆基当皇帝不怎么样，可由白居易一曲《长恨歌》中的"七月七日长生殿，夜半无人私语时。在天愿作比翼鸟，在地上愿为连理枝"，而被塑造成为多情的风流皇帝。秦观之《鹊桥仙》，以七夕牛郎织女星相聚为喻，歌颂情胜于欲。下片中之"柔情似水，佳期如梦，忍顾鹊桥归路。两情若是久长时，又岂在朝朝暮暮"，为千古绝唱。人们喜欢《卖油郎独占花魁女》中的卖油郎，而痛斥《杜十娘怒沉百宝箱》中的李甲，就是情与欲的选择。至于脍炙人口的《罗密欧与朱丽叶》，感情至深，同样如此。人的情爱源于欲，又高于欲，这是人与动物的不同之处。爱情不是动物的发情，而是人的感情。我们现在流行的床头加拳头的影片，与中外名著中的关于情爱的书写相比，高下立见。

我们重视情，当然不会无条件地贬低欲，欲不可纵，但不能废，应该以义制欲；情可感人但应有度，应该以理制情，即情不应该是非理性的。看到当代年轻人因恋爱而殉情，我总是想，我们的时代是新时代不是封建时代，封建时代殉情可以具有反封建的意义，而在当代为失恋而殉情，则是一种错误的婚恋观。不过话又说回来，当代殉情者极少，而忘情、滥情甚至无情者则更多。

据说，大学生中谈恋爱的成功者极少，毕业后劳燕分飞者不罕见。这可以理解，恋爱时期本来就是一种选择，无可非议。而博士生中夫妇重新组合的也有所闻。这种情况与大学生谈恋爱不同，因为双方已经不是自由之身，各有家庭。因此，这种感情中更应该注重理性的思考，才不会成为情的奴隶。我们是老辈人，可能思想大大落后于时代。但以理制情的哲学原则，我以为在任何时候都是有用的。

8. 谈庸人

你们是博士，当然不能被归为庸人，你们是高水平的人。但是，文化水平高、学历高与一个人是否是庸人并非绝对对立的。是否是庸人，关键看如何处理理想和现实的关系。

庸人，是没有远大理想、鼠目寸光的人。有理想、有信仰的人，必定是高瞻远瞩、不为一时得失而动摇的人。信仰和理想是精神支柱。而一些所谓"现实主义"者往往是实用主义者。他们的所谓现实就是眼前的现实，而不是发展着的现实。适应眼前现实，必然不讲原则，只讲当下有用。

马克思主义者是理想主义者，也是现实主义者。两者是结合的。不包含理想的现实主义，往往就是将就眼前的事件，放弃原则；而没有现实基础的理想主义，往往是空想，是乌托邦。恩格斯说得很形象："我们不应该为了理想而忘掉现实，为了席勒而忘掉莎士比亚。"既要仰望天空，更要脚踏实地，否则会成为被侍女嘲笑因仰望天空而掉入泥坑的泰勒斯。

对理想与现实的关系，中国是有过经验教训的。"大跃进"时的十年内超英赶美和跑步进入共产主义，是空想，而不是理想。列宁说："不这样把理想归结为事实，这些理想始终是天真的愿望，决不可能为群众所接受，因此也决不可能实现。"我们现在的思想倾向，包括我们的博士生的思想倾向，值得注意的是缺乏理想主义，过于现实主义。他们把共产主义理想视为乌托邦，当作笑谈。津津乐道的是手中握住的麻雀，嘲笑天空展翅的雄鹰。这种所谓现实主义者，实际上应被归于嘲笑理想的庸人之列。一个民族挤满了太多这样的庸人，必然缺少生机活力，这是民族的灾难。

最没有力量的国家，是人心涣散、理想缺失的国家。虽然人口众多，但若人心涣散，国家仍然是孱弱的。中国近代历史证明了这一点。虽然是小国，但若人人怀有理想和信仰，国家仍然是不可征服的。列宁说过，一个国家的力量在于群众的觉悟。只有当群众知道一切，能判断一切并自觉地从事一切的时候，国家才有力量。觉悟就包括对理想和信仰的坚持。我希望你们既有高学历、高水平，又有远大理想和抱负，才不会坠入庸人的行列。文化水平不高但有强烈的家国情怀的普通人比高学历的有学问的庸人，更受人尊重。

9. 谈心胸狭隘

　　心胸狭隘，可能是性格问题，可能是眼界问题，但更可能是思维方法问题。心胸狭隘、目光短浅、好忌妒的人，事事感到不痛快、不快乐，不可能健康，更不用说长寿。牢骚太盛防肠断，风物长宜放眼量，这是一种哲学眼光。有这种眼光的人，是大气度的人，是永远乐观的人，也是最不容易患心理疾病的人。从这个角度说，思维方法的确重要。庄子说"病病者犹未病"，还说"外生则生存"，都是很好的药方。至于枚乘《七发》中的楚客为吴太子治疗的药方，则完全是哲学的方法。吴太子患的是心病，心病只有心药医。楚客的一席话使吴太子不药而愈，这大概就是近世的话疗。

　　当代西方有学者提倡治疗哲学，即哲学可以治疗疾病。有的说可以治抑郁症。能否治疗抑郁症，我不能断定，因为抑郁症是一种疾病，需要服药治疗。但我相信心情开朗、思维辩证、不钻牛角尖，对防止疾病，无论是生理的还是心理的疾病，肯定会有帮助。

　　我对孔子说的"知（智）者不惑、仁者不忧、勇者不惧"这三句话，特别喜欢。我把它视为快乐哲学。智者，不信鬼神，不迷信命运，不信偶像，因而不惑。智者相信理性，能够分清是非，对事、对人能作出正确判断。不惑非常重要。庄子说："小惑易方，大惑易性。"小的惑可以使人无法辨别方向，而大惑则可以改变人的本性。仁者不忧。人的忧，或忧富贵贫贱，或忧生死寿夭。仁者，不惧贫贱，不忧生死，何忧之有？勇者不惧。勇者并非勇于力，而是勇于心。能够战胜自己的私欲、错误。胜人者有力，而胜己者才是内心真正坚强的勇者。我们常说，要勇于承认错误、勇于承担责任、见义勇为、勇于战胜自己，这都与勇于对待自己有关。恃强凌弱者仅具匹夫之勇，见到更强者则成为懦夫。

  存在主义是一种悲观厌世的哲学。如果我们信奉"我的存在是我最大的负担"，若烦、畏是人的本真，我们不可能过有意义的快乐的人生，最终只有自我了结完事。叔本华、尼采都是哲学的大家，但他们的哲学无助于人过快乐的生活。与其相信叔本华、尼采的悲愤疾世的哲学，我宁愿人们践行"知（智）者不惑、仁者不忧、勇者不惧"的教导。

10. 谈焦虑

你们是不是有时会感到焦虑？焦虑是个心理学问题，但我们学哲学也应该懂得焦虑的本质和消除焦虑的方法。

并非任何焦虑都是坏事。正常的焦虑可以提高人的警惕性，可以促使人想方设法避免危险，可以成为行为的一种动力。焦虑是人们正常生活的一部分，但对不应该焦虑的事过分焦虑，则是一种病态。这种事事焦虑不在我们讨论之列。

没有人没有过焦虑。消除不必要的焦虑的方法，可以是心理学的，也可以是哲学的。最简单的哲学思维方法就是善于计算事件发生的概率，而不能陷于"一切都有可能"、"万一"、"也许会"、"谁说得清楚"之类的思维方式。如果坐飞机心里怀有"可能"、"万一"，肯定一上飞机就七上八下。坐火车也是如此，甚至走在人行道上也可能有"万一"的时候。报纸上就有汽车冲上人行道把在车站候车的人撞死的报道。如果我们怀着"一切都有可能"的思维方式，就会终日惶惶不安。怎么办？应该具有计算概率的思维。

我们不能把危险的程度建立在"一切都有可能"、"万一"上，而应该建立在概率上。例如，每年飞机失事死亡的人数是多少，还不及汽车的千分之一。人行道上等车被撞的可能性是多少，几十年难遇。有过睡觉猝死的人，难道因此人人都不睡觉吗？实际上猝死的人数占正常死亡的人数的比例微乎其微，可以放心睡觉。凡事应该通过计算概率来确定应对方式。对应该焦虑的事，提高警觉性；对不应该焦虑的事，放心睡觉。要不，只能终日处于焦虑之中。

当然，这只是解除焦虑的思维方法，绝不是说可以无须防范概率小的偶然事件。人应该防范偶然性，但不能害怕偶然性。害怕偶然性，必然焦虑，因为人时刻都处在自己无法把握的偶然之中。为可能出现的危险担忧和对它进行防范是不同的。比如，坐飞机是安全的，但有偶然性，因此，坐飞机应该按照要求系好安全带。又如，猝死的概率是极小的，但应注意健康保护，检查身体，有心血管病、高血压要积极治疗。这是防范，与害怕猝死而终日惶惶不安完全不同。前者为万一而害怕一万，后者为万一而提高警惕，提防一万中出现"万分之一"。有哲学思维的人应该防范偶然，但不害怕偶然；提防万一，而不害怕万一。只有这样，才能安心生活。有这种思维方式和行为方式的人，才是智者，有点哲学家的味道。

中国有个成语叫"杞人忧天"，语见《列子·天瑞》："杞国有人，忧天地崩坠，身亡所寄，废寝食者。"这个成语故事是嘲笑那些瞎操心的人。杞人忧天固然可笑，天不会塌，可天上掉石头砸死人却是事实。2013年2月15日早晨，俄罗斯车里雅宾斯克州的上空突然掉下重十吨的陨石，震塌房屋，震碎玻璃，近千人受伤。据科学记载，陨石是常见天文现象，是小行星相互撞击而产生的碎片。"天"时刻都在掉，不过掉下的不是"天"，而是天上星星的碎片。看来杞人忧天还真有点道理，然而我们因此要像古代杞国人那样天天惴惴不安吗？当然不必。陨石砸伤脑袋的概率，微乎其微。如果每天为此日夜担心，就近乎患焦虑症了。

11. 谈谦虚

年轻人血气方刚，年少气盛，容易狂放不羁，出语伤人。这不好。人应该学会谦虚，要学会谦虚。谦能得人，虚能容人。要实心实意地有谦虚之情，必须懂得为什么必须谦虚的道理。不懂谦虚之道的谦虚，往往是假装的。凡是假装的谦虚都会因人而异，因势而异。"一阔脸就变"，这不是谦虚，而是虚伪。谦虚与虚伪往往容易相混。你们是哲学博士，是高学历者，在中国马克思主义哲学博士并不太多，你们必须懂得谦虚。

从知识角度看，我们的水平是有限的。知识的海洋，浩瀚无际，专业各异，自然科学、社会科学、人文学科，种类繁多，哲学只是其中之一，而马克思主义哲学又是众多二级学科中的一种。即使你们是马克思主义哲学的博士，可是马克思主义哲学也是一个庞大的学科群，不仅包括马克思主义哲学史，还包括马克思主义哲学原理。而马克思主义哲学史就极其丰富，一个人毕生研究马克思很不容易，还有恩格斯，如果要精通他们二人的思想就更不容易。从纵向方面看，马克思主义哲学包括一百七十多年的历史，人物众多，流派纷呈。我看没有一个人敢言自己精通马克思主义哲学史，原理同样如此。老实说，其中一个原理的深入探讨都可能需要多年的努力。"学业有专攻"，我们不可能全能。至少应该懂得这一点。了解这一点，我们就会谦虚点，不会目中无人。

此其一。

　　从辩证法角度看，谦虚之道就是辩证法。中国古人说，尺有所短，寸有所长。尺与丈相比，当然短；寸与分相比，当然是长。长短相较而存在。懂得辩证法的人，才会懂得谦虚。水太满则外溢，器具太满则不能盛物。你们是博士生，属于有学问的人，但不是什么都能。我以太阳和月亮为喻。太阳的光辉普照大地，月亮的清光举头可见。但即使如此，它们仍然有照不到之处。灯烛之光，无论如何都无法与太阳和月亮相比，但它可以照到太阳和月亮照不到的地方，例如桌子底下、地窖中或其他任何太阳和月亮照不到的角落。这就是说太阳和月亮无论怎样普照大地，由于高高在上，都会有照不到之处；灯烛无论怎样微弱，也可以照到太阳和月亮照不到的地方。古人说，"日月至光至大，而有所不遍者，以其高于众之上也，灯烛至微至小，而无不可之者，以其明之下，能照日月之所蔽也"。我们从这里可以悟出一个道理，人切莫自大，自大为臭。再伟大的人，也可能有失察之处；普通人，也可能有千虑之一得。如果认为博士毕业就高人一等，这就不懂哲学。

　　在人际关系中，谦虚的人最容易团结人，受人尊重，而狂妄自傲的人，最不招人待见。《易经》中说，"有一道，大足以守天下，中足以守国家，小足以守其身，谦之谓也"。可见谦虚的重要性，守天下、守国、守身都离不开谦虚。老子《道德经》中以水为喻教导人们应该谦虚："江海之所以能为百谷王者，以其善下之也。"还说，"上善若水，水善利万物而不争，处众人之所恶，故几于道矣"。我已八十多，虽然阅人不多，阅世不深，但还是看到过凡是桀骜不驯、老子天下第一的人，没有一个有好结果的。要记住我对你们说的，尽力做事，夹着尾巴做人，这是谦虚而不是怯懦。

　　真正有学问的人是谦虚的，因为他志存高远，目标远大。费希特在《论人的使命》中讲过这个道理，他说，"学者有理由成为最谦虚的人，因为摆在他面前的目标往往是遥远的，因为他应该达到一个崇高事业的理想境界，而这种理想境界他通常仅仅是经过一条漫长的道路逐渐接近的"。最骄傲自大的人，往往是最没有学问的人。最自满的人，往往是半瓶醋。半瓶醋自以为是满瓶，故称为自满。真正满瓶就不会晃来晃去。

12. 谈消费

　　你们现在的消费观念和水平与我的子女读大学时的消费观念和水平，不可同日而语。时代不同、条件不同，但基本的哲学道理应该相同。消费型社会面对的一个最大问题，是如何看待消费与节约的关系问题。

　　按发展生产来说，必须拉动需要，特别是内需；按治国教民来说，应该提倡节约。如何找到节约与发展生产、推动内需之间的平衡点，是个难题。问题是如何区分正当消费与奢侈。在这个问题上，哲学家与经济学家可能存在分歧。经济学家着眼于经济的发展和生产力的提高，以需要为动力，以消费促生产，而哲学家则考虑过度消费对人、人性、人的道德产生的负面影响。

　　在我看来，奢靡之风和过度消费不属于拉动内需的范围，是既不利于生产发展也不利于人的健康发展的畸形消费。它就是浪费资源、破坏环境。虽然它能增加GDP，可这种GDP是不值得夸耀的。我们应该满足人的正常需要，包括物质的和文化的需要。我们应该反对拉动内需旗帜下的奢靡之风。

　　情不可绝，欲不可灭，但必须以理制情，以理制欲。社会越发展，特别是市场经济下的牟利引导，种种煽情纵欲之诱惑扑面而来。纵欲是对民族精神的戕伐。古人都知道欲不可纵，提倡节欲。"夫人生而有情，情发而为欲，物见于外，情动于中。物之感人也无穷，而情之所欲也无极。是物至而人化也，人化也者，灭天理矣。""夫欲至无极，以寻难穷之物，虽有贤圣之姿，鲜不衰败。故修身治国也，莫大于节欲，《传》曰：'欲不可纵。'"

《说苑》中也反复论述到情与欲的关系："孔子曰：中人之情，有余则侈，不足则俭，无禁则淫，无度则失，纵欲则败。"在当今社会中，我们见到一些官员和老总的自我败亡之路，无不是在财与色上栽跟斗，即败于贪财纵欲，也就是古人说的"物至而人化"。

而今的博士生毕业没有条件可以奢侈，会有一段时期生活感到紧张。我说的话，这对你们生活条件改变后有好处，也算防患于未然。

13. 谈死

人世间最重大的事，莫过于死。没有死亡，就没有宗教。宗教就是创造一个不死的世界，让灵魂继续在另一世界存活。没有死，哲学就会失去最有智慧的部分。如何对待死亡，是哲学智慧的重要部分。如果没有死亡，庄子哲学就会失去它的价值。甚至可以说，全部中西哲学中许多重要内容都会因此失去光彩。使人从死亡的恐惧中解脱出来，是古今中外许多哲学家全力以赴的事，可不会有任何结果。对死亡的恐惧似乎是人的本能的一部分。蝼蚁尚且贪生，何况人乎！哲学家谈论生死几千年，宗教从产生起无时无刻不要求人从死亡中解脱，向往极乐世界或天堂，可人还是愿意留在人间。可不能由此得出没有必要讲生死观的结论。

对死的分析可以有两个角度：科学的角度和价值的角度。科学的角度容易讲清楚。像庄子说的，生死如日夜之常，是自然规律。恩格斯在《自然辩证法》中说过，"今天，不把死亡看做生命的本质因素、不了解生命的否定从本质上说包含在生命自身之中的生理学，已经不被认为是科学的了，因此，生命总是和它的必然结局，即总是以萌芽状态存在于生命之中的死亡联系起来加以考虑的。辩证的生命观无非就是如此"。恩格斯还补充了一句，"生就意味着死"。生死相依，再蠢的人、再怕死的人都无法否认这个事实。这是铁的规律。虽然曾经有过秦始皇求长生不老药，有过汉武帝受李少君之骗的事，但人人会死，一个也不能少，毫无例外。

对死的科学分析是容易的，是无法否认的，最难的是价值判断。既然人终究必有一死，那生还有什么意义呢？贤与愚、肖与不肖、好人与坏人、穷人与富人、达官贵人与贩夫走卒，最终都是坟头一个，有什么区别呢？亚里士多德在他的《伦理学》中也说过，死亡是终结，而且对于死者来说，一切都随着他个人的死亡而丧失了全部价值。的确，人的死亡意味着人间一切的了结。人的价值被死亡所淹没。如果按照这种死亡观，人的生存没有任何意义，因为最终必有一死。可我们要弄明白，死是生命的终结，但不是生命价值和意义的终结。不是有人说过，"有的人活着，他已经死了；有的死了，他还活着"。

我们可以反过来说，如果人人不死，都与天地同老，与万物同春，那人的生存有什么意义？何必讨论人生意义和价值问题呢？人生意义和价值问题的产生，正在于人人有死，人生短促。如何在有限人生中尽一个做人的责任，这才产生人生意义和价值问题。不死的东西不存在价值问题。不同的人生观价值观，主要表现为对生与死的意义的不同认识。所谓"人必有一死，或重于泰山，或轻于鸿毛"，讲的就是在短暂人生中的人生意义问题。"人生自古谁无死，留取丹心照汗青"，是一种对人生意义的理解；好死不如赖活，又是一种理解。由于人皆有死而否定人生的意义，否定对生的价值判断，两眼一闭，管它怎么说呢。如果抱着这种生死观，为善为恶、好人坏人都是一样，反正人人归于一，最终都是死。这种生死观是最无道德、最无责任、最无担当的生死观。

死，是无可逃避的。由于有死亡而看破红尘或人未死而心先死，都解决不了生死问题。如果寻求解脱，从对死亡的恐惧中解脱出来，最好的方法就是勇敢地面对死亡，快乐地生存，过有意义的生活。如果逃避死亡，寻求解脱，实际并未解脱，因为心存解脱之心，证明仍生活在对死亡的恐惧之中。真正的解脱应该是既认识死的必然性，又懂得生的价值。既热爱生命，又敢于走向死亡。这才是真正懂得生与死。孔子告诉他的学生，"不知生，焉知死"，这是充满智慧的回答。死是必然的，不需要探讨，不请自来，要紧的是如何过有意义的生活。只有生的伟大，才有死的光荣；若生的卑鄙，则死的猥琐。

你们正年轻，如旭日东升，正是早上八九点的太阳。生与死的问题没有进入脑海中，不像我这个老头子。可是你们不仅是年轻人，还是一名哲学博士。作为哲学博士，你们必须考虑这个问题，因为生死观是哲学中的重大问题。不思考这个问题，不能树立正确的生死观，你们的哲学就学不好。

第二章 生活的世界

1. 谈生活世界

我们生活的世界是物质世界，是一个不依存于我的世界。世界的物质性讲的就是，人生存于客观世界之中，而非客观世界存在于我心中。存在于人心中的世界，只能是客观世界的主观存在。这是唯物主义和唯心主义争论的最大的原则问题。

从本质上说，我们生活于其中的世界，是物质世界，但不是与我无关的世界。人只能生存于人自己创造的世界之中。我们把这种由人和人类活动构成的多姿多彩的世界，称为生活世界。这是人类活动的世界。如果停止生产，人类生活世界就不复存在。除物质生产外，人还有政治活动、文化活动，包括人们的婚丧嫁娶、生儿育女等。总之，一切世俗生活都属于生活世界，它构成了人类社会。马克思关于社会生活的本质是实践的论断完全正确。如果没有人类种类繁多的实际活动，社会及其多样性就不复存在。人类生活世界不是离开物质世界的另一个世界，它存在于物质世界之中，是在客观物质世界被人化的过程中出现和存在的"人"的世界。

生活世界是属人世界。生活世界并不能取代物质世界。除了"人"的生活世界外，动物有"动物世界"，植物有"植物世界"。可以说，世界包括"各界"，有无数各种各样的小"世界"。人的世界之外，还有无穷无尽的世界。人有意识，也最为狂妄，自以为人的"生活世界"就等同于世界全体。纳须弥于芥子之中，其实人的世界在客观世界中如同芥子，地球村只是一个小小的村庄。但对人来说，它确实是一个重要的大村庄，人类世世代代生于斯，老于斯，代代相沿，人至今仍生活在地球上。

生活世界是人创造的世界，是一个能够适合人生存与需求的世界，因为它是人的对象化世界。人把它艺术化、科学化、合理化。自在世界不可能满足人，人以创造满足自身的存在，创造出许许多多原来世界没有的东西。但人化世界又不等于合理世界，不等于一切都合乎人类生存需要的世界。人不仅有可能破坏自然，还有可能破坏社会自身。在生活世界中，每个阶级的处境不同，人的境遇也各不相同。有富人、有穷人，有人杀人、有人被杀，有种种不公正不合理的现象。生活世界时时刻刻都在上演各种戏剧，有悲剧有喜剧，有战争有苦难，有天灾有人祸。正因为现实的生活世界并非都是合理世界，更非都是理想世界，因此，进入阶级社会以后，就产生了各种对现存世界、对现存社会种种不合理现象的抗议。它可以表现为艺术，即诗歌和小说；也可以表现为理论，即社会理想。

中国儒家经典《礼记·大同》期待的就是一个理想化的世界，但实际上也是对现存世界的抗议。"大道之行也，天下为公，选贤与能，讲信修睦。故人不独亲其亲，不独子其子，使老有所终，壮有所用，幼有所长，矜、寡、孤、独、废疾者，皆有所养，男有分，女有归。货恶其弃于地也，不必藏于己；力恶其不出于身也，不必为己。是故谋闭而不兴，盗窃乱贼而不作，故外户而不闭，是谓大同。"从《诗经·伐檀》到屈原的《离骚》……中国历朝历代忧国忧民的诗人的诗歌中，无不包含强烈的批判社会现实不合理现象的内容。

西方也是如此。不仅有柏拉图的《理想国》，托马斯·莫尔的《乌托邦》、康帕内拉的《太阳城》以及著名的英法三大空想社会主义著作，它们无不包含对现实生活世界的强烈批判。著名的弗洛伊德主义精神分析学家埃里希·弗洛姆写的《健全的社会》就是从精神病学、从人格健全的角度批判资本主义的名作。

人的世界是人创造的适合人生存的世界，这是人类文明的进步；同时又包含不合理的部分，这是进步的代价。这就是矛盾。人的生活世界既有人与自然的矛盾，也有人与社会的矛盾。否定生活世界的合理性，赞美莽莽未开化的原始状态，企图倒转历史车轮，回到太古时代；或倡导看破红尘，栖身寺庙，退回山林做隐士，都不是解决人类世界不合理现实的方法，最多是独善其身而已。可在混浊的泥水中独洁其身，是很难的。

当然，不承认人类世界中存在不合理性，单纯为现实辩护则是另一种错误。黑格尔虽然是辩证法大师，但他说的"凡是现实的都是合理的"，明显包含为普鲁士帝国祝福和辩护的意涵。经过恩格斯的解释，它才被赋予真正辩证法的新意。

生活世界既是合理的又是不合理的。它具有合理性，人类文明、文化积累以及社会的发展和进步都是一代代人创造的结果。但它又存在不合理性，因此必须改造。马克思主义对待人类生活世界的态度既是肯定的，又是批判的、革命的。它从肯定中看到否定，从存在中看到发展，从消灭中看到新生。资本主义社会矛盾的激化之所以产生马克思主义、产生共产党，就是为了改变不合理的生活世界，创造一个理想的生活世界。马克思主义者是理想主义者，他们不满意现实世界才追求理想世界，但他们又是现实主义者，他们立足现实，构建理想的生活世界。马克思主义的社会主义之所以被称为科学社会主义，就是因为它立足现实，把对社会主义理想世界的追求建立在对资本主义现实的分析批判和充分吸收的基础上。

回归生活世界，成为当今哲学研究的一个重要趋向。但你们要注意，对生活世界的研究要防止经院哲学。只在概念上兜圈子，在主体意识范围内兜来兜去，弄得神乎其神，这不是真正回归生活世界，而是离生活世界越来越远，因为真正的生活世界就是现实世界，就是人生活于其中的客观世界。它是充满矛盾的非理想的世界，也是人类社会发展无法逾越的世界。以其为基础，人类便能创造更美好的未来。

2. 谈尊重生命

尊重生命，这是不错的。人的生命只有一次，弥足珍贵。世界上什么东西都能用钱买到，唯独生命是无价的，当然应该尊重生命。所谓尊重生命主要是指尊重人的生命。至于尊重其他动物的生命问题，则涉及生态问题、环保问题。我们不能滥杀其他动物，这不是出于宗教的众生平等或其他抽象道德原则，而是人与自然的和谐相处。但不可能人人食素，以某些动物为生是人类生存的需要。人可以合理饮食，但不可能绝对素食。那种既要食肉又要君子远庖厨式的人道主义，我认为是虚伪的。人不仅食肉，而且会为了自身的生命而消灭危及人类生命安全的动物，包括禽流感时期大量扑杀鸡群。我还没有见过以尊重生命、众生平等的名义对此提出的抗议。

尊重生命与生命至上主义不能等同。生命就其作为生命而言，对所有人都是一样的。西方一些学者，一方面，对十月革命和中国革命中因各种原因而死的人满怀人道主义情感，对革命者百般指摘；可另一方面，对几百年来西方殖民主义对殖民地反抗者的杀戮，对当代战争中死于先进武器下的大量无辜人民，不置一词。尊重一些人的生命，而又不惜毁灭另一些人的生命，这种具有明显倾向的所谓尊重生命，并非对生命的真正尊重。你们可以看到一个似乎矛盾的情况：高唱尊重生命者可以同时是最不尊重生命者。他们在战争中重视自己"零伤亡"，可又不断发明能一举消灭对方的先进武器。究竟是尊重生命，还是轻视生命？这难道不说明，尊重生命是个抽象的命题？他们肯定会区分谁的生命应该受到尊重，谁的生命不该受到尊重。新疆发生恐怖活动，许多无辜人民遭到杀害。西方某些人不关注被暴徒杀害的群众，反而指摘中国的反恐斗争。可见，尊重生命往往成为当今世界政治斗争的话题，映射出某些西方大国的偏见。

生命宝贵，自不待言。但在社会生活中，还有高于生命的东西。"生命诚可贵，爱情价更高。若为自由故，两者皆可抛。"裴多菲这首诗的可贵之处，在于他没有抽象地宣传生命至上主义，而是必要时把理想和信仰放在生命之上。我们的先圣孔子说过，"朝闻道，夕死可矣"。鱼与熊掌不能兼得时，孟子主张"舍生取义"。可见在孔孟看来，道与义的重要性在生命之上。

战争会死人。一将成名万骨枯，这是历史事实。"可怜无定河边骨，都是深闺梦里人"，也是历史事实。古来如此，当代也会如此。可战争确有正义与非正义之分、侵略与反侵略之分。如果我们的军人不准备打仗，不准备牺牲，奉行生命至上主义，就不能克敌制胜。对军人而言，爱国主义教育就包含必要时为国牺牲的教育。在中国长达二十八年的革命战争中，在抗日战争中，在多次保卫国家的战争中，我们牺牲了无数的革命战士。一个个可贵的生命、一个个鲜活的生命、一个个年轻的生命死于战场。有的永远埋骨异国，有的甚至骸骨无存，难以魂归故里。但我们不能因此对侵略者就不抵抗。毛泽东在《为人民服务》中说："要奋斗就会有牺牲，死人的事是经常发生的。但是我们想到人民的利益，想到大多数人民的痛苦，我们为人民而死，就是死得其所。"当然，我们应该爱护生命，应当尽量减少不必要的牺牲。我们应该关心战死在他国的中国军人，尽量使遗骸还国，魂息故里。但抽象地宣传"生命至上"，宣传生命的"终极价值"，而没有任何具体的分析，只是就生命谈生命的宝贵，是一种哲学的错误。我们应该尊重生命，但更要尊重生命的意义和价值。否则一部人类历史、一部世界史，只是彼此的杀戮史，而非同时亦是保卫祖国、维护正义的历史。这种生命观要不得，你们应该用历史唯物主义的观点剖析。

3. 谈活和为了什么活

　　人活着和人为了什么活着，这是两个不同性质的问题。人活着不是人生观问题，而是属于自然科学，或者说是生物学问题。人活着是因为出生，人是父母所生；地球上存在人类，则是生物的进化。一个人，如果没有父母两性的结合，就没有自己；而没有生物的进化，则没有人类。可人为了什么活着不同，这是人生观问题。人活着可以说是自然因，而人为了什么活着则是目的因。

　　人活着是不由自主的，不是个人能决定的，任何人都不能决定自己的出生。而人为了什么活着，则决定于个人抱有什么样的人生目的。活和为了什么活是不同的。正如人们常说的，吃饭是为了活着，而活着不是为了吃饭。不吃饭不能活是生物规律，活着有没有饭吃是社会规律。饥饿是生理反应，反饥饿则是社会革命运动。

　　人活着的原因，人人相同、古今相同、世界相同，都是源于自然原因。可人为了什么活着，则各不相同。例如，孔子为道而活着，"朝闻道，夕死可矣"。他称赞颜回，一箪食、一瓢饮，回也不改其乐的求道不求食的人生态度。这就是儒者最为赞赏的"孔颜乐处"。可有的人是为了自己而活着，例如杨朱讲的"拔一毛而利天下，不为也"，人活着就是要全真保身；老庄也是主张人要活得自在，自得其乐，要像在天空自由飞翔逍遥游的大鹏，而不能乐人之乐。所以，孔子的入世、佛教的出世、庄子的避世，都属于人为了什么活着,都包含人生观问题。"今朝有酒今朝醉"和"先天下之忧而忧,后天下之乐而乐",是不同的人生态度、不同的人生目的,即不同的人生观。

人生观的核心是理想和信仰。区别人生观的界线是不同的理想和信仰。人为了什么活着,就是指人怀有什么样的人生理想。对自己理想的执着追求就是信仰。信仰从属于理想,是实现理想的精神动力。理想支撑信仰,没有理想就不可能有坚定的信仰。共产党人视死如归的信仰是因为其理想的高尚和坚定。信仰动摇就是理想的破产。当前所谓信仰危机,本质上就是理想的缺失。没有理想,信仰当然会动摇;没有信仰,理想就难以支撑。如果认为共产主义是渺茫的乌托邦,如果因为社会主义现实生活中存在的诸多坏现象而感到理想破产,消沉愤世,则必然导致信仰危机。

信仰危机是人生观问题,可它的根源却在于世界观和历史观的错误,因为它不能对社会问题有正确的观察和分析。社会主义作为理想是完美的,因为它是图景;而作为现实总是会有各种各样的实际问题。因此,美好的社会主义社会是需要建设的,而不是一盘既成的美餐,端上来就可以吃的。贪污腐败需要反腐、道德需要教化、人的素质需要提高,社会主义就是在克服种种污泥浊水中前进。立志改变这种不合理的现实就是理想,相信它一定能改变就是信仰。如果没有这理想和信仰,面对种种不良社会现象感到无奈,必然会愤世嫉俗,甚至消极低沉。

马克思主义的共产主义理想并没有像宗教那样,约许人间天堂。约许是空头支票,永远无法兑现。马克思主义的科学社会主义是一种科学学说,是指导人们为社会理想而斗争的学说。它以社会历史规律为依据,描绘了人类社会发展的美景,但它要求组织政党动员群众为理想而奋斗。以争取人类美好社会为目标而奋斗是理想,相信它最终能实现就是信仰,而为了这个理想和信仰而实践就是行动,就是革命、建设、改革。

人与动物不同。动物也有生命,但动物不存在生命观的问题,它们是

本能的生存。人不同，人有意识，有能力进行反省，因而能反问自己为了什么活着。可仅仅是有意识还不能提出这个问题。不少人生活一辈子，从生到死并不曾自我探询过"为了什么活着"，可以说是糊里糊涂的一生，甚至是浑浑噩噩的一生。他们没有意识吗？不是，他们全部活动都是有意识的、自觉的活动。但是，他们没有哲学反思意识，没有对人生意义探询的哲学意识。

人生观问题属于哲学意识，只有哲学才能提出人生的目的、意义、价值的问题，提出人为了什么活着的问题。也正因为这样，哲学意识可以说是一种痛苦的意识，即所谓智慧的痛苦。从来不追问"人为了什么活着"的人，整天浑浑噩噩。他们没有痛苦，但也不懂生命的意义。古代希腊哲学家皮浪赞赏狂风暴雨中船上仍然平静进食的猪。人人如果都如同这头猪一样的平静，当然没有痛苦。如果哲学都把人变为猪，当然不存在"为了什么活着"的问题。人终究不是猪。这就是人活着，还要问为了什么活着。我希望你们能思考这个问题，不要钻在抽象概念中出不来。

4. 谈"使人成为人"

你们是博士，同时是人。男博士、女博士都是人。因此，如何做人是你们的必修课。博士都是成年人，受教育多年，自然懂这个道理。如果不懂如何做人，光做博士，最终仍然是失败的。我曾经见过，苦读多年成为博士，但由于做人不地道而身败名裂的事例。

你们是马克思主义哲学专业的博士，既要懂中国哲学也要懂马克思主义哲学。其中都有做人的道理。中国哲学立足教化，追求道德完善，使人成为道德的人。马克思主义哲学立足变革，追求人的解放，使人成为自由全面发展的人。这是两种不同的哲学，各有其用，不是相互对立的。

中国哲学使人成为人有两个不同层次。一个是理想层次，这就是儒家追求的圣人、贤人，老庄哲学追求的至人、真人。这可不是人人都能达到的。虽说人人皆可为尧舜，可真正成为尧舜者，自古以来有几人？满街都是圣人的说法，无非是人性本善的另一种说法。中国历史上圣人、贤人，少之又少。至于至人、真人，更是渺茫难求。按照庄子的说法，"古之真人，其寝不梦，其觉无忧，其食不甘，其息深深"。他还说，"古之真人，不知说生，不知恶死，其出不欣，其入不距"。我不知哪位哲学家达到了这个境界，不知如何使人达到这个境界？我们不必追求这个境界，也不可能有这个境界。如果追求这个境界，我们就走火入魔了。

我认为真正有作用的是现实层次，即中国传统文化中关于如何做人的规范和如何处理人生问题的哲学原则。例如,儒家倡导的忠、孝、仁、爱、礼、义、廉、耻,父慈子孝、兄友弟恭以及做人要讲诚信,"人而无信,不知其可也"。孟子倡导的人要有恻隐之心、羞恶之心、辞让之心、是非之心,乃至"贫贱不能移,富贵不能淫,威武不能屈"。这些都不像圣人、贤人那样高不可及,而是现实社会中做人的样板。庄子之安时处顺、淡泊名利,也不失为一种处世做人的方法。

马克思主义哲学是另一种哲学,它不是专注人的道德修养,在道德和境界意义上使人成为人,而是在实际生活中追求人的解放,使处于异化的人成为自由全面发展的人。马克思主义哲学首先是革命哲学,而不是道德哲学。在马克思主义哲学看来,道德修养无论修养到何种超凡入圣、炉火纯青的地步,终究是个人的道德修养。对广大受压迫的群众来说,最重要的不是追求个人道德的完善,而是追求解放。统治者最乐意看到的是道德完善的人,而不是追求解放具有强烈反抗意识的人。

当然不能说,马克思主义哲学不重视做人。在人压迫人的社会斗争中,需要有革命情操的人,需要有为理想、为人民而顽强不屈,甚至牺牲自己生命的志士仁人。毫不利己、专门利人,摆脱了利己主义低级趣味的道德,应该说是人间最高尚的道德。你只要看看多少革命者在刑场上、在监狱中、在战场上表现出的那种视死如归、感人至深的情操道德,还能说马克思主义者是非道德论者吗?不能。在革命胜利前,马克思主义哲学重视革命者自身的道德情操和革命的坚定性;在革命胜利后,重视群众性的道德建设,重视核心价值建设。但马克思主义哲学不以道德批判取代社会批判。道德问题是社会问题的道德表征,它是一种症状,而不是原因。不正常的道德状况是社会中存在不正常的社会原因的道德表征。正如发热不是病,而是病的症状一样。通过教育使人成为人,涉及的是个人,一个个现实的个人。任何一个社会,永远不可能通过每个人个人道德的提高而变为合理的社会。马克思主义哲学通过改革社会,为人成为自由全面发展的人、成为有共产主义道德的人创造社会条件。这是唯一现实的可行道路。

你们是马克思主义哲学专业的博士,首先应该成为一个马克思主义者,把马克思主义基本理论变为自己的一种道德情操;观察问题、处理问题,应该讲立场、讲原则,应该有理想、有信仰。同时,应该学习中国传统文化,从中国传统文化中学习做人的基本原则,懂得孝敬父母、和睦家庭、讲信义、重友情。这样,你们的哲学才算没有白学。

5. 谈民不聊生

哲学家不能不食人间烟火。你们是博士，虽然是学哲学的博士，但同样要关注民生问题。民生问题既是一个经济学问题，也是一个大哲学问题。

对任何帝国、任何王朝来说，民生的重要性都是不言而喻的。帝国的灭亡、王朝的更替，最终都在于人民难以存活。一个社会民生多艰的原因可以是多样的，或是帝国无限扩张和战争导致的民不聊生，或是王朝的徭役和赋税过重导致人民难以生存。如果一个社会不能保证社会成员的基本生存权，这个社会是不能持久的。国以民为本，民以食为天。不解决民生问题，天就会塌。民生的重要性，中国和世界的政治家、思想家都是知道的。中国书籍中就有许多这方面的论述。但它为什么重要、有什么规律，却并不一定知道。马克思的杰出贡献在于从这个日常生活道理中发现了人类社会的秘密。你们是搞历史唯物主义的，应该从历史唯物主义的高度看待民生问题。

为什么历代统治者都知道民生重要，但又不能真正重视民生呢？因为这不是一个认识问题，而是决定于生产关系的本质和实际的政治制度。当统治阶级和统治机器全部要依靠人民供养时，只能是搜刮，越多越好。剥削制度的本质决定了人民的负担只能越来越重。中国历代王朝从兴到亡，都从轻徭薄赋开始，都以民不聊生揭竿而起告终。

在西方资本主义国家，尤其是发达资本主义国家，不存在原来意义上的民不聊生的问题。资本主义的社会福利和社会保障制度相对完善，这是资本主义制度至今仍然没有发生马克思曾经期待的社会革命的原因，也是它们奉行高税收、高福利的原因所在。因此，有些学者认为历史唯物主义关于社会革命的理论已经过时，这种说法似是而非。

历史唯物主义关于社会发展的基本规律是社会基本矛盾运动规律。这种矛盾在不同的社会形态中有不同的表现。在生产力发展低下的前资本主义社会，这种矛盾的激化表现为普遍饥饿和百姓为生存而抗争。当生产力提供的东西不足时，饥饿是社会革命最主要的原因，而一部分人饥饿缘自财产制度。资本主义制度下生产力高度发展，不会发生社会普遍性饥饿问题，可是社会基本矛盾仍然存在。它表现为社会的贫富两极对立和人与自然矛盾的激化。社会一小部分人占有社会绝大部分财富，并为追逐最高利润而掠夺自然。当代贫富对立和生态恶化，使人们认识到资本主义制度的不合理性。可以这样说，前资本主义社会是因为穷，因为比较普遍性的贫穷而革命，任何一次大的自然灾害都会成为革命的导火线；发达资本主义社会则会因为富而革命，不是普遍的富，而是富而不均，两极分化，少数人占有绝大多数财富，引起抗议和动乱。这还是民生问题，只不过是另一种意义上的民生问题，是富裕社会中的穷人问题。

对发展中的中国而言，民生问题既包括发展生产，做大蛋糕，也包括缩小贫富差距，完善社会保障制度，建立一个学有所教、劳有所得、病有所医、老有所养、住有所居的社会主义社会。

在社会主义中国解决民生问题，同样是调整社会基本矛盾的过程。要发展经济，没有生产力的发展，没有社会财富的大大增加，就不可能改善民生。要调整分配关系。要反对腐败。政治要清明。只有建立一个为人民服务的政府，只有健全具有中国特色的法律体制，才能充分发挥上层建筑在调解社会主义基本矛盾中的主导作用。单纯的财富增加，并不能保障民生，因为它可能为一小部分人占有。民生问题也包括文化民生。要提高全体人民的道德文化素质，而不只是满足物质需求，还要有一个适宜人类生存的生态环境。在当代社会主义中国，民生问题实质不单纯是经济问题，不单纯是发展生产力的问题，而是涉及整个社会的社会系统工程。只有历史唯物主义总体社会观才能正确回答这个问题。你们虽然不是学经济的，但完全有发言权。

6. 谈信

信，也就是诚信，是涉及社会生活多个层面的问题。作为一个历史唯物主义的研究者，应该从三个层面考虑这个问题。

一个是个人的道德层面，这关乎每个人，包括你们和我。做人要讲信。信由人和言构成，就是说话要算数。中国古人说，"一诺千金"，"君子一言既出，驷马难追"，讲的都是信。这一点，你们一定要注意。不要为一时痛快，随口答应不容易做到的要求。轻诺必寡信。中国传统道德把信列为忠孝仁爱信义和平的八德之一。孔子说过，"人而无信，不知其可也"。《群书治要》中引《袁子正书》中的话："唯君子为能信，一不信则终身之行废矣，故君子重之。"一个说话不算数、失信于人的人，是不可信任的人。这种人，在社会上难以立足。

一个是社会层面，这就是社会诚信，人对社会的信任。商店里出售假冒伪劣商品，牛奶里含有三聚氰胺，药厂里制造假药，诸如此类的失信对企业是致命伤，往往导致倒闭。同仁堂的信誉是建立在诚信的基础上的：炮制虽然繁荣，必不敢减人工；品味虽贵，必不敢减物力。如果社会中的各个部门失信多，集合在一起就会造成社会信任危机。社会信任危机是非常可怕的，银行失信，会发生挤兑；商品品牌危机，就会倒闭。社会信任危机，往往是社会危机的信号。但只要国家没有发生信任危机，就可以运用上层建筑加强规管，调控社会信任危机，稳定社会信心，使社会正常运转。作为一个历史唯物主义者必须懂得社会信任危机的哲学意义。

信，最重要的是人民对政府的信任，即国家信任。这是最根本的。中国传统政治文化最重视信，民无信不立。秦孝公变法时，商鞅采用立木示信的方法来动员老百姓树立对改革的信心，结果获得成果，为秦始皇统一六国打下基础。可以说秦国商鞅变法的成功来自获得百姓的"信任"。中国历代有作为的君主都懂这个道理，一旦失信于民，政权的根基就动摇了。《论语》中子夏有一段话说，"君子信而后劳其民；未信，则以为厉己也"。国家要获得人民的拥护，首先必须获信于民。

政府守信与失信，不是道德问题，而是社会制度问题。而且，判断政府是否失信的标准不是言而是行，即实际政策。孔子提出"听其言，观其行"的方法，这是判断政治家诚信的标准。这是唯物主义的方法。列宁也说过，判断一个人，不是根据他的言论，而是根据他的行动。这种思考方法，对于我们理解西方民主制度下的所谓竞选语言最为有用。竞选时期，政客们可以提出各种许诺，开出各种支票。一旦上台，很少兑现的。这叫竞选。中国的社会主义制度不允许玩弄西方政客的手段。中国共产党的承诺是以党的政策方针和决议的方式公布的，而非电视台竞选时的空头支票，而且承诺必须在实践中予以证明。

对社会主义中国来说，是否履行承诺，不仅关系到主政者的政绩，而且关系到社会主义政权的公信力，是如何处理政府与人民之关系的关键问题。在西方所谓民主社会，竞选时政客说尽的好话可以不作数，一届一届的新当选者可以许下无数新的诺言，兑现与否最多影响是否连任，不会改变社会制度的性质。资产阶级国家仍然是资本主义性质的国家。言行不符可以成为资产阶级政治家的竞选常态，竞选语言可以成为一种竞选文化。资本主义国家的当选者可以失信，把竞选时的承诺作为竞选语言。社会主义国家则不行。"失信于民"对社会主义是极大的祸害。我们应该从历史唯物主义高度来理解信的问题，不要将其仅仅看成一个道德问题。

7. 谈利益

你们要注意，对利益的关怀不能等同于坚持历史唯物主义。你们应该分清利义之争中的利与义的关系，分清社会生活中人民群众的利益与个人私利的区别。如果胡子眉毛一把抓，就弄不清应该赞成为利益而斗争，还是弃小利而取大义；弄不清哪种正确，就会在理论上沦为利己主义的同伙。

马克思曾经说过，人们的一切斗争都是为了利益。这是针对那些只重视观念而不懂得物质利益在社会中的地位和作用的历史唯心主义者说的。强调物质利益就是强调物质资料生产在社会发展中的作用，就是重视生产力和生产关系在社会发展中的作用。只有发展生产力才能为社会提供物质财富，只有合理分配才能保证利益的公平。因此，在社会生活中，一定要区分是绝大多数人的利益，还是一小部分人的利益；是国家利益、民族利益，还是某个既得利益集团的利益。并非争利益就是唯物主义，而讲风格、讲道德就是唯心主义。如果这样，那就把一个历史唯物主义的命题引到了荒谬绝伦的境地。

利益当然也包括个人利益。马克思并不否定个人利益，为阶级利益和人类利益的斗争中就包含为每个成员的利益的斗争。否定个人利益，集体利益就是虚幻的。但个人利益有正当和不正当之分。与集体利益、与他人利益相抵触、相矛盾，或凌驾于他人之上的个人利益，是一己私利。马克思把这种私利极妙地比喻为个人脚底下的鸡眼。如果有谁触犯他的私利，就犹如踩痛了他的鸡眼一样。马克思强调,"有人可能踩了我的鸡眼,但他并不因此就不是一个诚实的、甚至优秀的人。正如你们不应该从你们的鸡眼的立场来评价人一样,你们也不应该用你们私人利益的眼睛来看他们"。不能单纯以"有利""无利"作为评价的标准,而要看谁的利益,什么人的利益,多数人还是少数人的利益。从大多数人的利益出发与从个人私利出发,虽然都涉及利益问题,但是性质完全不同。一己私利,往往是遮蔽正义的眼罩。

义与利的问题是中国政治哲学、道德哲学中的重大问题。义利之辩是中国哲学中的大辩论。对于这个大辩论的正反辩方难以简单地肯定谁是谁非,必须弄清义与利的性质。不加分析无条件地说"君子喻于义,小人喻于利",我认为是不对的。以求义与谋利作为划分君子与小人的界线,是一种道德唯心主义。谋利,关键是为谁谋利,谋什么样的利;求义,关键是求什么样的义。一概否定谋利正是马克思在创立历史唯物主义时期所批判的观点。可是,当只谋一人之利,谋国君之利,情况则不同。《孟子·梁惠王》中孟子反对梁惠王一见面就问,先生不远千里而来,何以利吾国,然后推及大夫问,何以利吾家,推及士庶人等问,何以利吾身,变为上下交征利,"其国危矣"。孟子的治国药方,"亦有仁义而已矣,何必曰利"。孟子推行的是王道仁政,将其置于这种利之上,站在孟子的立场看是有道理的。因为梁惠王所问之利并不是人民之利,而是国君之利。大夫、士庶人等所问之利也属于一己之利。为这种利而争夺不休,当然有害于王道仁政之大义。可以将这种非百姓之利的国君、大夫之利称为"专利"。"专利"用现代语言说,是"既得利益"。维护少数人的既得利益,并非历史唯物主义的主张。专利的危害古代人都知道:"夫荣公好专利而不知大难。夫利,百物之所生也,天地之所载也,而有专之,其害多矣!"

我们应该站在历史唯物主义的高度理解马克思关于人的物质利益重要性的真正意义,不要庸俗化。不要以为讲利益就是合理的。你们看,在国际政治中流行的一句话："没有永久的朋友，也没有永久的敌人，只有永远的利益。"这一针见血地揭穿了某些国家的行为原则。理解这一点，才能理解世界的风云变幻，才能理解同盟者分分合合的原因所在。无论其如何以保护别国人民，以人道、公平、正义为掩护发动对别国的侵略、轰炸，只要记住它们关心的不是别国的人民而是自己国家的利益，就不会被其蒙蔽。而国家利益是虚幻共同体的利益，实际上是统治集团的利益，仍然属于"专利"。当年马克思在《共产党宣言》中批判封建主义社会时说过，它们"把无产阶级的乞食袋当做旗帜来挥舞。但是，每当人民跟着他们走的时候，都发现他们的臀部带有旧的封建纹章，于是就哈哈大笑，一哄而散"。可是在当代，有些论者往往对一些国家以保护别国人民为旗帜的行为背后隐藏的极其卑鄙的利益原则缺乏认识。如果一个历史唯物主义者不能区分物质利益在社会生活中的作用问题和它的合理性问题，就没有真正理解历史唯物主义的这个重要原则。

8. 谈贡献

你们要把贡献和追名逐利区分开来。如果你们读了博士，花费了国家和家庭大量的经费，却不能对国家作出更大的贡献，那读博与不读博又有什么区别呢？要理直气壮地多作贡献，必须厘清贡献与追名逐利的区别。

我们反对追名逐利，但提倡贡献。有人会说，能够追到名获到利，不是也因为作出了贡献吗？作出贡献，不是也可以给自己带来名和利吗？这种"一致论"似是而非。我们承认，这二者之间会有某种交叉点，在顺利时可能有某些一致性。可是，当个人利益与集体利益发生矛盾时，它的区别就立即显现出来了。追名逐利的目的在于自己，而贡献的目的在于社会。当个人利益不能满足时，追名逐利者可以撂挑子，甚至成为研究团队中的害群之马；相反，则是越困难越向前。追名逐利是困难时获得成功的阻力，而为国家和集体作贡献则是困难时获得成功的动力。

冯兰友先生曾说："世界本非为人而设，人偶生于其中耳"；"此世界既非为人设，故其间之事物，当然不能尽如人意"。改造世界是人类生存和发展的必然之路，人就是生活在改造世界的实践中。人生的本质其实就是改造世界和社会。人的价值、意义就是以其在改造世界和社会中的贡献大小为尺度来衡量的。伟大人物之所以伟大、杰出人物之所以杰出，就是因为他们对改造世界社会的贡献大。

贡献与地位和权势不能等同，有地位、有权势不一定就是有贡献。我们说人民群众是历史的创造者,尊重人民群众在历史上的地位,就是因为如果没有这些普通劳动者默默无闻地贡献,世界就不可能这样,社会就不可能这样。我们的衣食住行、我们社会的存在和发展,无一不依靠劳动者世世代代的贡献,依靠其中杰出者的卓越贡献。这就是我们尊敬贡献者而鄙视追名逐利之徒的原因。

借用培根的话,我们可以把追名逐利比为蚂蚁努力为自己积存食物,而把贡献比为蜜蜂的采花酿蜜。蚂蚁,为自己积存食物,可以破坏河堤,千里之堤溃于蚁穴,可以祸害食物,可以危害花草树木。总之,蚂蚁的努力对于自身有利,而对别的东西有害。而蜜蜂则是无条件的贡献,越努力贡献越大。正如利己主义者干劲越大,越有害于社会;而贡献者的努力越大、干劲越大,则贡献越大。

9. 谈识时务

你们可不能把"识时务"和契诃夫小说之《变色龙》中那位专横跋扈、媚上压下、见风使舵、随机应变的奥丘梅洛夫式的人物混为一谈。如果弄不清这个区别,你们就很难评品历史人物。

孟子的名言:"富贵不能淫,贫贱不能移,威武不能屈,此之谓大丈夫。"又赞扬孔子,"圣之时者"。时者,识时务也。识时务者为俊杰,亦为我们祖宗之宝训。可识时务又往往会成为一些人投敌叛变的借口。因此,守气节与识时务,似为两难。我读明代大学者黄宗羲《明夷待访录》,深感如何处理识时务与守气节为评价大变动时期中国历史人物的一大难题。

黄宗羲有生之年正值晚明清初的大变动时期。他父亲黄尊素惨死于阉党,而他自己又遭有拥戴之功的阮大铖的迫害。按一般常理,明朝对黄氏父子刻薄寡恩,与黄宗羲有杀父之仇。可是,清兵入关,黄宗羲一直起兵抗清。他不应清康熙皇帝征召,拒绝博学鸿儒科考试,潜心著述,成为一代宗师。他的《明夷待访录》在中国政治思想史上占有极其重要的地位,是政治学的扛鼎之作。就当时的历史发展趋势而言,明朝的灭亡和清朝入主中原是不可避免的。明代自万历之后日趋腐朽,始亡于李自成的最后一击,终亡于清兵的入关。效忠腐朽的明王朝,抗拒不可阻挡之势的清朝,可以说是不识时务;可反对异族入侵,维护已经不可救药的明王朝,又可视为有民族气节。这样在历史大变动时期必然陷入两难之中:抗清是民族英雄，还是迎清兵入关是识时务？究竟是史可法、黄宗羲等人冥顽不化，还是洪承畴、吴三桂等人识时务？这是个重要的历史观问题。如果不解决这个问题，不仅明末清初的历史要重写，而且有关类似问题的全部历史都要重写。这可是考验一个马克思主义者历史唯物主义水平的试金石。

　　我认为，评价历史人物必须具有历史观点。在历史上，战争有三种不同情况，必须具体分析。不能把"识时务"与"守气节"抽象化为一种可以不分情况普遍适用的道德范畴。中国历史上的民族战争，有入侵与反入侵之分。站在维护民族利益立场，抗拒入侵者是正义的，拒不降敌为此而牺牲者是有气节，否则即为变节投降。秦桧与岳飞忠奸之分正在于此。按例，明末抗清者为有气节，而洪吴之流非识时务而是卖身求荣。尽管北宋灭亡，偏隅江南的南宋也朝不虑夕、意图苟安、屈辱求和以自保，但是如果认为主战派为顽固派，认为投降派为识时务者，就是颠倒历史。明末清初的抗清与迎清人物的评价应亦如此看。当时并不是统一的民族国家，而是两个政权，各有保护自己的人民免遭入侵者杀戮和土地不被侵占的责任。

　　第二种情况是国与国之间的战争，有侵略与被侵略、占领与反占领之分。尽管西方工业文明高于中国的农业文明，资本主义社会形态高于封建社会形态，但是这不能成为西方殖民主义向外扩张的正当理由。它们不是输送文明而是侵略。因此，反对西方殖民主义、反对帝国主义是爱国。此时的民族主义与爱国主义是重合的。把义和团视为仇外的野蛮人，把鸦片战争中的反抗视为拒绝贸易、闭关锁国，都是站在西方殖民主义者的立场说话。此时，所谓"识时务"者则为卖国，而反对帝国主义则体现了中国人民不屈不挠的爱国主义情操。当时清末确有一批开风气之先的人物，但在国家民族存亡之际，他们注定是一群悲剧性的人物。

　　第三种情况是国内的阶级斗争，被压迫者反抗统治者的斗争。这是正义的、合乎历史规律的斗争。此时，"识时务"就是弃暗投明，转到人民这边来。中国近代以来，许多有识之士就是这样做的。国共内战特别是解放战争时期，国民党将领中起义人士都属于这种"识时务"者；相反，顽固坚持反共立场，为国民党尽忠者并非明智者，因为他们分不清究竟应该忠于民族、忠于国家、忠于人民，还是忠于个人和党派。

　　历史情况不同，对守气节和识时务应该具体分析。毛泽东在《别了，司徒雷登》中说："我们中国人是有骨气的。许多曾经是自由主义者或民主个人主义者的人们，在美国帝国主义者及其走狗国民党反动派面前站起来了。闻一多拍案而起，横眉怒对国民党的手枪，宁可倒下去，不愿屈服。朱自清一身重病，宁可饿死，不领美国的'救济粮'。唐朝的韩愈写过《伯夷颂》，颂的是一个对自己国家的人民不负责任、开小差逃跑、又反对武王领导的当时的人民解放战争、颇有些'民主个人主义'思想的伯夷，那是颂错了。我们应当写闻一多颂，写朱自清颂，他们表现了我们民族的英雄气概。"读懂了毛泽东的这些话，就能弄懂何谓气节，何谓顽固，何谓识时务，何谓变节。

10. 谈功成身退

自隋唐科举制后,儒生们最得意的两件事是:洞房花烛夜,金榜题名时。其实,最为得意的是金榜题名。洞房花烛,人人可有;金榜题名,并非十年寒窗者人人可得。科举制时代,不少读书人一生没有半点功名。《范进中举》是《儒林外史》中写的最为精彩的一篇。可金榜题名后又如何?无非是为官做宦,跻身统治者的行列,荣宗耀祖,光耀门楣,享尽荣华富贵。

做官,是做清官,还是做贪官;是做忠臣,还是做奸臣;是做一个尸位素餐的木偶官,还是做一个真正为民办事的好官,对此作出正确的选择是至关重要的。自古以来,庸官不少,真正有能力办事的清官或有建树的官往往又下场不妙。我记得豫剧《徐九经升官记》中,身处官场、亲身经历官场腐败的徐九经唱了一段历数做官难的苦水,很有意思。我感兴趣的不是做官的问题,而是中国封建社会并不鲜见的,官员在建功立业、声名显赫、权倾一时不得善终的社会现象。因此,哲学家总结出一套关于个人在政治领域中应该如何自保的哲学。

老子在《道德经》中多处提到功成身退的思想。"功成而弗居,夫唯弗居,是以不去。"后来又反复说,"功遂身退,天之道也"。从《道德经》全书看,这并非着重强调历史上一些名臣良将的不幸遭遇,不是历史经验的总结,而是关于对立面转化的辩证思考。在老子看来,"反者道之动"。世界事物都会向相反方向转化。在社会生活领域，功成身退也符合天道，立功而不居功，反而会永久保存功劳，"夫唯弗居，是以不去"。反之，则会身败功去。

在中国长期的封建社会中，功成身灭是不少声名显赫人物的悲剧性遭遇，故有伴君如伴虎之说。明智者倡导"激流勇退"，而不是恋栈贪位，导致杀身之祸。李白生于唐代，这方面的历史经验够多。他在《乐府·行路难》中历数："吾观自古贤达人，功成不退皆殒身。子胥既弃吴江上，屈原终投湘水滨。陆机雄才岂自保，李斯税驾苦不早。华亭鹤唳讵可闻，上蔡苍鹰何足道。"李斯为秦国立过大功，为秦国的强盛作出了杰出贡献，可是秦始皇死后，李斯死于赵高谗言，为二世所杀。据说，临刑前谓其子曰："吾欲与若复牵黄犬，俱出上蔡东门逐狡兔，岂可得乎！"李斯之死，往往为许多身居高位者借鉴。千百年来，人们读苏轼的中秋赏月兼怀弟弟的名篇《水调歌头》，对其中的"我欲乘风归去，又恐琼楼玉宇，高处不胜寒。起舞弄清影，何似在人间"作出政治解读，"高处不胜寒"，"何似在人间"，成为政治险恶、高位难处的隐语。

对有志者来说，这是个非常难以处理的问题。不恋高位，像庄子那样视相位如腐鼠，不愿做留骨庙堂受人供奉的神龟，而宁愿在泥里做曳尾而活的泥龟。这种看透世情的高人终究是少而又少。针对处高位而惴惴不安的心态，我们的先人还是给出了一个处方，即以入世之心办事，以出世之心处世。当奋发向上时，应该有雄心壮志，立功于世；但功成弗居，不居功自傲，不忘乎所以，仍然谦以待人，不做违纪违法之事。或许可两全。至于因以功臣自居，进城后腐化堕落如张子善、刘青山之流，那根本不在此列。现在这种情况也不少见。一些人前半生兢兢业业，后半生飞黄腾达，身居高位，贪赃枉法，落个死刑或无期，那是罪有应得。此种人，与立不世之功却成为政治牺牲品者，不在同一等级上。

政治确实是个高危"行业"，可它是关系国家、社会发展的重要领域。

那些欣喜于金榜题名之士与关心国家民族安危而投身政治领域者是不能类比的。前者的目的是个人、是家族，而后者的目的是国家、是民族。为个人的目的而置身官场，确实应该懂得功成身退，而为国家、为民族，则应该"苟利国家生死以，岂因祸富避趋之"。这种为国家、为民族作出贡献的人，即使成为政治祭坛上的牺牲品，也永远会为后人怀念尊敬。从长久看，历史是公正的，终有昭雪之时。岳飞、于谦之死，至今仍永志不忘。苏联和中国共产党内也有曾经为人民立过大功而被诬陷遭迫害的人。他们的不幸遭遇令人悲愤。但终究会还以清白，历史得以重写。人们永远不会忘记为人民作出贡献却屈死的人。

　　老子的功成身退、庄子的拒绝做官的哲学，有可吸取之处，但不能成为共产党员的处世原则。一个马克思主义政党，应该依法治国，依法治党，实行有效的民主制度，杜绝或防范中国封建社会中功成身灭的悲剧重演。经过六十多年的社会主义政治建设，我们在这方面已经积累了足够的经验。最可笑的是，当代中国有些官员因贪污腐败而身陷牢狱，其中有些被处无期徒刑甚至死刑，他们都高调倡言后悔从政，并留言子女切勿从政。他们不是归罪于自己的贪污腐败，归罪于贪婪之心和黑手，而是归罪为"从政"，仿佛从政必贪。这不是真正认错，而是死不悔悟。无产阶级的政治同时是具有政治道德的政治，不同于封建社会的官场斗法和资本主义选举政治中的彼此攻讦和诬陷。

11. 谈游泳

"为了学会游泳，必须钻到水中去。"这句话你们都懂，是老黑格尔的话。这是真理。在岸上永远学不会游泳。即使可以在岸上模拟训练，但终究不是实践。学习还不是实践，而是实践的准备，要真正学会游泳，还得下水。如同读书，读书只是做事的准备。能否真正运用书本知识，还要靠实践。学习得知识，实践出真知。知识与真知的区别在于，知识是书本上的，是间接经验，是别人的；真知才是自己的，是才干，是本领。世界上有不少书呆子，也有不少读书不多但有实际才干的人。看看历史上的刘邦、朱元璋的雄才大略，岂是读书人能比？

你们是博士，不要自以为有书本知识，就狂傲不羁，以为老子天下第一。博士是学历，是文凭，不是才干的证明。马克思在致女儿燕妮的信中说，说大话和做实事是不可调和的两个极端。如同游泳，站在岸上说自己可以横渡太平洋，随便怎么吹都可以，可往水里一跳，能游多远，立马见效。不要满足于文凭，还是多多下水吧。

从这里，我想到中国传统政治体制的人才选拔制度。封建社会的科举制，虽然考取进士可以做官，但大多从基层做起，增长才干。"宰相必起于州部，猛将师必发于卒伍。"《后汉书》中有段关于重要领导选用问题的议论很有意思："天下枢要，在于中书，尚书之选，岂可不重？而间者多从郎官，超升此位，虽晓习文法，长于应对，然察小惠，类无大能。宜简尝历州宰素有名者，虽进退舒迟，时有不逮，然端心向公，奉职周密。"大有从下层干部中选贤与能的意思。

我们现在一些领导，大多从基层干起，实际上是在水中学会游泳。村官制度，肯定也有利于干部的培养。西方的选举制，它们自夸是最民主的制度，有无从政经验、有无才能、有无实绩都无所谓，只要竞选中得票超过对方就行。这是无须下水学游泳，是从岸上直接往水里跳。哪种制度优越，由于民族政治文化传统和国情不同，自难抑此扬彼或相反。中国特色社会主义的干部选拔政策有自身的传统和国情。以西方之药治中国之病的体制改革方案，反正我以为不会对症。

12. 谈风雨

  自然界有风雨，甚至暴风骤雨。这是自然现象。但自然界的风雨不会太久。老子在《道德经》中说，"飘雨不终朝，骤雨不终日。孰为此者？天地"。社会中也有风雨，这就是政治风云。政治中的风雨时间长，其猛烈不亚于自然界的风雨。在社会性政治生活中，政治斗争现象是不可避免的，也是必然的。它对社会进步有推动作用，但也可能带来误伤和冤屈。你们生长在改革开放政治清明的当代，没有这种经历，最好也不要再有这种经历，但作为一个人生哲学问题，我还是对你们唠唠。

  清代一位著名学者有副名联："莫放春秋佳日过，最难风雨故人来。""最难风雨故人来"，语意双关，既可以是真正风雨交加，老友来访，烹茶相对，特别温暖；也可以是身遭厄运，人人如避瘟疫，见面绕开走，此时如有旧友来访，不避嫌，不绝交，一如旧时，也可谓"最难风雨故人来"。

  资本主义社会比封建社会进步的一个重要方面，就是法治取代人治。一切按法律程序办，罪与非罪，犯罪主体明确，谁的罪就是谁的罪，无株连之事。因而，在法治社会，不会有"最难风雨故人来"的感受。封建社会不同，尤其是中国封建社会，株连之事是常态。一人有罪，株连三族，父族、母族、妻族均难逃厄运。有时甚至株连九族，从老祖宗到玄孙，一并治罪。这是农业社会宗法制度下生存方式的特点。老百姓不是作为具有独立人格的公民，而是作为家族的一分子，甚至是整个宗族的一员。同宗、姻戚、师生、朋友,成为一个关系网。当统治者一收网,全在网中。清朝因文字而兴大狱时,株连之众,可以说是残忍之极。被称为盛世的康雍乾三朝文字狱之多,可以说是历代王朝之最。像戴明世案、庄廷𨱓案、吕留良案都是大文字狱,累及师生。龚自珍的"避席畏闻文字狱,著书都为稻粱谋",就是牢骚话。

中国由于法制不健全,在一段时期内,因为政治运动怕受牵连,朋友断绝往来、陌若路人的事常有。既有怕株连者,也有对方情况不明,尚无结论,不去找麻烦的自保。这点可以理解。我自己对这点有特别体会。"文革"后期因写作组的错误,我接受审查,有些熟人也避之不及。我从不怪他们。一是我确有错误,应该接受审查;二是我自己的错误,他们并不知底,何必增加别人的麻烦呢!将心比心,如果换作我,也会如此。我是过来人,对"最难风雨故人来"感受最深。我曾在我的一本书中说过一件事,在我接受审查时,过春节放假三天,我的老支书生怕别人看见,有天晚上九点多偷偷地到我家来看我。他是老延安,是老革命。前些年逝世,这件事此生难忘。雪中送炭,总是会令人感激不尽。

改革开放三十多年来,我感受最深的就是建立法治国家,以法治国,有法可依。因此,人们不会害怕无故被牵连,更不可能被株连。"最难风雨故人来"成为一个关于风雨夜故人来访的诗意描述,不再具有社会政治意义。这就是三十多年来国家的进步,社会的进步,政治体制改革的重要成果。

第三章　命运的省思

1. 谈人生之路

你们年轻，人生之路才刚开始，甚至可以说还未上路，因为你们还在学校，没有进入社会。进入社会才是真正踏上人生之路。

人生有三路：平坦道路、穷途末路、歧路岔路。绝对平坦之路是没有的。没有人一生是无风无浪、绝对平安的；如果有，一定是庸人，是不可能有任何进取和成就的人。穷途末路，也不是一般人的路，或者是作奸犯科之徒的路，或者是穷兵黩武、向外侵略的国家的路。我们普通人的人生之路更多的是歧路、岔路。

在人生关节点上，在存在多种道路选择时，人一定要慎重。古人对歧路最为重视。《荀子·王霸》中记载杨朱哭衢途的故事："杨朱哭衢途曰：此夫过举蹞步而觉千里者夫！"一举足则成千年恨，差之毫厘，谬之千里，此之谓也。因为衢路是有多种通向的歧路，是可东可西可南可北的岔口。走错了，就会遗憾终生。《淮南子·说林训》讲的是同样的道理："阳子见逵路而哭之，为其可以南，可以北。"这是人生之路。至于分别之路，"无为在歧路，儿女共沾巾"则不在此列。此处歧路，是朋友分别之路。

人的一生有时会有一些关节点，即道路选择。在大是大非面前，头脑一定要清醒，走正路而不能图捷径，更不能走邪路。误入歧途，幡然悔悟，回头是岸，则善莫大焉。你们能保证自己一生都是走在康庄大道上吗？不可能。我们是学马克思主义的，坚持马克思主义，还是离经叛道，或者逃

离马克思，都是事关我们理论生命的道路选择问题。在理论领域，岔口、歧路、岔路很多。尤其是当代西方思潮泛滥，马克思主义、毛泽东思想、中国特色社会主义理论遭到了一些人的贬损，是思想上可南可北可东可西、容易动摇之时，更应该注意道路和方向的选择。

2. 谈生命的短暂

当我听到有些学生轻生时，总有说不出的难过。我们应该对生命怀着某种敬畏，应该懂得生命的价值。生命本来就很短，对于很短的生命不知爱惜，反而自我毁灭，既对不起国家、对不起父母，也对不起自己。

我们要重视生命。因为它短暂，更要珍惜。因为它短暂，才显现它的价值。试想，如果人人长生不老，那人的生命有什么稀罕和可贵呢？人生苦短，这是中外古今的共识。1996年诺贝尔文学奖得主波兰女诗人维斯拉瓦·辛波斯卡在一首题为《博物馆》的诗中写道：

这里有一把扇子——粉红的脸蛋哪里去了？
这里有几把剑——愤怒哪里去了？
……
王冠的寿命比头长。
手输给了手套。
右脚的鞋打败了脚。
至于我，你瞧，还活着。
和我的衣服的竞赛正如火如荼进行着。
这家伙战斗的意志超乎想象！
它多想在我离去之后继续存活！

"物是人非"，同样是中国诗人对生命短暂的感叹。放在博物馆里的东西，肯定比人活得长。任何东西进入博物馆都获得永恒，唯独人进不了博物馆，除非木乃伊。可木乃伊令人想到的是生命的短暂。人只能进入历史博物馆，而历史博物馆是历史，而非现实的人。

其实，不用去博物馆，只要举头四望你就可以发现生命的长度。它不如一棵树，不如一块岩石，不如一条河流，更不如一座小小的山丘。它也不如自己的创造物。你们家里或许有祖传的衣柜、挂钟，祖传的字画，甚至祖父母、太祖父母用过的遗物。你们的生命虽然也属于你们家的祖传，但与其他祖传物的生命相比，你们的生命最短。尽管如此，最有价值的却是人的生命，而非物。它虽然短暂，却是永恒物的创造者。人用最短暂的生命创造了物的永恒。这就是人的生命的尊严和价值。

当然，人的生命的价值是不同的。圣者与王者的历史定位，不在于生前富贵，而在于贡献。贵为高官，死后默默无闻者多矣。你们能数出古今多少宰相、多少状元的姓名？即使贵为帝王的，你们又能记住几人？除了专门的史学家，活在百姓心中的皇帝实在太少。"纣为无道，见称独夫，仲尼陪臣，谓之素王。即君子不在乎富贵矣"，讲的就是生命的价值。你们要珍重生命，不仅为父母、为国家，更是为自己。充分发挥短暂生命可能包含的无限价值。

自杀，患严重抑郁症的自杀不在论列，因为这是一种病，我说的是正常人的自杀。如有些年轻人为情所困，因失恋而自杀，或为某种挫折而自杀。叔本华说过，当人感到自己面对的痛苦和困难超过自己生存的承受时，就会自杀。其实，这不能成为自杀的理由。自杀是自杀者的解脱，但却把痛苦的绞索套在了自己亲人的脖子上，使他们永远无法解脱。勇敢的一跳并非勇敢，而是怯懦，他们在困难面前失去了克服困难的勇气。有些博士生因为论文未能通过或一时未能就业而自杀，则是更傻。因为这些都是能克服的困难。有自杀的决心而无修改论文的决心，难道自杀的代价比撰写论文付出的代价要小吗！

3. 谈命与运

我知道你们学生中有些人痴迷星座，不知是自以为时尚追潮，还是真相信？如果一个学哲学的人相信这个千百年来不断被揭穿的迷信，那可学不好哲学。除非利用自己学到的一些哲学名词去当大师，加入骗子的行列。以《易经》行骗的风水师或大师不少，我都是一笑置之。这种玩意儿，中国历史上有不少方士、术士或江湖骗子玩过，除了骗骗想长生不死的帝王以外，终究成不了气候。

在中国词语中，命运虽然连用，但命与运不同。命具有不可改变的特色，它是注定的。这是一种迷信观点，相信天命或人命，都是一种迷信。没有人的人生际遇是由天命或自己出生的年月日决定的。运是一种机遇，它不同于命。命是内在的、不由自主地被决定的，实际上是对自己境遇的无可奈何的一种事后解释；而运则决定于一个人遇时、遇人或时代变化带来的机遇。中国人称之为走运。

1977年恢复高考对一些人来说是机遇，而不是命。因为这个可能性是为每个知青提供的，可有的人抓住了这个机遇，有的人就错过了。为什么？因为要使这种可能性成为改变自己命运的机遇，取决于自己。机遇偏爱有准备的头脑，同样的情况，对一些人是机遇，对另一些人就不是。所谓运气好，就是充分利用机遇提供的可能性，否则就会擦肩而过，失之交臂。我们不要相信命，但要充分抓住"运"。命是不可改变的，它削弱人的奋斗决心；运是可以变化的，时来运转。因此，运是时运，运取决于时。不改革开放，任何人都不会遇上变为亿万富翁的好运；不恢复高考，任何人都不会遇上进入大学学习的好运。

你们看看我们社会中一些亿万富翁就知道。他们是如何产生的，是因为命好吗？为什么在改革开放前，人们的命都好，但不要说亿万富翁，就连一个万元户都没有。连傻瓜都知道，是改革开放和发展多种所有制经济为他们提供了发财的机遇。为什么越是发达地区，越是沿海地区，富翁越多，人们下海时都往广东、往深圳跑？不就是因为那里是改革试点区，商机多吗？时间就是金钱，效率就是生命，首先出现在深圳难道是偶然的吗？同样星座，也可能同年同月同日出生的人，如果处在西北落后地区，可能就没有这个"命"，没有这个运。现在开发大西北，原来落后的西北地区，在发展的同时肯定会产生一批亿万富翁。他们会应运而生。

毛泽东在《湖南农民运动考察报告》中曾经以生动的语言对迷信命运的农民讲过这个道理："信八字望走好运，信风水望坟山贯气。今年几个月光景，土豪劣绅贪官污吏一齐倒台了。难道这几个月以前土豪劣绅贪官污吏还大家走好运，大家坟山都贯气，这几个月忽然大家走坏运，坟山也一齐不贯气了吗？"当然是由于农民起来革命。也就是说条件变了，因而命都变了。不管什么星座，统统无用。

从历史唯物主义来看，一个最简单的道理是：凡是大的变革就会改变一些人的命运。一些人走运，一些人倒霉；不管他们什么星座，不管他们是否同年同月同日生。因为条件变化，人的命运就会变化。运取决于时，是时代提供的条件，运是时运。但同样的条件不一定每个人都交好运，因为运还要依靠自己把握。一个人的运气，可以说是对时机的主体把握。被把握的时机就是机遇，好的机遇就是运气。一个智慧的人不要相信命，而要使机遇变为改变自己的时机。要善于抓住时变，不要白白放过。人的一生可能有许许多多的偶然性。可偶然性不等于机遇，因为它可以被轻轻放过，也可以被抓住，抓住了就是机遇。学习哲学的一个重要任务，就是要具有善于抓住有利时机的智慧。个人如此，国家也是如此。

我们看到现在有些名人包括明星，相信大师，求神拜佛，闭关坐禅。求神拜佛、闭关坐禅是个人私事，无可无不可，但拜大师实在没有必要。法力无边的"大师"不少是江湖骗子，专门欺骗那些钱多多。没有太多哲学思维的名人、富婆为风水师所骗的事，在内地和香港都有。这并不奇怪。相信命、相信星座和八字之类荒唐的人，肯定会受骗。

我推荐你们读一读唐代裴潾上的《谏宪宗服金丹疏》中的一段话："自去岁以来，所在多荐方士，转相汲引，其数浸繁。借令天下有神仙，彼必深潜岩壑，惟畏人知，凡候伺权贵之门，以大言自炫奇技惊众者，皆不轨徇利之人，岂可信其说而饵其药耶！"凡是自称能起死回生的大师，能指引迷津、知人休咎、祈祷免灾者，都是骗子之流。当然他们专门骗名人、骗明星，因为只要一人上钩，就是最有效果的广告。这就是他们必骗名人绝不会骗穷人的道理。

4. 谈性格与命运

你们几个都是我的学生，但性格各不相同。据有的专家说，性格决定命运，思想决定生活。此话有理，但都只说对了一半。命运是非决定的，没有人出生时就被决定了一世的命运。命运是人生历程中由各种因素决定的。其中有偶然的机遇，也有各种主客观条件，但性格确实是其中的重要因素。一个心胸狭隘、固执、主观的人，或者软弱、马大哈性格的人，在处理人际关系以及个人发展方面都会受到障碍。相反，一个心胸开阔、办事认真、性格坚定的人，处理人际关系、就业或从事任何工作获得成就的概率肯定高于前者。

思想决定生活，也甚为有理。一个人所抱有的思想往往决定其行为和生活态度。一个悲观的人，不可能有积极的生活态度，也不会积极参与社会生活，往往无病呻吟，提不起精神；相反，一个乐观的人，行为是积极的，生活是快乐的、向上的，遇到困难可以自我化解。悲观者，每天都是阴暗情绪；乐观者，则天天阳光灿烂。在旅途中剩下半瓶水，一个悲观主义者想到的是"只有"半瓶水，而乐观主义者想到的是"还有"半瓶水。这个"只有"和"还有"的不同判断，可能就是决定他们能否继续走下去的意志分界线。人生旅途也是如此。有的人偶遇挫折就悲观失望，走上绝路；而有的人一生坎坷，却屡挫屡起。这是不同的思想在起作用。思想支柱就是精神支柱。它视之无形，实则力量巨大，可以影响人的一生。

当然，性格与思想不是互不相关，而是相互影响的，但各有特点。性格相对稳定，甚至终生难改；而思想则往往随境遇变化而变化。性格的形成中有思想的参与，性格一旦形成就似乎固化；反过来，性格也会影响对一种思想的接纳或排斥。因此，思想好有利于塑造好的性格，而性格好也有利于接受有益的思想。

说到此，并没有完。如果性格决定命运，思想决定生活，那又是什么决定性格，什么决定思想？性格中是否有遗传成分，我们弄不清。但可以断言，性格决非"天性"、"本性"，更多是后天形成的。如果性格是天性，那人的命运就是前定的、不可改变的。这是变相的宿命论。同样，如果无法回答思想的来源，必然认同思想是人头脑中固有的观念，我们就又回到了天赋观念的陈词滥调。

人是社会的人，人的性格与思想的形成离不开自己生活于其中的社会环境，包括家庭环境、学校教育环境、人际交往和社会整体环境。其中家庭在幼儿甚至少年时期，具有重要作用。一个单亲家庭和一个完整的家庭，一个终日争吵的家庭和一个和睦相处的快乐家庭，对孩子性格形成的影响是大相径庭的。而入学后，学校教育，尤其是中小学教育对青少年性格与思想的形成，具有重要作用。这时性格趋向于定型，而思想的吸收也最为快捷和牢固。

18世纪法国著名哲学家和教育家卢梭在其经典著作《爱弥儿》中对教育在性格和思想形成中的作用做过深入的论述。虽然卢梭过分推崇顺从人的自然本性，但他还是主张让教育同生命一起开始，即从一开始生活，人就应该接受教育。应该教育孩子保护好自己，教育孩子经受得住命运的打击，不要把豪华和贫困看在眼里。必要的时候，在冰岛的冰天雪地里或者马耳他岛的灼热的岩石上都能够生活。要持续不断地锻炼孩子，用各种各样的考验来磨砺他们的性情。教他们从小就知道什么是烦恼和痛苦。通过这些考验，孩子便获得了力量。卢梭的自然主义教育理论虽有可议之处，但他主张顺应儿童的本性，让他们的身心自由发展的观点，对于我们用应试教育来剥夺孩子的童年快乐，束缚孩子的自由发展，是有警戒意义的。

  知识可以改变思想，习惯则与性格相伴。从小就应该特别关注良好习惯的养成。期待大学教育改变从小形成的习惯，是很难的。积习难改，性格终老。思想不同，它可以随着人的经历和受教育的程度而发生变化。改变习惯和性格比改变思想困难。我们可以育苗，但很难修理已经长成的大树。

5. 谈逢时和安时

　　我很羡慕你们，你们的学习条件比我年轻时好得多，你们可以用来学习的时间比我年轻时多得多。你们应该比我们老一辈有成就，否则你们对不起你们的时代。

　　生不逢时，是一些怀才不遇者的牢骚话；不过，也不是毫无道理。人确实有个逢时的问题。解放初，我知道最受尊敬和重用的是三八式、老延安。年轻人是嫩头青，当然不能担重任。可现在，省部级干部中50后、60后是常态。这是国家后继有人、兴旺发达的表现，值得庆贺。当然，我们也有千千万万解放前或解放初参加工作的人，至今仍然是普通干部。甚至老延安、老红军，也不一定人人都有很高的职位。这就不简单是个人能力的问题，而是时代使然。

　　我记起在一本书中读到过，汉朝一个什么皇帝见执戟侍卫中有一须发皆白的长者，很是奇怪，问他何以这个年龄还干这个活？他回答说：陛下重用老臣时，臣正年少；可当陛下重用青年时，臣已年老。这就有个逢时与不逢时的问题。这种事，在生活中常见。就拿高校评职称来说，现在的教授、博导，三十多、四十多甚为常见。各种各样学者的光荣称号也是越来越多，为留住人才，各地相互竞争。现在，如果五十岁仍未评上高职，就坐不住了。可我们那辈人中，退休后仍是讲师的大有人在。至于评上教授时的年龄，五十多极为常见。我们那辈人中一些人虽然很有学问，但到退休时仍未当上教授、博导的，很多很多。我当过一阵子系主任，最难处理的就是这种事。这就有个逢时的问题。年轻人机遇好，碰上好时光，理应如此。如果现在高校评职称还像我们那辈人一样，职称变为安慰奖，评上不久就退休，于教育和科学的发展都极为不利。

  时，并非单纯时间，而是时间中包含的社会内容。时，表现特定时间的经济、政治、文化的发展状况和水平。所谓逢时，就是时代提供给自己以最好的发展可能性。同一年龄段的人生活于同时，但不见得人人有相同的机遇，因为时与机遇是不同的。就如同1977年恢复高考时，成百万知识青年不可能都获得上大学的机会一样。生逢其时的人，有如何把"逢时"变为"机遇"，如何紧紧把握机遇、努力上进的问题；对于错过机遇、在原地踏步的人，又有如何安时处顺、淡定自然的问题。要不然，不逢时者或逢时而错过机遇者，就难以存活。逢时者如何"趁时"把握机遇，不逢时失去机遇者如何"安时"处世，都是人生哲学问题。

6. 谈"另一个世界"

　　有的哲学家说，唯物主义是硬心肠的哲学，唯心主义是软心肠的哲学。唯物主义认为人死如灯灭，化为一缕青烟，回归自然，这多没情趣。如果人死后有灵魂，有另一个世界，可以照样和亲人相会，可以享受人世间同样的生活，多好呀。这样死亡就不可怕，只是由一个世界转到另一个世界。你看《聊斋志异》中的鬼多痛快，可以恋爱，有情有义，比人间还好。没有对死亡的无奈，就没有神；没有对生的眷恋，没有对死亡化为无的恐惧，就没有鬼。鬼魂的存在给人以希望。神给人以自赎自救的希望，鬼给人在另一个世界永生的希望，而魂则可以在另一个世界继续生存。

　　有神论比无神论更能安慰群众，尤其是安慰痛苦的群众，原因正在于此。可是这种安慰是虚幻的。马克思在《〈黑格尔法哲学批判〉导言》中说过，"宗教里的苦难既是现实的苦难的表现，又是对这种现实的苦难的抗议。宗教是被压迫生灵的叹息，是无情世界的情感，正像它是无精神活力的制度的精神一样"。只是在说完这些话以后，马克思才说，"宗教是人民的鸦片"。因为它如同止痛剂能够暂时解除人心灵的痛苦，但令人产生痛苦的世界依然存在。我们还是要相信唯物主义，不管死后如何回归自然。不管唯心主义如何心软，不管有神论如何给人以死后的乐趣，如何给人提供一个美妙的天堂，其终究只是个"故事"，从来没有人能成为这个"故事"的主角。它是世世代代害怕死亡的人永远做不完的梦。把他们从梦中唤醒，他们说你是硬心肠。如果人人变为软心肠，期望有天堂，有阴间，有来世，人人可以相见于九泉，难道世界就会因此变得更好吗？不会。你看看宗教信仰盛行、人人祈祷、个个虔诚的国度，照样战乱不断，民不聊生。两个不同宗教的斗争，相互往死里整，心肠一点都不软。

哲学与文学不同。哲学不能宣传来世，文学则可以有梦中相见。文学并非相信来世、灵魂、阴间，而是以此来抒发一种感情。苏轼梦亡妻的著名悼亡词《江城子》："十年生死两茫茫，不思量，自难忘，千里孤坟，无处话凄凉。纵使相逢应不识，尘满面，鬓如霜。夜来幽梦忽还乡。小轩窗，正梳妆。相顾无言，惟有泪千行。料得年年肠断处，明月夜，短松岗。"梦中有深情，深情中有梦。感人至深，不存在唯物主义和唯心主义的问题，因为它是文学而不是哲学。

我对"明月夜，短松岗"的凄凉景象有一次切身感受。我在干校劳动时，有次从南昌回干校，正是月夜，从刘家站火车站下车到干校有十几里。途中一片荒野，没有人家。中途要经过一个坟地。短短的松树，就散落在一个个坟堆之间。在月色下，四周无声，凄清如许。我突然想起苏轼的"明月夜，短松岗"的悼亡词，我第一次为艺术的感染力所震撼。月夜独行，挥之不去。

7. 谈书

你们问,应该如何对待读书。我只有两句话,一是认真读书,二是不迷信书。

首先是认真读书。你们是博士,当然应该认真读书,得多读,得读好。否则,何以为博?关于书的重要性,世界上许许多多的学者都有过名言。书是人类文化和知识的文字载体,它凝结了先人和时人的知识和智慧。读书,在一定意义上就是站在前人的肩上。孔子总结过自己的经验,说:"吾尝终日不食,终夜不寝,以思,无益,不如学也。"思,当然重要,但不学而思是白搭,应该是学而思,以学为基础。

再者是不迷信书。亚圣孟子说过,"尽信书不如无书"。这不是与孔子唱反调,各自强调的重点不同。孟子说的不能尽信,不是说不信。尽信与不信不同,尽信是迷信。书是人写的,书中所言之事不一定全是事实,故而历史学分支之中存在考据学;书中所言之理不一定完全正确,有科学与不科学之分。列宁曾说过,只要几何定理触犯人们的利益,就有人企图推翻它,何况是与人们利益关系最大的各种各样的社会科学方面的书籍呢?因此,读书必须用头脑读、有分析地读,不要盲目地相信书中所说的东西。毛泽东说过,除了科学,什么都不要信。科学就是经过实践检验过的真理性认识。而盲目相信古人的书、相信洋人的书、相信权威的书,不管他们说得对不对,照章全收,这就是迷信。正如毛泽东说的,对的就是对的,不对的就是不对的，不然就叫迷信。要破除迷信。不论古代的也好，现代的也好，正确的就信，不正确的就不信；不仅不信而且还要批评。这就是科学态度。读书要有科学态度。

真正的马克思主义者从不迷信本本，即使马克思的本本也不迷信。这就牵涉到写文章著书普遍存在的问题，我们总是引用经典作家的话，以为引证就是证明，就是无可辩驳。这样对吗？我认为引证不等于证明，而只能对论证起一种辅助的作用。这种作用，庄子称为"重言"。重言不是论证，而是借助权威的言论以证明。

在对问题的分析中，对马克思主义经典作家的话的引证是必要的。但这种引证必须建立在对问题分析的基础上，而不是用引证代替论证。论证的特点是具体问题具体分析，是独立地运用马克思主义基本原理分析自己时代面对的问题。引用切合自己分析的引证是有力量的，否则就是教条。列宁说过，只有不可救药的书呆子才会单单引证马克思关于另一历史时代的某一论述来解决当前发生的独特而复杂的问题。

毛泽东是大力反对本本主义的。他说过，"以为上了书的就是对的，文化落后的中国农民至今还存着这种心理"。但毛泽东并不否认马克思主义本本的重要作用，他说："马克思主义的'本本'是要学习的，但是必须同我国的实际情况相结合。我们需要'本本'，但是一定要纠正脱离实际情况的本本主义。"

我们可以以马克思关于资本、货币、市场的分析为例。马克思说过，资本一到世间从头到尾每个毛孔都沾满了肮脏的鲜血，在讲到货币时曾讲到以货币为中介会颠倒人与物的关系，使物质增值、人贬值，促使人产生拜金主义思想，而市场关系必然会导致资本的积累和贫富分化。这个理论当然是针对资本主义条件下的资本逻辑说的。这是否适用于社会主义？适用于中国特色社会主义？就不是单纯靠引证能解决的。引用者可以以此来否定改革开放政策的正确性，否定者则以为马克思的论断与中国特色社会主义无关，已经过时。这两种态度都是停留在以引证取代论证的水平上。我们应该从马克思的分析中，看到马克思是如何看待资本主义条件下资本、货币、市场的本质，它们的运作方式及后果的；弄清在社会主义条件下如何发挥资本、货币、市场的积极作用，避免它们的消极作用。这就不是单靠引证能做到的，而必须运用马克思主义的基本原理分析社会主义制度下的资本、货币、市场的本质，它们的运作方式和后果及可能引发的问题。

引证往往容易削足适履，对号入座；应用则是具体问题具体分析。我读你们的博士论文，往往感到引证太多，分析太少；别人的东西太多，自己的东西太少。单看论文后面的书目就吓人。我知道有些是作者虚张声势的疑兵阵，仿佛十面埋伏，实则是空营。不过，这不是做学问的好方法。读书如嚼馍，消化吸收是论证，原馍吐出是引证。我们要提倡论证，避免简单引证。

8. 谈神

书本迷信与宗教迷信是两种不同的迷信。书本迷信是信书，以为书中的话句句是真理；宗教迷信则是信神，以为神是万能的。

迷信与信仰不同，信仰可以是无功利的，是出于内心对善和美好愿望的追求，而迷信则有所求。中国人的信神，具有浓厚的功利主义色彩。想发财拜赵公元帅，拜财神；求生育，拜送子观音。有所求，必许愿，仿佛神也会受贿，如世人一般。许愿就是对神行贿。

普通百姓求神，是求好运；坏人，则是做了坏事求心安，求免遭惩罚。北洋时代，杀人如麻的军阀，下野后多拜佛，有的成为居士，手捻佛珠，口念南无，如孙传芳、靳云鹏辈。当代中国，一些贪官特别迷信，简直匪夷所思。其中一些是领导干部、是共产党员，其迷信之荒唐比旧时代不识字的农村老妇更胜一筹。如原铁道部部长刘志军迷信甚深，为求"平安"，他长期在家烧香拜佛，还在办公室里布置了"靠山石"。一些项目的开工竣工，刘志军都会请"大师"选择黄道吉日。据说此类人物并不少见，大大小小的官员都有。他们养肥了一批风水大师，养肥了某些精通"易"术的所谓未卜先知的人物。还有财路不正、身家亿万的富人，由于内心不安，迷信至深。反倒是普通草根，吃安心饭，挣流汗钱，无非分之想，无昧心之事，虽文化水平不高，但不迷信，因心无愧怍，用不着提心吊胆，不怕半夜鬼敲门。

书的力量和人的力量是正相关关系，人从书中汲取正能量，增强自身的力量。培根的名言"知识就是力量"，表明了这种正相关关系。而神的力量和人的力量是反相关关系。神在人心目中越有力量，人越没有力量。中国人说，人无法，求菩萨。凡是人能办到的事，人便不会求神。能做试管婴儿，有治不孕不育的妇产医师的地方，人们不会去求送子观音；能人工降雨，人们不会去求龙王爷；依靠自己的能力发家、财路正当的人，不会去求神拜佛，求菩萨保佑。

9. 谈风水

自古以来，相信风水的人不少。在旧社会，我也见过迷信风水的商人或官员。稍富裕点的人家，父母选择坟地，也会请风水师。这都不难理解，这是旧社会。旧社会是迷信的社会，因为人们唯一能诉求的就是神，而不是人；主宰命运的是神，而不是自我奋斗。不可理解的是，在社会主义新中国风水之风仍然如此盛行。各种各样的大师不断出现，其中有的只有小学水平，有的是识字不多的农村妇女，只因巧舌如簧，能言善骗，少数达官贵人、明星名人便被忽悠得团团转。

美国纽约时报网站2013年5月10日发表了《中国官员通过风水寻求仕途捷径》的文章，看了令人脸红。文章介绍某地国资委官员认为自己屡受调查，是因为马路对面烟草公司门口有对外形凶恶的石狮子，然后这位干部便建造了一堵石头墙用来阻挡石狮子的煞气，还说"现在立了这个屏风，情况好多了"。作者评论说，如今"马克思主义在中国逐渐褪色，古代迷信卷土重来，占卜指南填满书店货架，算命的忙着提供有关星相和数字命理的昂贵咨询。企业巨头纷纷向风水大师寻求商业建议。这场神秘主义的复兴正在最不可能的领域吸引越来越虔诚的追求者：主张无神论的中国官场"。河北高邑县县委书记崔欣元在县委对面的马路中间放了一架退役的歼击机，以为这样他就能"飞"到中国权力的最高层。

我怀疑这是国外对我们的污蔑造谣，可我们自己的"国家行政学院"2007年对900多位公务员的调查报告中也说52%的县级公务员承认相信求签、相信面星相或解梦。我知道封建社会官员迷信的人有，但我从未读到在府县衙门里设置镇山石或各种避邪物的记载，衙门就是办公审案的地方。"可怜夜半虚前席，不问苍生问鬼神。"汉文帝也算一代英主，此事至今为人诟病。而我们有些共产党的官员迷信超过封建社会的官员。说句实话，我这个共产党员为此感到羞愧。

如果我们的干部如此素质，能指望他们担任建设中国特色社会主义的重任吗？难矣哉！由此我想到我们这些哲学家、理论家以及全国的思想政治教员，面对全国迷信大流行是如此无能为力。在全国的社会科学杂志上、在报纸上也未见过有关科学无神论的宣传，更不用说广泛的无神论教育。我们是不是失职？如果我们连面对最低级的迷信思潮都没有战斗力，这样的马克思主义哲学要它何用！

迷信并不是中国独有的。美国趣味科学网站在 2013 年 9 月 16 日发表的一篇名为《人类为何如此迷信?》的文章（转载于《参考消息》2013 年 9 月 17 日），专门讨论了这个迷信问题。作者说，自古以来迷信似乎是不分国界、不分文化传统的人类的通病。即使在现代社会，迷信仍然广泛地影响着人类的日常生活。根据调查，美国差不多有一半人说自己至少有一点迷信，有 13％的美国人会对住在宾馆 13 层很介意，有 9％的人会要求换房间。人类为什么会迷信？因为迷信的根源是缺乏控制力。人类为了获得更大的控制力，当某种重要的东西面临风险而结果又不确定的时候，迷信就被用来弥补这个缺口，让我们感觉更有信心。作者列举了各种各样的迷信。风险越高，主观上能控制掌握的可能性就越少，就越会迷信。作者的这种解释，对我们理解中国贪官们的迷信心理很有启发。在中国，贪污腐败的确是高风险的行当，尤其在新一届中央领导雷厉风行、老虎苍蝇一起打的反腐行动不断展开的情境下，更是如此。因此，他们没有别的保护伞，没有自恃的硬后台，只能求助于迷信。理解这一点，就能理解中国官员腐败与迷信同行，中国官员拜大师、信风水的原因了。

10. 谈"我深信"

在论坛上，我们可以听到发言者为证明自己论断正确，往往说："我深信。"有些博士论文中，作者为强调自己论点正确，也使用这句话："我深信。"其实"我深信"只不过是"我深信"而已，不见得别人与你一样"深信"，因为别人深信的是你论证的逻辑力量和事实依据，而不是你的"我深信"。

我希望你们一定要区分"我深信"和使别人深信。真正有说服力的好文章不是"我深信"，而是别人深信。关于深信与不可深信的区别，列宁说过一段很有意思的话："我们还是愿意听取统计学家们根据事实而不是根据'信念'作出的论断。然而，申明自己的'信念'并不总能说服别人。"多讲事实，少讲我深信。口吐莲花、捶胸顿足而没有任何事实的"我深信"之类的保证，切记不可深信。

在历史研究中，要让别人深信你的"我深信"，必须依据史料。我们反对单纯以史料取代史学的观点，但历史研究要不说空话，就必须依靠历史资料。历史资料是历史的信息。没有历史资料的历史学，如同没有建筑材料的纸糊房子。恩格斯是重视历史理论的，但他同样重视研究历史资料，不能空对空，不能以"我深信"来打发读者。恩格斯说过："唯物主义的认识的发展，哪怕是单单对于一个历史实例，都是一种科学工作，要求多年的冷静钻研，因为这是很明白的，单靠几句空话是做不出什么来的，只有大量的、批判地审查过的、透彻地掌握住了的历史资料，才能解决这样的任务。"在发言中、在文章中，尤其在博士论文中，要少点"我深信"，多点事实和对事实的理论分析。这是做学问的最基本的道理。

这个问题在我们哲学领域中比较难，因为我们不是历史学科，我们很少运用材料，缺少实证性是我们学科的特点。但哲学同样存在"我深信"和使别人深信的问题。哲学是运用概念的学科，但概念推论以及关于它们相互关系的论证的强大力量在于其所具有的逻辑力量。逻辑力量同样是巨大的，它可以具有使人不可反驳的力量。黑格尔的《逻辑学》从存在出发的一环一环的概念关联，完全依靠的是逻辑力量。虽然其中存在勉强跳跃和牵强附会的地方，但马克思、恩格斯和列宁还是赞许的，因为它的逻辑关联在一定程度上以逻辑形式反映了客观事实的进程。关于存在论、本质论、概念论以及其中各个概念之间关系，列宁在《黑格尔辩证法（逻辑学）的纲要》中说了一段总结性的话："概念（认识）在存在中（在直接的现象中）揭露本质（因果、同一、差别等等规律）——整个人类认识（全部科学）的一般进程确实如此。自然科学和政治经济学（以及历史）的进程也是如此。所以，黑格尔的辩证法是思想史的概括。从各门科学的历史来更具体地更详尽地研究这点，会是一个极有裨益的任务。总的说来，在逻辑中思想史应当和思维规律相吻合。"黑格尔的逻辑力量是事实力量的逻辑图影，无怪恩格斯说黑格尔的唯心主义中充满唯物主义的内容。

如果一篇博士论文，除了重复"我深信"的语句外，既没有事实的力量又没有逻辑的力量，要使别人深信是很难的。

第四章 社会的思考

1. 谈中外古今

"究天人之际，通古今之变，成一家之言"是司马迁在《报任安书》中提出的中国思想家的最高追求。晚清以后，应再加一个"会通中西"，从而"学贯古今，会通中西"成为近世学人追求的最高境界。可我要说，似乎无人敢夸口自己是这种人，也没有公认的这种人。从具体知识来说，无人能对中外古今的学术无所不知。做不到，也无须做到。"人生有涯而知无涯"。你们是博士，实际上也是所知有限。号称博士，最大弱点是并不博，一篇论文是专而又专。但是，"中外古今"作为一种思维方法是可以学习的。毛泽东倡导的"古今中外"的历史研究方法，就是一种观察历史的辩证方法。

古与今统一的方法，是把一个民族的历史作为一个过程，作为一个连续的过程来看，弄清它从何而来才能知道到它现代何以如此，为何如此。中与外是比较方法，只有比较中国与外国，理解它们的异同，才能理解中国的特点。在研究古今时，当然以今为主，因为研究古的目的是为了了解今，了解现代何以如此，为何如此。一个民族的传统和历史对形成现在的时代有着非常重大的影响。历史研究不是为古而古。当代人不是为古代人活着，而研究古代是为了当代人更好地活着。观今宜鉴古，无古不成今。研究古今，重点在今。

在研究中与外时，中心应该是中。中国人进行中外比较研究，当然是为了中国，通过了解世界来了解中国。正如毛泽东说的，研究中国就要拿中国做中心，要坐在中国身上来研究世界的东西。我们有些同志有个毛病，就是一切以外国为中心，做留声机，机械地生吞活剥地搬来外国的东西，而不去研究中国的特点。不研究中国的东西，而去搬外国的东西，就不能解决中国的问题。所有主张不加分析地把西方民主制、多党制、议会制搬到中国来的人，都不懂得毛泽东说的"古今中外"的方法。

毛泽东讲到中西文化关系时曾非常形象地说："学外国织帽子的方法，要织中国的帽子。"这是洋为中用的通俗说法。学外国不是目的，而是发展自己民族文化的一种途径。如果只学习他们织帽方法而不会织自己的帽子，这种方法不会取得成功。在讲到中外关系时，毛泽东还说我们当然要提倡民族音乐，作为中国人，不提倡中国的民族音乐是不行的，但这并不是说要排斥西方的东西。他以军乐为例，军乐队总不能用唢呐、胡琴，这等于我们穿军装要穿现在这种式样的，而不能穿那种胸前背后写着勇字的褂子，民族化不能那样。乐器是工具，当然工具的好坏非常重要，但是如何使用工具才是根本。外国乐器可以拿来用，但是作曲不能照抄外国的。这说明文化和文化载体不同。正如电视机可以引进，但上映的还是要有自己的风格、价值观和反映中国实际内容的电视剧。

我们做不到学贯古今、会通中西，但如果牢牢记住并学会这种古今统一的思维方法，那么即使我们研究的是一个局部的、具体的问题，我们观察问题的眼界也可以完全不同。

2. 谈"两个坚持"

　　中国共产党的诞生先于中国社会主义制度的建立。中国共产党建立已经九十多年，而社会主义基本制度的确立才近六十年。没有中国共产党的建立和领导的革命，就没有中国的社会主义社会。这与西方资本主义制度的建立历史过程不同。美国的民主党和共和党、日本的自民党和民主党等都是资本主义制度确立以后建立的。美国的独立战争不是由政党领导的战争。日本资本主义制度是在明治维新以后逐步建立的，而自民党、民主党都是在第二次世界大战以后建立的。资本主义社会是在封建社会胎中逐步孕育成熟的，没有资本主义政党也可以建立资本主义社会。资本主义社会的政党是选举政党，是为选举而建立的政治组织。社会主义则不同。它是要在推翻旧制度的基础上建立新制度，没有一个以马克思主义为指导的无产阶级政党领导的斗争，就不可能建立社会主义社会制度。这是历史唯物主义中的一个重要理论问题。

　　资本主义社会是包含在封建社会中的资本主义经济发展到一定程度才产生制度化的资本主义，而社会主义社会是建立于旧制度中的共产党经过长期斗争才建立的社会主义。这种历史特点决定，为选举而组织的资本主义社会政党可能实行多党制，而为创造社会主义而建立的无产阶级政党只能是一党制。中国共产党的领导与社会主义社会之间的这种不可分离的特殊关系，是历史地形成的，是不可改变的。

在中国，坚持中国共产党的领导和坚持社会主义制度，是一荣俱荣、一损俱损的关系。共产党如果放弃社会主义理想和信仰，则不再是共产党，而是挂着共产党招牌的假共产党。如果没有以马克思主义为指导的有组织的无产阶级政党为之奋斗，那么社会主义只能是一种学说，不可能成为运动和制度。因此，共产党与社会主义之间的彼此脱离是两者的不幸。恩格斯在1891年致倍倍尔的信中说："德国党和德国社会主义科学之间哪怕是有一点不协调，都是莫大的不幸和耻辱，更不用说二者之间出现裂痕了。"当代世界社会主义运动中，这种两隔离的状况不断出现。共产党的社会民主党化和科学社会主义的不断民主社会化，同时并存。这种趋势违背了历史规律，只能是既断送科学社会主义，又断送共产党。

在"两个坚持"中，关键是坚持共产党的领导。社会主义制度的建立、巩固、改革，起决定作用的是共产党，因为它是领导者。取得政权后，最大优势是什么？是手中有政权，能运用手中政权办大事、办实事，实现社会主义理想。可最大危险是什么？也是取得政权，难在执政。取得政权前，中国共产党腐化的可能性很小，几乎没有。残酷的斗争，敌人在帮助清党。意志不坚定者、背叛者，一个个被清除出去。留在党内提着脑袋干革命的都是信仰最坚定者。执政表明地位的变化。地位的变化说明参加共产党不仅没有危险，而且可以带来某种利益。腐败与权力同行。

俄国十月革命时，几万党员能夺取政权；而七十年后几千万党员却丢掉了政权。明白这个道理，就会明白为什么最大危险来自党内，就会明白两个坚持中关键是坚持共产党的领导。坚持共产党的领导，重中之重是纯洁党的队伍，提高执政能力，清除腐败。这个问题看起来是政治学问题，其实它包含一个重要的哲学问题。制度是由人创立，由人来维护的。社会主义制度也是如此。没有社会主义社会，共产党可以在条件成熟时通过革命创建社会主义；而社会主义社会一旦不由共产党领导，则社会主义仍然可以回到资本主义。这就是为什么我们始终反对多党制，始终坚持中国共产党领导下的多党合作制的原因所在。

3. 谈政治与人性

你们问，在文学中有描写人性的问题，在社会历史发展的研究中是否同样有这个问题？我们的哲学教科书中没有讨论过这个问题。我们学过人的主体性、主观能动性等，都是从人的活动能力方面讲的，没有涉及历史与人性问题，即在人的活动中，通过情欲和权力欲表现出来的人性问题。我们研究历史唯物主义，应该研究这个问题，否则历史人物和事件就无血无肉，人仿佛是提线木偶。

在历史中，尤其是在政治斗争中不断发生着权力欲与亲情的矛盾。在矛盾中往往是政治权力的争夺压倒亲情，私欲战胜人伦。西周时代是孔子梦想的理想时代，他说"郁郁乎文哉，吾从周"。可周刚灭商二年，姬发病而死，年幼的儿子诵，即后来的成王继位，周公旦代行国政。族弟管叔和蔡叔叛乱企图夺取政权，结果管叔被杀，蔡叔被放逐。这是叔侄兄弟之间为争夺王权而展开的斗争。

《左传》中记载的"郑伯克段于鄢"，对于权力欲与亲情的矛盾描写得最具戏剧性。庄公的母亲武姜，偏爱小儿子段，千方百计要求庄公照顾小儿子段。结果段的势力膨胀，表现出野心。但庄公仍然听之任之，若无其事。等到段公开打出造反旗帜举事时，庄公才觉得火候到了，是时候了，可以动手发兵讨伐段。从纵容、放任，到起兵镇压，步步有计划，招招有预谋，政治手段极为高明。其中夹杂的母子之情、手足之情，都是这出历史剧中的权力欲下的次要因素；是阴谋实现的一种方式。

至于秦始皇死于途中，胡亥与赵高合谋矫诏逼死太子扶苏，即位后诛杀诸兄弟姐妹，残忍至极。只有权力欲，何来亲情！汉朝吴楚七国之乱，兄弟叔侄之间的生死搏斗；李世民玄武门之变，预谋杀死建成、元吉；武则天杀死太子和诛杀夫族；清朝雍正即位前的明争暗斗，即位后对亲兄弟的贬压等，封建社会宫闱中的血雨腥风，屡见不鲜。儒家伦理对帝王并无约束力。真正遵守儒家伦理，把它作为自己行为准则并内化为"良心"的，往往是普通百姓。

说到权力欲胜过亲情的例子，我想起曹丕与曹植之间的故事。曹丕想借故迫害曹植，命他七步为诗。曹植作诗一首："煮豆燃豆萁，豆在釜中泣。本是同根生，相煎何太急。"是否真有其事，我们不管它，但同根相煎之事在权力斗争中并不罕见。其实，不仅在政治权力领域，民间因遗产而引发的兄弟姐妹对簿公堂乃至拔刀相见的事件，在当代中国社会也时有所闻。只不过民间的财产纠纷是一个民事案件，是社会性新闻，不如政治斗争那样为历史所关注而已。

这就涉及一个重大理论问题，就是人性在历史中的作用问题。我从来不相信儒家人性本善之类的说教。权力欲可以归为人性，亲情也可以归为人性。为权力而弑父、诛杀手足，可以说是体现人性恶的方面。在历史上，我们没有见过因顾及亲情，"天良"发现，在权力斗争中不忍心下手的例子。无怪黑格尔说，恶是社会发展的动力。在政治斗争中，权力与亲情之间的矛盾从浅层次看是人性问题，但从更深的层次看则是经济与政治关系中的利益问题。政治斗争中权力之所以压倒亲情，是因为权力的统治带来利益，包括经济利益、政治利益。而在利益背后有不同的利益集团。如果没有阶级，没有国家，没有统治与被统治之分，没有统治阶级中的利益集团之分，就不会有政治权力之争。没有私有财产制度，就没有为遗产而兄弟相残的事。为权力而灭绝亲情，根源不是人的本性，而是经济利益和政治利益；为财产而对簿公堂、恩断情绝的根源是私有财产制度。因此，隐藏在人性善恶深处的是利益，而利益背后是生产关系和人们在生产关系中的不同地位。

4. 谈顶层设计

  这是流行的政治用语，可要正确理解顶层设计，应该从哲学层面懂得"摸着石头过河"与"顶层设计"的关系。如果不摸石头，也就是说对实际情况不了解，则不能从实践中得出经验。不知深浅，贸然入水，弄不好会淹死。顶层设计不是处于顶层的人从头脑中想出来的规划，而是从实践中调查得出的关于全局的方案。摸着石头过河不是不要理论，每次过河时都是在摸不同的石头，而不是摸同一块永远不动的石头。因此，顶层设计也不是永远不变的设计，而是根据不同时期的实践经验进行设计、修改设计。正如毛泽东说的，"我们要建筑中国革命这个房屋，也须先有中国革命的图样。不但须有一个大图样，总图样，还须有许多小图样，分图样。而这些图样不是别的，就是我们在中国革命实践中所得来的关于客观实际情况的能动的反映"。

  以为摸石头是基层的事，顶层设计是上层的事，彼此分离是不对的。领导不仅要善于吸收基层摸石头提供的经验，而且还要亲自去摸石头，才能做好顶层设计，这就是调查研究；而基层则需要在顶层设计指导下摸石头，才不会瞎乱摸。把顶层设计看成是政治精英们的事，把摸石头看成是基层干部的事；画大样的不必有实际经验，而实践者可以心中无全局，这种两者分离的做法，是违背实践论原则的。

  智库当然属于精英，各种专业的精英。中国特色智库能为顶层设计的完善和政策研究提供智力支援。中国特色智库的成员，不是摇羽毛扇的诸葛亮式的人物。智库凝聚着集体智慧。若智库的参与者只有理论而无实践经验，只了解外国不了解中国国情和特色，便不可承担这个任务。中国特色智库具有专业知识，但还必须立足中国实际，放眼世界，面对中国问题，既有处于顶层那种高瞻远瞩的视野，又具有摸石头的实际经验。

毛泽东当年说过，"在担负主要领导责任的观点上说，如果我们党有一百个至二百个系统地而不是零碎地、实际地而不是空洞地学会了马克思列宁主义的同志，就会大大地提高我们党的战斗力量，并加速我们战胜日本帝国主义的工作"。毛泽东提出的这一任务，当代仍然有效而且迫切。此外，根据中国特色社会主义建设的需要，我们党还需要培养出一批兼具顶层设计与基层经验于一身的智库人物。你们是博士生，应该为建设中国特色社会主义贡献力量。如果你们中能出现中国智库式的人物，我一定感到无上光荣。

5. 谈国家

　　国家是经济上占据统治地位的阶级进行阶级统治的工具，国家的本质与功能是历史唯物主义的重要问题。马克思主义经典著作，包括恩格斯的《家庭、私有制和国家的起源》、列宁的《论国家》、毛泽东的《论人民民主专政》都论及这个问题。我们有些学生在这个问题上不太清楚，因为他们听惯了我们说的服务型政府、国家的管理职能，就以为国家是个全民的大股份公司，不理解国家的本质。政府与国家不能画等号。政府是国家权力机关的执行机关，政府的性质是由国家的性质决定的。政府可以换届，政府的组成人员可以更替，但国家性质不会因此而变化。服务型政府、国家的管理职能等，不是对国家本质的概括，而是对政府职能的一种表述。一个政府是否能真正成为服务型政府，能把社会管理好，最根本的取决于国家的性质，当然也取决于政府的执政能力。

　　马克思主义关于国家的基本观点是，国家是阶级矛盾不可调和的产物。国家在一定程度上和一定范围里具有管理职能，具有服务职能。一个根本不具有社会服务和管理职能的国家，是不可能维持的。但国家并不直接行使这种职能，这种职能是由政府承担的。正因为政府的本质是由国家的本质决定的，所以服务职能、管理职能不是超阶级的。以所谓抽象的公平、正义为行使公共权力的基础，这是幻想。管理职能涉及谁管理，管理谁，如何管理；服务同样涉及服务谁，为谁服务。国家的阶级本性就能够比较清楚地显现出政府服务职能和管理职能的倾向性。虽然,有些理论家宣传西方国家是全民国家,事实是,至今只要是国家就不可能是全民的。全民普选是可能的,但选出来的政府不具有阶级性而属于全民,这是不可能的。只要看看号称民主国家的西方所实行的对内对外政策,就清楚它与财团的关系。一个社会中在经济上处于统治地位的阶级,就是这个国家的政治统治者,是国家本质的决定者,这是马克思主义关于国家问题的一条基本原理。

我们的国家是社会主义国家,应"以人为本",应建设服务型政府,使社会管理服务于大多数人民。为人民服务,是我们全体政府公职人员的义务。但社会主义国家同时具有保卫国家、防止外来侵略的职能;具有反对恐怖主义、维持社会主义稳定的职能。军队、警察和法院这些强力部门,仍然是国家构成中的重要部分。而在上层建筑中,马克思主义仍然是处于主导地位的意识形态,是社会主义国家的意识形态。

其实,资产阶级思想家虽然以人性论为基础来论述国家,但都不否认国家的强制性、权威性和统治性。马基雅维利在《君主论》中就毫不讳言,君主作为国家的统治者,必须培植一支忠实于自己的军队,建立维护国家统一的法律体系,并采取胡萝卜加大棒的方法,争取民心和使人民就范。霍布斯在其名著《利维坦》中以契约论的思想论证国家的起源,但他同样认为要走出人对人是豺狼的丛林法则,就必须让渡自己的权利给一个能代表集体的人,这就是国家。国家是恶兽利维坦,它既保护人,使人们不像在丛林中那样相互伤害,可同时国家又会吃人,因为国家代表暴力。

讲到国家职能时,不能不说到税收。税法是一门专业学问。我们搞历史唯物主义的不懂税法,但应该懂得一个基本道理,因为它与历史唯物主义关于国家的职能相关。恩格斯在《家庭、私有制和国家的起源》中讲到国家不同于旧的氏族组织的不同之点:一是它按地区来划分它的国民;二是公共权力的设立。可要维持这个公共权力,就需要公民缴纳费用,即捐税。所以，国家的职能有两个。一个是委派官吏。既然按地区划分，当然要有管理者，这就是官吏。在专制制度下，官吏是由统治者委派的。在民主制度下，官吏是选举产生的。但不管委派还是选举，总要有"官"员。另一个是征税。公共权力需要税收来维持。随着官吏队伍的扩大，军队、警察以及各种公共开支越来越多，财政开支越来越大，捐税就越来越重。封建社会有苛政猛于虎之说，苛政主要是税赋。过去老百姓嘲讽国民党，将国民党"万岁"称为国民党"万税"。随着封建制度向民主制度的转变，委派官吏变成了选举官吏。但捐税在任何社会制度下都始终存在。自古以来，不管国家的性质如何变化，征税是不变的。国家需要税收是合理的，关键是向谁征、如何征、做何用。道理似乎不难，主要是向富人征税。可在阶级社会中，富人有种种方法合理避税，而百姓无法逃税。过度征税，苛政猛于虎，民怨沸腾，难以久安。

从《诗经·伐檀》对统治者横征暴敛的咒骂起，中国历代诗歌中都有反对过重赋税的鼓与呼，即使封建盛世的诗歌也是如此。只要读读唐诗就知道。"民财匮矣，而求不已，下力极矣，而役不休，欲怨叹之不生，规其宁之惟永，犹断根以续枝，剡背以裨腹，刻目以广明，割耳以开聪也。"即使是牛马也需要草料，何况是老百姓。老百姓无法生存之时，就是统治者的末日来临之时。"民之所恶者莫如死，岂独百姓之心然，虽尧舜亦然，民困衣食将死亡，而望其奉法，不可得也。"

自古以来，没有不向农民征税的，只有当代社会主义中国免除农业税，种田还有补贴。这体现了社会主义制度的优越性。可国家总要靠赋税才能存在。没有税收，国家就无法运转，社会各项建设也无法进行。服务型政府没有钱，就无法为百姓服务；管理型政府没有管理费，也难以管理。这个道理老百姓都懂。但我以为，从社会形态角度看，社会主义不同于资本主义，我们不可能指望单纯依靠通过税赋缩小贫富差距。这是一个重要举措，但并非唯一的方法。因为贫富差距问题属于分配问题，它不可能离开所有制问题。生产决定分配，这是马克思主义经济学的基本道理。

税收的多少，取决于整个国民经济的发展。水少鱼多，鱼是养不大的。这就牵涉到公有制的支柱作用。社会主义国家如果没有公有制，一切依赖私有者税赋，是走不远的。按照历史唯物主义关于生产方式是社会存在和发展的基础的理论，社会主义公有经济应该是社会主义经济结构中的主体，它同样应该为国家作出最大贡献。无论这种贡献称为上缴利润或称为税收，总之，既然它是公有经济，就必须发挥公有经济的支柱作用。同时，我们要发展其他所有制经济，增加税收。

财富是生产出来的，而生产要依靠实体经济。靠出卖土地、靠发行债券，而不发展生产，财源肯定枯竭。历史唯物主义是把社会主义的存在和发展建立在物质资料生产方式的基础上，而不是建立在虚拟经济的基础上。不进行物质生产，靠股票、靠债券、靠量化货币，任何社会都无法维持。总之，在物质生产之外去寻找社会存在和发展的基础，是行不通的，除非人不要衣食住行，可以依靠吸西北风为生。如若这样，人类自己也会随着生产的停止而终结。

国家是上层建筑，它的性质决定于经济基础。它的职能和发挥职能的方式，也取决于经济基础和在经济基础中处于主导地位的阶级或社会群体。这样看，才是历史唯物主义观点。

6. 谈封建主义

  如果我问你们有没有封建思想？你们一定会否认。我们是现代知识青年，是博士，怎么可能有封建思想呢？其实，在当代中国，每个现实的思想都不是纯而又纯的，而可能是复杂的混合物，其中有社会主义思想、有资本主义思想，也可能有封建思想。但是，其中会有一种思想是主导的，可以说是矛盾的主要方面，其他则表现为思想残余。尽管非主要方面也可以影响人的行为，但我们判断一个人的思想状况往往是就其主要方面来评价的。我们绝不会片面到说一个人思想进步，比如说一个社会主义者，他头脑中就是百分之百的社会主义思想，不会有任何其他思想。反之，亦然。

  社会是现实的，包含各种因素。人的思想也是如此。比如你们头脑里占主导地位的可能是社会主义思想，但同时也可能有资产阶级思想，甚至封建思想。比如找对象时的门第观念、等级观念，找工作时的官贵民贱观念，生孩子时的重男轻女观念，结婚后的大男子主义，可能在一些人的头脑里都会有不同程度的反映。只不过我们缺乏自我审视的意识而已。谁会管自己的思想属于什么性质呢？反正思想就是思想。常人可以如此，但哲学家不应如此。

  近代以来，中国不是苦于资本主义高度发展，而是苦于资本主义发展不足。直到把国民党赶到台湾之前，中国就国民党统治区而言，在思想领域中处于主导地位的是西方殖民主义思想和封建思想或两者结合的怪胎，而科学、民主和其他比较优秀的资本主义启蒙思想在中国并不发达。因此，中国革命胜利后面临两重任务，既要合理利用资本主义因素，又要反对封建思想残余。可资本主义思想的消极面与封建主义思想作为一种思想倾向，可能此消彼长。"文化大革命"中的红五类、黑五类之类的东西，正是中国封建社会等级制度下的血统论的再现。

马克思从来不认为无产阶级内部的思想都是无产阶级的。马克思和恩格斯认为无产阶级在革命中领导地位的确定并非是因为无产阶级天然地具有最高尚的道德品质，而是因为资本主义制度下无产阶级的阶级地位决定他们必须要反抗资本主义制度。仅就道德而言，他们中一些人可能沾染旧社会肮脏的杂质。恩格斯在《英国工人阶级状况》中曾经讲到这个问题，并描述过其中有些人的吸毒和卖淫。因此，革命过程对于无产阶级来说，同样是自我提高的过程。列宁在《关于自决问题的争论总结》中也说过这个问题："无产阶级决不会仅仅因为它完成了社会革命就变成圣人，保险不犯错误和没有弱点。可是，可能犯的各种错误（以及自私自利——企图骑在别人头上），必然会使它认识这个真理。"

我们千万不要为有些出身农村、受过高等教育、当了大官的贫家子弟贪污腐败而惊奇。成分不是保险箱。毛泽东强调成分论，但不唯成分论，重在表现，这是符合历史唯物主义阶级分析方法的论断。相反，龙生龙，凤生凤，老鼠的儿子会打洞，则是十足的封建思想。你只要看看"文化大革命"初期一些红卫兵的思想，就可以看到其中"左倾"思想幼稚病与中国封建思想的结合。

对一个革命者来说，理想、信仰比出身重要。理想信仰如同钙，缺钙的腰直不起来，理想和信仰缺失的人，就是精神上缺钙。中国革命中的不少高级领导多出身于所谓"黑五类"，他们对革命忠心耿耿，抛弃一切义无反顾地献身革命。只要翻翻中国革命史，包括鸦片战争以来的历史，就会懂得这一点。真正愿意为信仰而牺牲的，是有革命理想的人。单纯为改变个人命运或荣宗耀祖而参加革命的人，一旦地位发生变化，就容易蜕变。我们应该高度重视大学生的理想和信仰教育，不仅注意反对资本主义思想，也要指出其中哪些是封建思想，拼爹拼娘、讲门第、重官轻民的思想，是十足的封建思想残余。不要单纯强调知识改变命运，把学习完全视为个人或家庭的投资。我们要不断提高社会主义思想，注意资本主义思想的影响，同时防止封建思想的浸染。

7. 谈我们社会的性质

我知道你们在争论我们社会的性质，是社会主义，是中国特色社会主义，还是中国特色资本主义？社会主义和中国特色社会主义有没有社会性质的区分？我的回答是：中国特色社会主义社会就是社会主义社会，是具有中国特色的社会主义。现实生活中，说中国特色社会主义社会是社会主义的、是资本主义的，都大有人在。说是社会主义社会的理由是，我们社会是中国共产党领导的、以公有制经济为基础的社会。说是资本主义社会的则说，我们是存在私有制、存在雇佣劳动、存在富人和穷人、存在两极分化的社会。至于从社会现象和道德层面来说，凡是西方社会存在的现象，从吸毒到妓女，从贪污到抢劫杀人，我们当代社会不次于西方社会。何以证明我们的社会是社会主义？

如何从历史唯物主义角度分析我们的社会性质呢？这是对你们理论的一次考试。谁也无法否认从经济基础到上层建筑、从文化到思想，我们的社会中的确存在各种各样的资本主义因素。问题是能否得出结论，中国社会是资本主义社会？我以为不能。要正确认识这个问题，既要辩证考察资本主义社会和社会主义社会两种不同社会形态之间的关系，又要动态地考察我们社会的状况和发展方向。

从社会形态发展角度说，马克思在《资本论》之《第一版序言》中说得很清楚，一个社会就算已经发现它的运动规律，它也还是不能跳过或以法令的方式废止自然的发展阶段。但它能够把生育时的痛苦缩短并且缓和。中国有可能不必重复西方的发展道路，有可能不必等待资本主义高度发展并确立资本主义社会后才开始无产阶级革命。由于中国面对的特殊的国内和国际环境，中国有可能分两步走，在民族民主革命胜利的基础上继续进行社会主义革命。中国可以超越资本主义社会阶段，但不可能进行没有资本主义发展的社会主义革命。在半封建半殖民地基础上建设社会主义是不可想象的。

中国前30年社会主义革命取得了重大成果，建立了社会主义基本经济制度和政治制度，但资本主义经济没有得到有效的比较充分的发展，因而经历了一个时期快速发展以后，陷入了缺少投资、市场狭小、缺少多种经济成分相互推动的困境。事实证明，资本主义社会阶段可以超越，但资本主义因素不可超越。在当代中国，私有经济以民营经济的方式存在，它的存在和发展对中国社会主义建设是极其必要的。资本主义不等于祸害，而缺少资本主义经济因素的纯而又纯的社会主义，往往容易陷于发展的困顿。

三十多年的改革开放成就证明，我们可以越过完整的资本主义社会阶段，但不能排除资本主义因素，更不可能把它当作田间的杂草和稗子清理得干干净净。历史证明，这样做是有害的。社会形态的更替不可能是简单地前后相继，往往有各种因素交叉的阶段。这叫社会形态的更替，这个过程可能很长。代替资本主义社会的是社会主义社会，但不是也不可能是纯而又纯的社会主义。这是规律。因此，主动通过充分吸收外资、发展国内的民营经济来推动中国经济的发展，是一条正确的道路。这可以加速中国特色社会主义社会的进程，减少超越资本主义发展阶段带来的不足。

中国进入社会主义与当年俄国十月革命后进入社会主义有相似的地方，就是社会落后、生产力落后，没有经历过资本主义社会高度发展的阶段。这个不足不是不准革命的理由，但它是无产阶级取得到政权后，在何种程度上发展资本主义，弥补本国资本主义先天发展不足的理由。十月革命胜利后，列宁曾在《在全俄工会中央理事会共产党党团会议上关于租让问题的报告》中说过，"社会主义共和国不同世界发生联系是不能生存下去的，在目前情况下应当把自己的生存同资本主义的关系联系起来"。他还在《苏维埃政权的当前任务》中说过，"社会主义能否实现，就取决于我们把苏维埃政权和苏维埃管理组织同资本主义最新的进步的东西结合得好坏"。

资本主义因素并不可怕，可怕的是资本主义因素无节制地泛滥，压倒社会主义。当代中国社会中存在的资本主义经济是可控的、可调节的经济。中国特色社会主义本质上是社会主义社会，因为我们国家是共产党领导的，以公有制经济为主体，以马克思列宁主义、毛泽东思想和中国特色社会主义理论体系为指导的社会。我们的社会发展方向明确，我们要经过中国特色社会主义道路通向未来的共产主义社会。共产主义始终是中国共产党人的目标和最终指向。我们可以利用资本主义因素来建设社会主义，但决不走资本主义道路。

我们并不否认，我们社会存在不少与社会主义本质不相容的、老百姓深恶痛绝的现象。它是否影响我们对社会性质的判断，主要看中国共产党对它采取何种态度和措施，是助长它，还是通过健全法制、强化教育逐步减少它。罗马不可能一天建成。社会主义是美好社会，但不是在梦中绘就的乌托邦，它是由现实的人建设的现实的社会。在建设过程中，由于经济环境的改变，由于人的素质以及各种各样的外部和内部的因素，不仅会沉渣泛起而且有些可能变本加厉。这就要求综合治理。中国共产党和政府采取的坚决打击和整治措施，表明我们是坚持社会主义方向的。中国特色社会是正在建设的社会主义，但并不是高度发达完善的社会主义。正因为这样，一些肮脏的东西、一些令人深恶痛绝的现象的出现是必然的。越是如此，越发显示出坚持中国特色社会主义理论、道路、制度的重要性。

我们在用唯物主义考察我们社会性质时，不能简单地把社会主义和资本主义视为水火，视为两极对立，不能把社会主义社会中的资本主义因素，视为决定中国社会性质的决定因素。我们既要牢牢把握它们之间的联系和界线，又要切实考察我们社会的性质、发展方向和前途。这样才能既不会僵化保守，又不会改旗易帜，而是坚定地沿着中国特色社会主义道路前进。你们应该通过对我国社会主义性质问题的思考，更加坚定社会主义理想和信仰。

  当然，我们也清醒地看到，坚持中国共产党的领导、坚持马克思主义的指导地位、坚持社会主义方向，仍然是我们在意识形态领域中应该时刻关注的重大问题。企图改变中国特色社会主义道路的外在和内在因素仍然存在，而且会随着国内外形势的变化而呈现出某种波浪形态。没有忧患意识，没有居安思危的思想，不是马克思主义者。

8. 谈资本与资产者

你们问我，按照马克思"资产者是资本的人格化"的思想，所有资产者的本性都是唯利是图之徒。如果这样，旧中国不少民族资本家为中国的抗日战争毁家纾难，如何解释？西方有一些资产者把自己的财产归还社会，作为慈善或公益事业，又如何解释？这是我们面对的现实问题。如果我们不能全面正确地理解马克思的思想，往往无法在理论上化解这道现实的难题。这就要考验我们运用历史唯物主义的水平。

我们应当区分资本的本性和具体资产者的个性。资本的本性是逐利的，像嗜血者嗜血一样。因此，资本的投资者需要回报，这一点全世界都是一样。恩格斯在《英国工人阶级状况》中说："一切生活关系都以能否赚钱来衡量，凡是不赚钱的都是蠢事，都是不切实际的，都是幻想。"资本的本性就是获取利润。没有利润对资本而言，如同人没有空气。资本没利润就失去了资本的本性，正如人没有空气必然死亡一样。诅咒资本家的贪婪，把资本的本性当作资产者的个性，是本末倒置。

资产者投资必须符合资本的本性，寻找最有利的投资场所和领域，只有傻瓜才会做赔本买卖。这是资本的本性必然决定的资产者资本运作的特性。但资产者是现实的人，是可以具有多样性格、多方面修养的人。作为现实的人，他必须体现生产关系的总和而不是单一的资本的本性。

人所处的社会关系的总和是多样的，所以不同的资产者具有不同的多面性，而不是清一色的唯利是图者。他们是具有不同个性的现实的人。当他们作为资产者投资企业时，他们当然要受资本的本性的支配，希望回报，而且希望高回报。可当一个资产者作为社会成员而不是作为投资者时，他可以回馈社会。此时，他是作为社会公民，而不是作为投资者。正如中国抗日战争时期的一些爱国的民族资本家，可以毁家纾难，因为他们是作为中国人民，而不是作为投资者在进行投资。作为投资者进行企业经营时，按资本要求追求回报；作为中国人民，必然具有爱国心。投资，毫无例外地希望回报，而且利润越高越有动力。没有一个资本家例外，中外都是一样，这是资本家的共性；作为具体的人，在不同境遇中可以有不同的作为，因为此时他是另一个身份，扮演另一种社会角色。资本的本性和资产者的具体个性不能简单画等号。以为凡是工人都大公无私，凡是资产者都唯利是图，用清一色的色彩来描绘具体的资本家或工人，是教条主义，而不是历史唯物主义。我们很长时期受这种教条思维方法的束缚，简单地按成分来决定某人本质好或不好，弄得许多社会现象和具体问题无法合理解释。

9. 谈比较

有些人从国外旅游回来，或者从书本刊物中看到一些有关国外情况的介绍，很可能产生一个问题：究竟是资本主义制度好还是社会主义制度好？有些年轻人弄不清楚这个问题，也不知道应该如何回答。这里既存在思维方法问题，也存在情感和价值取向问题。

我先讲思维方法，这就是如何比较的问题。比较是一种科学研究方法，现在不仅有比较历史、比较哲学、比较文化，凡是各个学科都可能运用比较方法，因为思想和事物一样都有相同或相异之处，有同异，就可比较。社会也是如此。你们说的，究竟是资本主义制度好还是社会主义制度好，就存在如何比较的问题。社会形态与社会制度的形成属历史过程，所以社会制度的比较既存在纵向比较，又存在横向比较。两种比较并用，才能更好地回答这个问题。

从历史发展来说，资本主义也存在纵向比较的问题，这就是与它由之而产生的封建社会的比较问题。资本主义社会比封建社会优越，这是不言自明的。尽管资本主义社会刚刚诞生之时曾受到封建思想家的抨击和嘲笑，但资本主义社会终究以它的优越性战胜了封建社会。至今世界上真正的封建社会有几个？马克思就曾经从纵向发展角度高度赞扬，"资产阶级在历史上曾经起过非常革命的作用"。它创造了完全不同于埃及金字塔、罗马水道和哥特式教堂的奇迹。不到一百年的时间，它就创造了比过去一切世代创造的生产力还要大、还要多的生产力。至今西方发达资本主义在科技发明创造方面仍然具有活力，从先进军事技术到民用的电子电器等方面的发明，都说明了这一点。我们从来没有否认西方资本主义的成就，也没有否定吸收西方先进科学技术的重要性，改革开放就包括这方面的内容。

问题是我们这里不是讨论资本主义在历史上的进步性和贡献问题，而是社会主义与资本主义两种社会制度比较的问题。这属于横向比较。当代世界是资本主义与社会主义并存，而且资本主义处于支配地位的世界。没有一个现实的社会主义国家是由高度发达的资本主义社会脱胎而来，因而现在的社会主义国家在生活水平、社会保障和社会福利、生态环境、科学技术发展等方面，与发达资本主义国家比较，还有距离。这就是一些人在思想认识上产生社会主义不如资本主义的原因。

但是，资本主义制度和社会主义制度的横向比较不能离开纵向比较，因为它们的产生和建立都经历了一个历史过程，因而横向比较时容易忽视各自的纵向历史，单纯横向比较是不客观、不科学的。我们不能仅仅从横向角度，把一个经过几百年发展的高度发达的资本主义社会与一个正在成长中的社会主义社会作比较。资本主义社会从16世纪开始至今已经数百年，它在向外殖民时期积聚和掠夺了世界的财富，才造就了少数发达资本主义国家。而中国依靠社会主义制度在六十多年中，通过中国特色社会主义的建设，成为世界第二大经济实体，它的崛起不是依靠战争和海外掠夺，而完全是依靠社会主义制度自身的力量。中国的崛起显示了社会主义制度的优越性。

对于经历过旧中国的人来说，社会主义社会比资本主义社会优越，是不言而喻的。这是我们六十多年来的亲身感受，而我们的第二代、第三代有些人则不一定这样看。他们看到的是西方资本主义的富裕、发达、高福利，而中国现实的社会主义仍然有许多不能令人满意，甚至令人十分不满意的地方。因为两代人比较的方式不同。老一代人是将横向比较放在纵向比较的历史进程中来比较,而新一代的有些人往往单纯趋向横向比较,而完全撇开纵向比较,因而缺少历史感。

中国的社会主义是在半殖民地半封建社会的旧中国的基础上建立的,是从没有钢、没有任何工业,甚至不会生产火柴而称之为洋火的基础上建立的。而西方资本主义经过了几百年的发展,是在殖民掠夺基础上逐步发展起来的。中国科学技术、人均收入水平、社会保障制度仍然落后于发达资本主义,这不是社会主义制度不如资本主义制度,而是社会主义中国在某些方面还落后于西方发达国家。但中国在世界上的地位和国力,远比不少现在仍然实行资本主义制度的国家更为重要和强大。只是与为数很少的发达资本主义国家(如美国)相比,还有相当差距,可就其发展速度和可能性限度来说,并不逊于美国。从制度角度说,美国是夕阳而中国是朝阳;从现实角度说,美国是百足之虫而中国则是新生的社会主义婴儿。没有历史和发展的眼光,鼠目寸光,只看到现实而看不到发展,不知道从基本制度高度来观察社会主义和资本主义,而是从中国和美国现实力量角度比较两种制度,很多事情看不明白。

一个人的前途在于它的发展潜力,而不在于它的现状,所谓前途不可限量,指的就是潜力;一个社会同样如此,社会的优越性,在于它发展的可能性、发展速度和发展空间,而不在于它的现状。现状是可以改变和正在改变的。一个具有发展潜能的新生制度,当它从旧制度母胎中脱胎而出时总是弱小的,新生之儿其形必丑。黄毛姑娘十八变,越变越漂亮,老太太则只能越来越丑。当资本主义刚兴起时,封建贵族瞧不起那些暴发户,嘲笑他们不如贵族有教养、有风度,他们说要多少代才培养一个贵族;可当资本主义社会完全取代封建社会后,贵族没落,所谓骑士精神变为笑料。像堂吉诃德式的人物,或像莫里哀戏剧中的那些贵族式的人物,成为了被讽刺的对象。

社会主义制度比资本主义制度优越。现实的中国社会主义在一些方面,不如美国的发达资本主义。这就是矛盾，是社会形态与具体社会之间的区别。从社会形态序列看，社会主义高于资本主义社会形态。从具体社会看则不一定，这是因为具体社会从产生、发展到成熟必须经历一个过程。到中国两个一百年，即建党一百年和新中国成立一百年，或更长的时间再来横向比较，社会主义制度不如资本主义制度的论调肯定要破产。

10. 谈发展的代价

有一个问题，你们应该重视，这就是发展和代价问题。历史唯物主义研究不能忽视这个问题。发展是一个哲学概念，辩证法就是关于运动、变化、发展的学说。发展也是历史唯物主义的重要范畴。没有发展，就没有历史，也就没有历史规律。历史唯物主义就是关于现实的人及其社会发展规律的学说。因此，正确理解社会发展非常重要。

历史唯物主义不是历史进化论，不是用生物进化模式来观察社会。社会的进步表现为社会的发展，而不是自然界的生存竞争，不是一个物种消灭另一物种。但是，社会发展或社会进步同样有代价问题。恩格斯说过，历史上没有一次重大历史挫折不是用历史进步来补偿的，这句话我们也可以反过来说，社会历史进步往往会付出代价。你们看资本主义几百年来的进步给自然带来的破坏，环境的污染，以及在向外殖民过程中带来的屠杀甚至对原始部族的灭绝，这些都已经载入历史。但资本主义的诞生，从总体上来说是进步的、发展的。当然，现在面临一个可持续发展的问题，这是发展的代价积累到人类和自然难以承受的临界点。

中国社会发展也面临着处理发展与代价的关系问题。特别是中国是后发展国家，这个问题更加严峻。新中国成立以后，我们以六十多年的时间把中国从一穷二白建设成世界第二大经济实体。尤其是改革开放后的三十多年，发展更为迅速。中国以几十年的时间，走过了西方资本主义工业化几百年的历程。这是中华民族复兴的伟大成就。在中国，工业化、城市化、市场化几乎在同一过程相伴而行。发展迅速，因而发展中出现的问题和代价也更为明显。

在西方资本主义社会，混乱的市场经济逐步规范化、秩序化，食品的安全问题，环境的治理问题，贪污腐败的防范问题，以及法律和制度的建设，都是经过较长时间才缓慢地逐步完善的。当代西方发达国家的生态环境、社会公德意识以及各种社会保障和社会福利制度的建立，都经历了长期的发展。可是至今问题仍然不少。旧的问题得到缓解，新的问题又不断出现。资本主义制度决定它不可能真正解决人与人的矛盾、人与自然的矛盾。资本主义社会形态的发展是人类发展史上的巨大进步，同时也带来不少前所未有的问题。

中国既要用很短的时间在工业化、城市化以及市场化方面，以最快的速度超越西方，又要在短时间内避免西方用几百年时间逐步消化和调整的矛盾，这需要高度的政治智慧。高速发展可能带来高代价。如何处理这些问题，是一个大考验。我们不可能因为出现问题而停止发展，发展是硬道理；又不能因为发展而漠视问题。科学发展观提出的可持续发展的方针是一种新的发展思路，是尽可能减少发展的代价的正确发展路线。我们要发展，就是要科学发展。

中国社会迅速发展所带来的矛盾，表现在诸多方面。人与自然的矛盾，即生态环境问题是一个大问题。中国河流污染、空气污染、生态破坏已经引起党中央的高度注意，党中央已经采取种种措施改善生态，努力实现可持续发展。我认为生态环境修复相对容易，因为只要节能环保科技的进一步发展和利用，就可能使环境的破坏得到有效治理。

我认为最突出的代价是人的代价，其表现为物质与精神层面的矛盾。物质生产力和社会物质产品的成倍增长，几十倍的增长，与人的道德、信仰、价值观念的滑坡并存。在经济高速发展的同时，道德、信仰等方面的重建是当代中国面临的重大问题。中国三十多年来经济发展，总体生活水平的提高是有目共睹的，但幸福感、安全感、快乐感、人际关系的亲近感反而下降，这也是不争的事实。

精神建设、物质建设、科技发展各有自己的特点。物质产品的增速会因为引进先进的科技而得到很快的提高；科学技术的发展有赖国家经济的投入，如果国家有充足的经费投入也能比较快的发展。可人的精神和文化素质的培养与提高，社会主义新人的培养绝非快速能完成的。可以有速成的英语教学，或者其他什么研究之类，但绝不会有道德速成班、人的素质速成班。可以有培养人的礼仪（无论是国际的或国内的）的速成班；也可以有各种交谊舞甚至最潮的流行舞蹈的速成班，这是技能，可以速成。可人的内在素质，即人的文化、道德、信仰、价值的培养绝不可能有速成班；尤其一个民族的整体素质的提高，需要长期教育和培养。历史证明，农业歉收可以期待来年；GDP下降趋势可以采取各种措施扭转。道德滑坡、年轻一代的信仰危机、价值观念混乱，不可能像工业与农业生产滑坡那样得到迅速扭转，这要经历一个较长的过程。这需要的是综合性的治理，单纯的说教是无济于事的。

中国社会正处在大变动时期，理论家们称之为社会转型期。由计划经济转为市场经济，由单一公有制经济转为多种所有制经济成分并存；农民离开土地变为农民工，自给自足的小农经济卷入市场经济的大潮。这种急剧转化不少人不适应。曾经长期生活在计划经济体制下的老一代人，不一定适应市场经济下的人际关系，更不会迅速适应以货币作为衡量标准的生活态度，因而一些人会有九斤老太的思想和怨言；在市场经济下成长的新一代，因为缺乏正确的观念会迅速膨胀对金钱和物质的无限追求，在没有钱是万万不能的市场经济条件下，自觉或不自觉的拜金主义，似乎难以避免。当农民没有卷入市场经济之前，似乎是那样纯朴、老实；可当卷入市场经济之后，也会玩弄一些欺骗的小手段。一切都在变，变得与在自己原来的处境下形成的思想不适应。或者是保持原来的思想，从而格格不入；或者利用大变动时期法律和道德的滞后，狠狠捞一把。发财欲望的迅速膨胀催生了众多的贪官和腐败分子，也毒化了社会。

观念是由现实决定的。但观念不仅应该消极地肯定现实，包容现实，而且应该具有理想性。真正的转变观念，不能理解为"凡是现实的都是合理的"。不能认为市场经济下的观念，应该是人人具有工于计算、铢两必较的《威尼斯商人》中的夏洛克精神。当市场观念成为主导和处理人与人之间一切关系的原则，当人们把自己的良心、人格、婚姻都变为用金钱可以衡量的东西的时候，伦理法则就变为了丛林法则，这个社会肯定是冷酷无情不宜人居的社会。这肯定不是我们希望建立的社会。

社会主义核心价值的倡导和实践，就是要解决市场经济下这个两难问题，既要搞市场经济，又要防止市场观念无限泛化，防止它无孔不入，侵入政治、思想、文化、教育、人际关系等各个领域。两手抓，两手都要硬，就是要解决这个矛盾。这是个艰巨的任务。GDP或其他生产指标的统计可以量化，而思想、道德、信仰、价值观念则难以量化。虽然我们有种种问卷，但真实性却是值得怀疑的。内心深处的思想最喜欢隐藏自己。当然，道德的不可计算和量化，并非道德不可知。它就表现在社会风尚中，表现在人际关系和各种社会事件中。一个不用防盗门的社会的社会秩序，肯定比家家变成堡垒的社会的社会秩序令人安心；人们相互信任比相互提防的道德风尚好；发生事故有路人出手相助，比扬长而去冷漠相待好。同居一层却老死不相往来、从不问名通姓，肯定会让人向往"隔篱呼取尽余杯"的生活。一个社会的社会思潮走向、每个人的理想追求、各种社会案件的发生率、人际关系的亲密度等，就是一个社会的道德测量器。它们虽然不如经济指标那样可以数字化，但人人可以感受。我们党非常重视核心价值的建设，重视意识形态工作，重视理论工作。我希望能像重视生态环境那样重视思想生态、文化生态。这样，我们为社会迅速发展所付出的代价就会最小，成就就会最大。

11. 谈多难兴邦

这里有个历史辩证法的问题。多难兴邦，还是多难亡邦，这两种可能性都存在。难，有两种：一是特大自然灾害；另一是社会性灾难，这主要是外敌入侵，国家的兴亡。可以说，天灾人祸都可以成为难。

难可以兴邦，也可以亡邦，关键在于抵御难的能力。也就是说，关键在于转化的条件和人的主观能动性。多难，不一定必然兴邦。只要看看世界史、世界历史地理就可以知道，由于外敌入侵或特大灾难造成的国家的分裂、民族的衰败，并不罕见。因此，多难兴邦是有条件的。难，能否成为一个动力，取决于三个条件：有作为的统治集团、比较有效率的政权和人民的团结。

中国古人说"多难兴邦，玉汝于成"是有道理的。这是积极鼓舞人民克服抵御灾难的辩证法。它教导人民在任何大难面前树立起必胜的信心和决心。这是中国传统文化中的一笔宝贵财富，是我们民族得以克服重重困难、屹立于世界的精神支柱。

但我们也清楚地知道，一个民族抵御灾难的能力往往与政权性质和直接行政的官员相关。我们以治黄为例。黄河是哺育中华儿女的母亲河，它孕育了黄河文明，可也带来了不定期的灾难。治黄，是历代政府的重要任务。可在两千多年中，黄河决口 1500 多次，重大改道 26 次，给人民群众带来了极大的祸害。历代治黄成效不大，主要是因为官员贪污、中饱私囊、消极作为。至于政权因腐败无能而易手的事，更是常见。1840年鸦片战争以后，清政府由于腐败无能，从1840年的《南京条约》开始，先后被迫签订了一千多个不平等条件。由此中国可以说灾难深重，陷于瓜剖豆分的亡国绝境。可清政府仍然推行"宁予友邦，不予家奴"的卖国政策。国难激起人民救亡图存的斗争。在太平天国运动、义和团运动以及随后的反对袁世凯签订卖国二十一条等运动中，中国人民爱国主义热情高涨，可惜报国无门，难以救国于危难，因为政权仍然掌握在封建统治阶级手中。

辛亥革命推翻封建王朝以后，开始有点转机。历经军阀混战，到中国共产党与国民党联合抗日的胜利，才真正把国难变为兴邦的动力。抗日战争的胜利，是自鸦片战争以来中国反抗外敌侵略的第一次胜利，根本扭转了清政府腐败无能、只知签订卖国条约对外投降的局面，激发了中国人民的爱国热情和民族自信，也激发了改造中国的革命热情。列宁在《第二国际的破产》中说得很对："这次战争的经验，也和历史上任何一次危机、人们的生活中的任何一次大灾难和任何一次转折的经验一样，使一些人茫然失措，意志消沉，却使另一些人受到教育和锻炼。而且大体说来，从整个世界历史来看，除某些国家衰落和灭亡的个别情况外，后者的数量和力量要比前者更大。"

中华民族近一百多年来的历史，就是一部多难兴邦的历史，就是追求民族复兴的历史。每次失败都是一次民族的屈辱，同时也是一次民族的觉醒。站在民族前列唤醒人民大众的人物，就是杰出的历史人物。这种人物，中国近现代史上比中国以往任何朝代都要多得多，因为中国近百年的苦难最多、受灾最重、创痛最深。但是没有中国共产党的创立，没有中国人民创立自己的政权，也只能在苦难中奋力拼搏，成效甚微。

解放以后，条件发生了根本性变化：一是有了中国共产党的领导，中国共产党成为我们中国特色社会主义事业的领导核心；二是有了人民自己的政府，有了施政的权力和能力；三是有了全国人民的大团结，原来被视为一盘散沙的中国人民，成为了有觉悟有组织的社会主义国家的人民。这三个条件使"多难兴邦"从一种哲学思想，从一种民族精神变为了一种现实。

六十多年来，中国的发展并非一帆风顺，而是在种种灾难、斗争中走过来的。我们曾有过抵御外敌的战争，每次都维护了国家的领土完整和国家的尊严。我们更有过多次天灾。我们经历过三年自然灾害，经历过唐山大地震，经历过四川汶川大地震……灾难中表现出的党的领导、政府的施政能力和人民的同胞情谊，使灾难成为振奋民心的民族精神，在重建中推动着经济发展。中国幅员广大，几乎年年都可能有各种各样的大大小小的自然灾难，但中国人民在克服自然灾难中，加强了环保意识和生态建设、加强了减灾救灾能力。

在社会主义条件下，"多难兴邦"真正落到了实处。用历史唯物主义观点考察这个变化，你们可以得到从书本上得不到的东西。

12. 谈"民"的地位的演变

　　你们一定要弄清楚中国传统民本主义、西方人道主义、马克思主义的人民至上主义之间的界线和关联。既不能混淆不清,又不能绝对对立。不能把中国传统民本主义视为西方人道主义的中国版,当然也不能把西方人道主义等同于中国传统民本主义。其实这些思想各有特点,不应脱离历史条件简单类比。这样说,不存在抑此扬彼或抑彼扬此,只是从历史观角度说明它们由于历史条件不同而不同。应该把中国传统民本主义、西方人道主义、马克思主义的人民至上主义思想放在不同的历史条件下来考察。我们应该发现它们之间的差异性和一定程度的相关性。

　　民本主义是中国的传统。"民为邦本,本固邦宁"出自《尚书》,这是最经典的民本思想。后来《管子·牧民》对这个思想论述很透彻,不是格言式,而是有较系统的论证。它的立足点仍然是"民为邦本,本固邦宁",但重点是放在为政者如何"牧民"。通过"牧民"达到"本固邦宁"的目的。治国爱民如农家爱护牛一样,善于"牧"。农家爱护牛有其爱护牛的方法,君主治国也一样。《管子·牧民》中总结了一整套方法,包括务农时、守仓廪,如何使老百姓衣食足、知荣辱,反对过分剥削老百姓等。此外,其特别重视价值导向和道德规范在治理国家中的重要作用,提出礼义廉耻为国之四维,四维不张,国乃灭亡,正所谓:"礼不逾节,义不自进,廉不蔽恶,耻不从枉。故不逾节,则上位安;不自进,则民无巧诈;不蔽恶,则行自全；不从枉，则邪事不生。"

人与牛不同。牛，不会反抗，而民不一样。牧民不同于牧牛，民心向背决定国家命运。"政之所兴，在顺民心；政之所废，在逆民心。民恶忧劳，我佚乐之；民恶贫贱，我富贵之；民恶危坠，我存安之；民恶灭绝，我生育之。能佚乐之，则民为之忧劳；能富贵之，则民为之贫贱；能存安之，则民为之危坠；能生育之，则民为之灭绝。故刑罚不足以畏其意，杀戮不足以服其心。故刑罚繁而意不恐，则令不行矣；杀戮众而心不服，则上位危矣。"《牧民》篇是以"牧"为主题，但它在封建社会中提出顺民而不逆民，富民而不贱民，这是极为难得的。在我看来，民本思想是一笔宝贵财富。可封建社会的内在矛盾总会使民本思想大打折扣，甚至成为一种摆设或笼络人心的骗术。

民本主义在中国封建社会中很难行得通。孟子比较开明，但"民为重，社稷次之，君为轻"的话不可能真正得到帝王的赞同。明太祖朱元璋由"民"当上"君"，立场完全不同，他一看到孟子这段话，几乎要取消孟子配享太庙的资格。其实孟子的话并没有超出传统民本主义的范围，只是说得更明白，更在理。民为"贵"，不是地位的"尊贵"，而是因为民是纳粮当兵之源，是国家强盛稳固的基础。如果不贵民，让百姓能活下去而且活得好，则社稷难保。社稷重于君，这个道理也很明白。社稷指的是国家，社代表祭祀，稷代表农业。祭祀与农业比君主重要。只有贵民，才可保社稷；只有保社稷，君主才能坐稳大位。因此，按次序应该是"民为贵，社稷次之，君为轻"。这是极其智慧的政治学的排次方法，最终落脚点还是保持君位。这不是价值观上的民贵君轻，而是如何维护君主地位的民贵君轻。

柳宗元《送薛存义之任序》中的思想比孟子的"民贵君轻"更进了一步。此文虽为送别，文章极短，但实际上是一篇著名的政论文章。柳宗元在序中除了送肉饮酒，表示惜别之意外，重点在于嘱咐薛为官之职："凡吏于土者，若知其职乎？盖民之役，非以役民而已也。凡民之食于土者，出其什一佣乎吏，使司平于我也。今我受其值怠其事者，天下皆然。岂惟怠之，又从而盗之。向使佣一夫于家，受若值，怠若事，又盗若货器，则必甚怒而黜罚之矣。"官吏是老百姓用钱雇佣的长工。长工不仅不干活，反而盗窃主人的财富，这个道理说得通吗？"今天下多类此，而民莫敢肆其怒与黜罚者，何哉？势不同也。"

明代黄宗羲在《明夷待访录·原君》中说的，"古者以天下为主，君为客，凡君之所毕世而经营者，为天下也。今也以君为主，天下为客，凡天下之无地而得安宁者，为君也"。柳宗元讲的是官与民，黄宗羲直指君与民，思想本质一样，老百姓是主，君是客。这是极其进步、极具远见的政治观点。我们可以看到，由民为邦本，到民贵君轻，再到民主官仆或民主君客，中国封建社会的关于老百姓在国家中的地位的思想是不断进步的。可是，封建社会终究是封建社会，是君主专制社会。官贵民贱是通例。只要社会仍然是封建社会，君民地位是不变的，官民地位是不变的。尽管柳宗元的思想激进到类似当今西方老百姓是纳税人的思想，可是在封建社会老百姓就是天经地义的当兵纳粮人，不是资本主义社会的纳税人，也不可能享有资本主义社会中公民的权利。因此，封建社会不可能产生资本主义的民主思想，也不可能产生天赋人权的观念，民主官仆、民主君客已经到顶了。

按中国封建社会的实际情况，有治世，有乱世；有盛世，有衰世。但老百姓始终是当兵纳粮人。"兴也苦，亡也苦。"统治阶级是"衣租食税"的阶级，他们要搞民本主义，行得通吗？早在《诗经·伐檀》中就提出过抗议。《礼记·檀弓下》记载孔子过泰山侧的故事："子过泰山侧，有妇人哭于墓者而哀。夫子式而听之，使子路问之曰：'子之哭也，壹似重有忧者。'而曰：'然！昔者吾舅死于虎，吾夫又死焉，今吾子又死焉。'夫子曰：'何为不去也？'曰：'无苛政。'夫子曰：'小子识之，苛政猛于虎也！'"杜甫的《三吏三别》、皮日休的《悯农》、柳宗元的《捕蛇者说》都是为百姓诉苦的名作。读读《聊斋志异·促织》中人变成蟋蟀以玩官差的故事就可以知道，老百姓对统治者变着花样敲骨吸髓的无偿差役怨恨之深，他们根本不相信什么民本主义，只相信"牛本"主义。

民主、民权思想是资本主义社会的产物，也只能是资本主义社会的产物。卢梭写《社会契约论》之时，已经是18世纪中叶，资本主义开始向封建制度发起冲锋。因此，卢梭的主权在民的思想，成为了西方独立宣言和人权宣言的思想先导。柳宗元的民主官仆、黄宗羲的民主君客思想是封建社会的极致，不可能进一步发展出主权在民的思想并创立政治制度。两者的社会条件和阶级基础不同。

但即使是资本主义社会，资产阶级先驱者的民主、人权思想，在现实资本主义社会仍然是理想多于现实。资本主义社会的民主突出地表现为选举民主，一人一票，公民都是选举人。可资本主义的选举往往是金钱民主，而且投票率并不高，并不真正代表全体民意；至于人权也往往是空话多于事实。就以号称最自由民主的美国来说，各种歧视，包括种族歧视、性别歧视，比比皆是。况且，被选出的国家领导人的国内外政策，即使违背民意，老百姓也无法制约，最多是政府与议会无休止的扯皮。资本主义民主往往变为以"民主"形式出现的柔性专制。

我们并不否定人类历史的进步，特别是政治思想史的进步。它为人类政治和思想进步积淀了智慧和财富。无论是中国传统的民本主义的重民、贵民、富民的思想，还是西方的自由、民主、人权观念，都是人类的思想财富，有助于社会主义的治国理念和制度的借鉴。但社会主义中国奉行的不是传统的民本主义，也不是简单搬用西方资本主义的政治体制。我们可以吸收其中的积极因素，创造具有中国特色的社会主义政治理念和政治制度。我们不是满足于为民做主，呼唤当代的包青天、海青天，而是真正以民为主，奉行"人民至上"的社会主义原则。我们的核心理念是"人民至上"，我们需要的是创立保证"人民至上"、与人民在社会主义国家当家做主的地位相适应的民主制度和法治制度。一切符合人民当家做主的制度、政策和法律都是善治善法，反之都应该改革，这样才能逐步实现共产党人的最高理想。从传统社会的为民做主的理想到真正的人民自己做主，这条道路并不平坦，但它关系社会主义社会的前途和命运。苏联的解体表明，一旦社会主义革命时期许诺的人民当家做主的权利没有逐步变为现实，而是由希望变为失望，人民就会政治冷淡，对社会主义的前途和命运漠不关心。这就是戈尔巴乔夫得以解散苏联共产党，叶利钦可以炮轰杜马而没引起震荡的深层原因。

13. 谈劳动成果

你们会看到一种社会现象，这就是无论是上层人物还是普通人，我们都会为历史文物的精巧绝伦或雄浑壮美而惊叹不已。我们在龙门石窟、云冈石窟高大而形态各异的佛像面前，在秦始皇兵阵栩栩如生的兵马俑面前，都会如此。我们看到了物，但忘记了人，我们往往赞美劳动产品却忘记了劳动者。这里就有一个历史唯物主义问题，为什么会见物不见人呢？为什么劳动产品如此受人追捧，而劳动者的地位却如此低贱，无人知其姓名，仿佛不曾存在过呢？从历史上看，很少人注意到劳动者的功。像柳宗元在《梓人传》中那样赞美能工巧匠，像宋应星在《天工开物》中那样鄙弃"知其味而忘其源"的"纨绔子弟"与"经士之家"却专注于农业和手工业技术的发明和创造的学者，在封建社会可以说是凤毛麟角。

我们赞美万里长城，可批判秦王朝的苛政；欣赏孟姜女哭长城，可同情为修长城而服劳役的刑徒或平民。我们批判清政府的腐败，慈禧的专横，为修颐和园而挪用海军军费，可我们赞美颐和园的湖光山色、绮丽风光。颐和园成为北京甚至全国一景。历史上此类甚多。隋炀帝修运河南下游玩，运河成为人民的灾难，可却无意中成为一条交通要道。晚唐诗人皮日休写有《汴河怀古》："尽道隋亡为此河，至今千里赖通波；若无水殿龙舟事，共禹论功不较多。"中国有多少帝王的陵墓，陵墓中埋下多少宝物，修陵墓劳民伤财，有多少人为此家破人亡。可陵墓可以成为历史文物，而成千上万的修陵者则成为了无人吊念的骸骨！

　　劳动者地位的卑贱和劳动产品的辉煌并存，而且产品越辉煌劳动者付出的血汗越多。这多么矛盾！马克思的异化劳动为我们揭开了这个历史之谜。物的增值和人的贬值同时并存，这就是阶级社会的历史现实。马克思的历史唯物主义把这个观点翻转过来了，这就是劳动人民是历史的创造者的观点。劳动者的伟大铭刻在劳动产品上，可以说，每件辉煌传世的劳动产品都映现着劳动者的伟大。当然，随着时间的流逝，现实不断变为历史，劳动者的劳动创造为历史淡忘，而劳动产品作为人类文明价值的一面随着历史的发展而日益显现。在古董市场上赞赏历史上四大名窑之窑品的人，当然不会记起窑工。在人类历史上，劳动者以自己的血汗甚至生命为人类创造了物质文明和精神文明，但留给自己的却是苦难。以往全部人类历史都是如此。只有历史唯物主义关于劳动人民是历史创造者的理论，才还他们以历史地位，使淹没在伟大劳动产品背后的劳动者站到了历史的前台。从劳动产品中我们看到劳动者，从劳动者的劳动中我们看到劳动产品。劳动者的高贵与劳动产品的辉煌并世而立。这就是马克思主义的历史观、劳动观。

第五章　历史的世界

1. 谈学点历史

你们是读研的博士，方向是历史唯物主义。你们不仅要研究历史唯物主义基本原理，也应该懂点史学和史学理论，这样才不至于空对空。

历史与史学不能等同。钱穆先生在《国史大纲》引论中说："我民族国家已往全部之活动，是为历史。其经记载流传以迄于今者，只可谓是历史的材料，而非吾侪今日所需历史的智识。材料累积而愈多，智识则与时以俱新。历史智识，随时变迁，应与当身现代种种问题，有亲切之联络。历史智识，贵能鉴古而知今。至于历史材料，则为前人所记录，前人不知后事，故其所记，未必一一有当于后人之所欲知。然后人欲求历史智识，必从前人所传史料中觅取。若蔑弃前人史料而空谈史识，则所谓'史'者非史，而所谓'识'者无识，生乎今而臆古，无当于'鉴于古而知今'之任也。"可见，历史、历史材料、历史智识有区别。前两者属历史客体，后两者合称史学。历史材料既具有客观性，可以整理、梳理，但也不可避免地会融入整理者的个人史观。

中国史学最为发达。按钱穆先生的说法，有三个特点。第一个特点是悠久，从黄帝传说以来约得四千六百年，从古书纪年载夏以来，约得三千七百年。第二个特点是无间断，自周共和行政以来，明白有年可稽。自鲁隐公元年以下，明白有月日可详。第三个特点是历史记载体裁较完备，有编年、有纪传、有纪事本末。钱先生说，若一民族文化之评价与其历史之

悠久博大成正比，则我华夏文化于并世固当首屈一指。

为什么中国历代如此重视历史记载呢？魏徵在《群书治要》的《序》中说得很清楚："窃惟载籍之兴，其来尚矣。左史右史，记事记言，皆所以昭德塞违，劝善惩恶，故作而可记，薰风扬乎百代，动而不法，炯戒垂事乎千祀。是以历观前圣，抚运膺期，莫懔乎御朽。自强不息。朝乾夕惕。义在兹乎。"这就是说，从历史经验中吸取教训，对治国理民、劝善惩恶、自强不息，具有时刻警惕不重蹈历史覆辙的作用。

我们中国人不会忘记自鸦片战争失败，签订《南京条约》以后的近代史。这是一部民族屈辱史，也是一部浴血奋斗的历史。我们不忘记近代百年史是为了自我鞭策。我们并不记恨，更不会操弄民粹主义。我们不应忘记近代百年史，忘记就是背叛。可据《华尔街日报》2013年7月12日的文章介绍的两位美国学者的新作，似乎中国应该忘记过去，应该"淡化百年耻辱史"。他们说，西方都是重视纪念自己民族的光荣，美国纪念《独立宣言》，法国人纪念攻打巴士底狱，而中国学者却念念不忘自己近百年来的失败。真是站着说话不腰痛。

自资本主义诞生以来，西方强国的历史就是殖民史，就是向外扩张的历史，而东方尤其是中国就是受侵略、受压迫的历史。数不清的不平等条约像绳索一样捆住中国人的手脚。他们要我们忘记自己的屈辱史，而学他们一样庆祝自己的光荣史。可我们近百年来的历史就是一部民族屈辱史和民族奋斗的历史。我们能忘记吗！忘记这段历史，何来民族复兴！他们教导我们，"应该抛开百年民族屈辱史，这个时期已经结束了。世界已经改变，现在需要一种新的叙述方式，以建立其宣称的平等的和一种新型大国关系"。问题是西方某些大国的炮舰政策，种种霸道作为使中国人无法忘记自己近百年的历史。若中国人忘记自己近百年的屈辱史，不发奋图强，所谓大国关系就永远无法建立。一个忘记自己刚刚过去屈辱历史的民族，受到的不会是尊重，不是平等对待，而是被轻侮、被蔑视。当代西方某些国家不是尊重弱小国家的国家，不是平等对待其他弱小国家的国家。要想和它们平等地坐在一张桌子边讨论，必须有坐在同一张桌子上的资本。这就是当代世界的政治现实。

根据我一生的经验，你们这些研究历史唯物主义的博士生，不能满足于历史唯物主义原理，应该读点历史书，尤其是中国近代史。一个只能背基本原理而根本没有历史知识的历史唯物主义博士，是不合格的。

2. 谈向历史学习

历史既可指称客观历史，又可指称历史学著作。向历史学习，当然是指向历史本身学习。可是不阅读历史著作，向历史学习又会成为一句空话。史料翔实、观点正确的历史著作，对我们向历史学习非常重要。这就是世界各国没有不重视历史教科书编写的原因。

历史是人们过去全部活动的总和，它比任何历史著作都丰富无比，一百个一千个一万个历史学家也无法把握历史的全貌。列宁说过，一切历史，特别是革命的历史，它的内容总是比最优秀的政党、最先进的阶级的最有觉悟的先锋队所想象的更丰富，更生动活泼，更巧妙。历史尽管比历史著作丰富，但历史认识中的客观历史对人而言更深刻，因为它是经过研究、经过总结、得出了教训的历史认识。

客观历史是自在的存在，而被把握在历史著作中的历史则代表历史的自觉。正如地下丰富的矿产，只是可能的财富而非现实的财富。历史学的功能正是发掘历史的财富，为人类的存在和发展提供经验和教训。不要听信为史学而史学的论调。如果史学的目的就在于史学自身，而不在于研究客观历史；如果历史书正确与否与历史无关，只与书写者和阅读者有关，那又何必费力去追求信史呢？一个有良知的历史学者，一个有历史使命感的历史学家，应该是历史真相的发掘者、历史事实正确的解释者。历史的伪造，是对客观历史的亵渎。

你们要有能力区分历史与历史小说、历史剧。艺术是可以虚构的，可历史学是不容许想象的，而是以事实为依据的科学研究工作。你们应该懂得《三国志》与《三国演义》的区别，懂得《三国演义》与《曹操与杨修》新编历史剧的区别。当然，我们不可能对历史进行专业性的研究，学术有专精，样样都通总是少数人。但我们作为一个历史唯物主义研究者至少应该有点历史知识，对中国历史上一些重大历史事件和历史人物有个大概的了解。

3. 谈历史与史学

你们应该懂点历史。按历史唯物主义的看法，历史、材料、史学三者既有联系又有区别。历史是人类客观活动过程，材料是人类历史活动留下的印记，而史学则是基于材料对历史客观真实性的探求。当然，材料具有双重性，一是客观的文物，包括地下发掘和不同时代留下的历史残片；另一是前人的记载，即著作或档案。后一种材料可真可伪，需要考证。历史学家是通过材料研究历史，历史不能空谈。历史研究具有实证性的特点。

历史研究受三种条件的制约：一是材料制约，随着历史发展，人类对同一时代的历史人物、历史事件发现的材料可能越来越多；二是时代的变化，历史学家对历史的认识不能不受自己时代的制约；三是持有不同观点的历史哲学。因此，历史研究中的分歧、不同观点是不可避免的。但是无论观点如何不同，有一个基本原则是不能否认的，即历史事实不容伪造和否认。观点可以不同，但对同一历史事件的历史事实必须是相同的。如果历史事实不同，则两者中必然有一为伪造，或两者都具片面性。因此，考证历史事实应该是历史学的基本要求。历史认识是变化的，但历史认识的变化不是做翻案文章，而是基于新事实或新观点对历史认识的再深入，是越来越正确地理解历史，而不是与历史事实渐行渐远。

历史唯物主义应该重视历史研究。历史学的重要性在哪里，在于它以历史书写和文字记载的方式告诉我们先人的历史事迹、创业的艰难和历史的教训。一个家庭不应忘记自己的祖先，一个民族同样不应忘记自己民族的历史。爱家的人必然怀有对先人的敬意，爱国和爱自己民族的人必然怀有对自己民族和国家历史的敬意。钱穆先生说得对：若一民族对其以往历史无所了解，此必为无文化之民族，此民族中之分子对其民族必无甚深之爱，必不能为其民族奋斗而牺牲，此民族终将无争于并世之力量。

一个民族发展的不同时代，甚至不同的王朝都各有特点，所以断代史甚至专门研究某一个王朝的历史，都有它的价值和必要。但如果仅有断代史或王朝历史，而无一国之通史，则这个民族的发展没有连续性，也没有贯穿此民族连续发展的基础。自始至终贯穿其中的是什么？可以有不同说法，有说是民族精神，可民族精神实难具体，也难捉摸；也有说是文化，使一个民族发展具有连续性的是文化，文化不断，则民族历史不断。中国历史不断就是因为文化，尤其是儒家大一统文化。这种说法有其合理之处，但若仅停止于此，也难说清楚。为什么在世界众多文化，如古希腊文化、印度文化、两河流域文化等中，偏偏儒家文化连续发展，而其他民族文化会中断呢？必有其中断的原因。

一个民族的历史的连续性的基础是它的物质生产方式发展的连续性。中国自秦统一后是农业社会，在它的基础上建立的中国长达两千多年的统一的中央政权，没有像罗马帝国分裂后那样形成不同的民族国家，也没有像两河流域文化地区发生那样的国家大变动，中国始终是一个统一的中国。儒家大一统的文化观念和文化，秦代确立的中央集权的郡县制的政治制度在其中起了重要作用。中国的历史是一部有头有尾的通史，而不是各个朝代的断代史，也不是国家长期分裂的历史。

4．谈历史的世界

你们大概知道，世界有历史，即世界史。世界史并不是世界各国历史的总和，而是世界各国交往和相互影响的历史。近代发展起来的全球史观，就是一种世界史观。你们不一定知道，世界不仅有历史，而且世界也处在历史中，即世界是历史的世界。我们现在所处的世界并不是从来如此，而是历史地形成的。

世界是变化的世界。当代世界一强独霸的世界格局，是苏联解体后形成的。世界进入资本主义社会后，经济和军事在世界上处于领先地位的国家是此起彼伏，呈现大国盛衰和崛起的世界历史。在前资本主义社会，世界是各个国家各自发展的世界。各国按照自己社会发展规律发展，只有极少数国家之间以不同方式存在某种交往。例如，古代罗马帝国以军事征服的方式与西亚北非发生文化交往；中国与世界交往是与周边各国进行文化交流，其中尤其是儒学对周边国家影响深远。但这种交往都不可能改变各国的历史发展进程。当西方资本主义兴起后向外殖民，世界格局逐渐发生变化。西方资本主义不断向外扩张，企图按照资本主义的面貌改变世界。世界不少国家沦为西方资本主义国家的殖民地，非洲、亚洲、拉丁美洲都是如此。整个亚洲都是殖民地。中国太大，不能由一个国家殖民，因而被许多国家分占，成为所谓半殖民地国家。资本主义的入侵不仅使被殖民国家沦为殖民地，而且深刻影响到被殖民国家的经济和政治，从而使社会发展发生形态的变化。

以中国为例，由于西方殖民主义的入侵，中国在明末已经开始的资本主义因素受到抑制，民族资本主义始终无法发展，中国由封建社会进入半殖民地半封建社会，而不是按照世界历史发展规律，由封建社会的成熟而进入资本主义社会。中国的半殖民地半封建社会不是独立的社会形态，而是西方资本主义与中国封建主义相结合的怪胎，它严重阻碍了中国社会的发展。如果按照中国历史自身的发展，经过一段时期完全可能发展到资本主义社会，可以说是资本主义列强的入侵打断和扭曲了中国历史发展的正常进程。中国人民自此产生了一个新的历史使命，即反对帝国主义和反对封建主义。中国进行了长期的反帝反封建的民族民主革命，它既包括旧民主主义革命也包括新民主主义革命。这个革命开始是以人民群众自发的方式显现的，如太平天国、义和团。这种自发方式的斗争往往包含非理性主义的因素，并且注定是悲剧性的。

辛亥革命是一次有组织的民族民主革命，但是旧式民主革命，是不彻底的革命，因为领导革命的是资产阶级革命派。接着这条路继续前进的是中国共产党领导的革命，它是辛亥革命未完事业的继续。革命的胜利使中国历史发展由扭曲道路又转向正轨，即沿着社会主义方向前进。中国拨转自己社会历史发展的航程，是在世界资本主义高度发展的背景下发生的。它有一个前有未有的机遇，即利用西方资本主义的积极成果的可能性。中国特色社会主义完成的是双重任务，坚持社会主义方向，同时给曾经产生又遭压抑的资本主义经济以发展的新空间。

当代世界是资本主义经济占主导地位，资本主义话语成为主导话语的世界。各国的发展不可能不受到世界资本主义的影响。因此，思考马克思主义之社会形态发展理论时，必须考虑这个情况。马克思主义之社会形态

4. 谈历史的世界 | 153

发展理论是世界发展理论。在西方资本主义产生并向世界扩张的历史进程中,各国发展的历史更替往往会受到资本主义世界的强力影响而发生多种变态。不考虑变态只考虑常态,往往会陷入理论困境。这就是我们既要理解世界史又要研究历史的世界的原因。

5. 谈历史研究

历史不会自己说话，需要历史学家利用历史事实说话。这就是历史研究。历史学家如果立论没有事实根据，就是空话。可光有事实而无观点，则是材料的堆砌。这不是史学而是史料学，即使是史料的归类也有个安排的问题，即选用什么材料和不选用什么材料。历史研究始终是观点与史料的结合，立论的根据和基础应该是事实，论从史出，而不是史从论出。历史材料必须经过研究，不研究就没有历史科学。列宁在讲到统计工作时强调的也是同样的道理。他在《莫斯科省的工作日和工作年》中说，"统计工作不是把数字随便填到几个格格里去，而应当是用数字来说明所研究的现象在实际生活中已经充分呈现或正在呈现的各种社会类型"。

历史研究不可能详尽无遗地书写历史，即使断代史，即使一个人物，都不可能事无巨细详尽无遗。历史细节无穷无尽，否则不称之为细节。如果追求历史细节的绝对完备，就没有历史研究，也不可能进行历史研究。现实研究也是如此。列宁在讲到对资本主义研究时说，"在资本主义的世界经济中，即使有 70 个马克思也不能够把握住所有这些错综复杂的变化的总和；至多是发现这些变化的规律，在主要的基本的方面指出这些变化及其历史发展的客观的逻辑"。研究从来就是去伪存真、去粗取精，详尽无遗并不是科学研究的方法，也不可能做到详尽无遗。作为历史研究的方法，历史唯物主义的重要性正是在于其是社会历史研究中由此及彼、由表及里、去伪存真的科学方法。

　　这里涉及一个所谓历史大叙事问题。一些学者强调细节，反对大叙事，反对关于历史规律性的研究，这个倾向值得注意。历史学不是哲学，它当然不能陷于纯逻辑的叙述。历史中会有引人入胜的故事，有任何小说家都无法想象的情节复杂的故事，但这不是故事而是历史事实。历史学不是讲故事，因为具有故事性情节的事实是历史的构成内容，它要能说明历史中的重大历史事件或历史人物，而不是以故事性情节取悦读者。历史学家可以具有小说家的艺术才能，但历史学家不是小说家。历史学既要有大的叙事，又要有历史过程、事件、人物的重大细节的内容。

6. 谈历史感

　　历史感就是历史的眼光，考察任何问题，都必须把问题放在一定的历史背景下来考察，考察该问题产生和发展的基本历史联系。它在历史上是怎样产生的，在发展中经历了哪些阶段，现在的状况如何？正因为这样，历史研究必须要具体地研究历史过程，而不能专靠逻辑推论。马克思在《政治经济学的形而上学》中说："在历史科学中，专靠一些公式是办不了什么事的。"历史公式不能提供真实的历史，而只能提供历史的抽象，而且往往是僵死的脱离具体的抽象。

　　历史唯物主义是沦为历史公式还是科学原理，这取决于如何对待历史唯物主义。如果不是立足于各国不同的实际情况，而是削足适履，把各国不同的历史作为填充历史唯物主义原理的填充物，那历史唯物主义就会变为抽象的历史公式。充气娃娃并不是真娃娃。如果坚持马克思和恩格斯一生不断提醒的把历史唯物主义作为分析实际历史的基本理论和方法，则它是唯一科学的历史理论。要坚持历史唯物主义，不仅要理解什么是历史唯物主义的基本原理，还要懂得如何运用基本原理。我们当前历史唯物主义研究中的一个重大不足，就是只关注如何理解基本原理，围绕着基本原理争论不休，而不关注如何运用这些原理。实际上运用是否有效，往往就是自己对历史唯物主义基本原理理解正确与否的证明。

　　运用历史唯物主义的一个重要原则，就是对历史事件和历史人物的研究都要具有历史感。没有历史感,对任何历史问题的理解都是肤浅的、粗线条的,不可能真实理解。例如,不把俄国革命放在特定历史条件下来理解,就无法理解俄国从十月革命胜利到最后解体,到普京恢复俄国大国地位的种种努力中出现的各种各样的重大事件、各种类型的历史人物。如果不把它们放在各自的历史背景下,就是不可理解的。为什么列宁会主张从战时共产主义过渡到实行新经济政策?为什么斯大林会强行推行工业化和农业集体化?为什么会发生联共30年代党内的大清洗?为什么会出现赫鲁晓夫的秘密报告和反对个人崇拜?为什么苏联会出现戈尔巴乔夫、叶利钦这样的埋葬苏联的人物?离开它们的历史条件和背景都无法理解。历史感不是合理性的辩护,而是对历史事件和人物产生原因的探讨。没有历史感,就只有叙述而无历史的自觉认识。没有历史感的历史叙述,一切都是偶然的。不能从偶然性中看到历史的必然性。

不仅对历史事件、历史人物的理解要有历史感,对思想史的研究同样如此。伟大思想家和伟大理论的产生的意义只有从其产生的历史中才能理解。我们在研究思想史时,有两种视角:一个是问题的视角,一个是答案的视角。从问题的视角来说,一个思想家的成就在于他提出了前人没有提出的问题。这个问题是其所处的历史时代的问题。从答案的视角来说,就是一个思想家对问题的回答在其所处的历史背景下是否具有创造性。例如,马克思和恩格斯在19世纪40年代提出的资本主义向何处去、人类向何处去的问题,提出的无产阶级和人类解放的问题,就是在他们的历史条件下存在的问题;而马克思和恩格斯的伟大成就,就是从各个方面回答这些问题。马克思的经济学说尤其是剩余价值学说,从资本主义生产方式的本质、劳动与资本的矛盾的角度揭示了这些问题的答案。哲学是从世界观、历史观的角度回答这些问题,从无产阶级解放的物质武器与精神武器的角度回答这些问题;而科学社会主义学说则是从两个必然性和社会主义取代资本主义的途径、方式的角度回答这些问题。从历史背景看,当时只有马克思和恩格斯才科学地提出和回答了这些问题，从而创造了马克思主义。离开了它的历史条件，是不能正确理解马克思主义产生的意义和价值的。我们现在以为这都是一些老生常谈，可把它放在特定的历史背景下来理解，就可以发现它是石破天惊、振聋发聩的理论。

马克思关于社会生活本质是实践的理论、关于存在决定社会意识的理论、关于社会历史规律的理论、关于人民群众是历史创造者的理论、关于社会基本矛盾的理论、关于社会形态的理论，现在看起来似乎极为平常，但如果把其放在一百七十多年前，放在唯心主义历史观处于主导地位的历史背景下，放在神学决定论、天命论、英雄决定论、思想决定论的历史背景下来考察，就可以理解它的价值，理解什么叫历史观的伟大变革，因为它把几千年处于统治地位的历史观倒转过来了。把历史事件包括思想理论放进历史进程中来理解，这就是历史感。

7. 谈历史的尝然

坚持历史唯物主义的一个基本前提，就是必须承认历史事实的客观性。如果历史根本无事实，只有各自的理解，历史唯物主义就无立足之地。不承认历史事实的历史唯物主义，怎么能被称为唯物主义呢？

针对日本某些政治家以侵略无定义否认日本侵略史的观点，韩国总统朴槿惠说，日本与韩国一个是侵略者、一个是被侵略者的历史，一千年也不会改变。冯友兰先生也说过，历史中的事皆一往不再现，而却非无有，不但非无有，而且不可改易，对过去和现在亦非无力。事物之过去者皆成为历史中之事物，皆是《墨经》中所谓"尝然"。"已然则尝然，不可无也。"例如中日甲午之战已成过去，已不存在，但曾经有过中日甲午战争之事实，即中日甲午之战的"尝然"，则仍然存在，而且永远存在。不但此事实、此"尝然"存在，而且中日甲午战中之任何一事，无论其为若何微细的事，虽现在不存在，然而曾经有其事之事实，即其事之尝然，亦存在，而且永远存在。如李鸿章之人已成过去，已不存在，但曾经有李鸿章这个人之事实，即李鸿章之人之尝然，则存在，而且永远存在。历史是客观的，是曾经存在的事实。一个严肃的史学家应该承认历史的客观性，否则就没有历史研究的必要性和可能性，对根本不存在的东西有什么必要进行研究呢？

我们不仅要承认历史事实，而且要弄清事与理的关系。我们常常听到对一些人的评论，说某人不知事理。不知事理，是说既不知事，又不知理。不知事，是不了解情况；不知理，是即使他知此事，也不一定知道事中之理。这说明事与理是有区别的。事是个别的，变化的；理则是贯穿于事中的普遍性。不可离事而言理。理在事中，无此事则无此理，可理又不完全随事亦步亦趋。可以有千年不变之理，但没有千年不变之事。因此，用历史唯物主义观点看待事与理的关系，有助于我们树立正确的历史观和方法论。我用三句话来概括：第一，不能离事而言理，理在事中；第二，事变理可不变；第三，事与理相互作用，理随事变，因理成事。

不能离事而言理，无此事即无此理。这是从理的产生和根源说的。没有君臣关系，当然没有如何处理君臣关系之理。没有夫妻关系，当然没有处理夫妇关系之理，先有夫妻关系才产生夫妻之理。没有国家关系，当然没有处理个人与国家关系之理。没有兄弟关系，当然没有处理手足关系之理。所谓理，就是规则。总是先有此事才有关于此事的规则。如果说理在事外，理在事先，那就是说世界上没有产生一夫一妻制，先有一夫一妻之理；没有国家，没有君臣，先有君臣之理；没有建立学校或没有师生关系，先有师生关系之理。这种说法不可理解。有此事，才有此理。理源于事，这是唯物主义观点。如果没有事先有理，理何所依载，何所存在，除了说它是"天理"以外，别无他说。理源于天，"天理"当然是唯心主义宇宙观。天，作为自然存在来说，除了天体运行规律外，并没有任何道德的承载。

可以说，无千年不变之事，有千年不变之理。事是具体的、个别的、历史的、变化的。个体的君臣关系是可变的。每个王朝有不同的君、不同的臣。即使同一王朝，不同皇帝继位有不同的君臣关系。夫妻关系也是如此。没有不死的夫妻，总是一代一代的不同的夫妻。这叫没有千年不变之事，岂止千年，百年会变，十年也会变。可在长期封建社会中，君臣关系之理不变。臣要忠君，服从君，君上臣下从不会变。夫妻关系也是如此。

具体的夫妻关系是可变的，可封建社会中夫权制关系，在家从父、出嫁从夫、夫死从子的原则没有变。这就是事可变，理未变，理比事长久。因为事是具体的、个别的，而理则具有普遍性、规范性。这样，才会产生董仲舒的"天不变，道亦不变"的哲学思想，产生"三纲"是天理不可变的思想。这都是把事与理相隔离的结果。任何理，一旦从事中抽象出来，就会成为独立自在、僵死不变的范畴。

我们还要注意一条，这就是理随事变，事随理变。事与理是辩证关系。从理的产生看，理在事中，无此事则无此理。因此，归根结底，事变理也会变。时代变化，社会变迁，理也在变。封建社会的君臣之理，随着封建社会的灭亡而结束。社会主义社会的上下级关系，不是君臣关系，不能实行君臣之理；干部与群众关系不是官民关系，不能官贵民贱。夫妻关系也是如此。社会主义中夫妻关系不能是男尊女卑、出嫁从夫的关系，而应该是男女平等、互敬互爱的关系。所以，事变理也应该变。如果社会主义处理人际关系行封建社会之理，那么当然行不通。这是一方面。我对于现代有些人狂热地要恢复古礼，感到有点滑稽可笑。另一方面，理又不是消极地跟随事变，毫无作为。而是随着新的关系确立产生新的理，这些理能够促进新的关系的发展和完善。例如，社会主义制度下的上下级关系不是君臣关系，在工作上是上下级关系，存在服从与执行的关系，但在生活中是同志关系、朋友关系。这种良好关系并不是很快能建立的，可能要经历一个过程，调整和完善的过程。而且对某些领导来说，始终无法建立这种融洽的关系。正如夫妻关系，虽然男女平等互敬互爱之"理"出现了，但未必人人能建立这种良好关系。这就是事随理变，但理也起着规范生活和行为的作用。我们要重视事，也要重视理。"不讲理"是不行的。一个人被归为不讲理的人，就是牛二卖刀式的人物；一个国家被视为不讲理的国家，就是霸权主义国家。这种人，这种国家，从长远来看，终究难以立足。中国人说，有理走遍天下，无理寸步难行。

8. 谈历史的逻辑

我们搞历史唯物主义，不仅要重视历史事实，而且要关注历史逻辑。没有历史逻辑，历史唯物主义就不可能把历史事实上升为历史规律，也无法使事实成为有条理、可理解的事实。

现实历史是复杂的、交叉的、丰富的，而逻辑可以是纯粹的，可以排除复杂性使其简单化，以便从规律上把握历史进程。例如，在具体的历史环境中，过去和将来的成分交织在一起，前后两条路相互交错。雇佣劳动及其反对私有制的斗争在农奴制时代就已经萌芽了，在专制制度下继续存在。这并不妨碍我们从逻辑上把历史发展过程的几大阶段分开。所谓社会形态学说和社会形态的更替与演进，就是从纯逻辑上说的，而不是说一种社会形态在事实上可以纯而又纯，不存在交叉或过渡。社会主义就是社会主义，不可能有资本主义因素。事实上资本主义社会仍然长期保留有封建社会因素，甚至还存在隐蔽的奴隶制。

你们要注意，我们学界关于历史唯物主义五种社会形态学说的争论，往往是不懂得区分逻辑与历史，从而各执一词。五种形态的依次更替是纯逻辑的，而各国和各民族的现实是历史的。因此，在各个国家或民族中，社会形态的更替会出现多样性，出现变形，带有各个国家或民族的特点。当然，历史与逻辑并不是绝对对立的。研究历史要从事实上把握，从而显示出各个国家历史的具体性和特殊性；可要从理论上把握一个民族的历史发展脉络，就必须清除掉覆盖于其上的由各种特殊性造成的多样性，寻找出它的发展的逻辑脉络。这样，就能从理论上既解释每个国家社会形态演进中发生曲折和变化的原因，又能把握它的总体走向。你们看看当代世界各国的情况，无论它们有多大差别，就社会形态的演进来说，没有不可归属的社会制度，也没有超出人类已知的社会形态，只是发展阶段不同、成熟程度不同、发展特点不同。

9. 谈历史眼光

历史眼光与历史的长度不可分。要有远大的历史眼光，必须懂得历史的长度。你们要懂得具体事物的变化可以是迅速的，可以日新月异，但一个国家的历史演变进程是长期的。考察历史与考察具体事物不同。世界历史的尺度是以数十年，甚至以数百年为长度来衡量的。资本主义的兴起，大国的崛起和兴亡都经历了一个长时段。荷兰、西班牙、英国、日本、德国、苏联的崛起和衰落都经历了一段时间。美国取代英国成为世界霸主也经历了不短的时间。从世界历史的角度来看，十年二十年的变化甚至可以略去不计。中华民族复兴是百年大计。从鸦片战争以来已过了一百七十多年，从解放以来已过了六十多年。我们仍然期待两个一百年，建党一百年、新中国成立一百年，有更大的变化。

世界历史的尺度不是衡量实际政策的尺度。在实际工作中，在中国特色社会主义建设中，我们不仅应该有只争朝夕的精神，而且要善于因时而变，与时俱进。只有无数短期的变化和积累，才能造成历史长度的巨变。"九层之台，起于垒土；千里之行，始于足下"，这是历史的辩证法。

伟大的政治家都是有远大眼光的人物，他们懂得历史的长度，绝不会是鼠目寸光的人。什么是战略思维，就是懂得历史长度的思维。战略家们把眼前的事放在历史长河中考察、权衡、布局，考虑它几十年甚至百年或更长时间的后果。如果历史没有长度，那只能将就眼前事变，过一天算一天。

你们读读《触詟说赵太后》中赵太后与左师触詟的一场争论。赵太后刚执政，秦国加紧对赵国进攻。赵国向齐国求救，齐国要以赵太后幼子长安君作为人质才肯出兵，太后爱子心切，不肯，任何大臣进言都不听，并明言："有复言令长安君为质者，老妇必唾其面。"老太太发怒了，谁再说就要朝谁脸上吐口水。可左师触詟进言，他打动赵太后的就是长远的历史眼光。他问赵太后："今三世以前，至于赵之为赵，赵王之子孙侯者，其继有在者乎？"赵太后说："无有。"触詟又进一步问，不仅是赵，其他诸侯有相继为侯的没有？太后回答，没听说过。于是触詟从历史长远角度出发劝告："此其近者祸及身，远者及其子孙。岂人主之子孙则必不善哉？位尊而无功，奉厚而无劳，而挟重器多也。今媪尊长安之位，而封以膏腴之地，多予之重器，而不及今令有功于国。一旦山陵崩，长安君何以自托于赵？老臣以媪为长安君计短也，故以为其爱不若燕后。"太后被历史经验说服了，为赵国长久计，于是说："诺，恣君之所使之。"于是，"为长安君约车百乘质于齐，齐兵乃出"。实际上，赵太后与左师触詟的争论，就是有关历史眼光的争论，是仅看到目前，还是看到未来，有长远的历史眼光。

毛泽东著名的《在中国共产党第七届中央委员会第二次全体会议上的报告》就是一篇具有远大历史眼光的报告。此时是1949年3月，全国解放前夕。毛泽东就在筹划未来。他说："夺取全国胜利，这只是万里长征走完了第一步"。并且预言，"敌人的武力是不能征服我们的，这点已经得到证明了。资产阶级的捧场则可能征服我们队伍中的意志薄弱者。可能有这样一些共产党人，他们是不曾被拿枪的敌人征服过的，他们在这些敌人面前不愧英雄的称号；但是经不起人们用糖衣裹着的炮弹的攻击，他们在糖弹面前要打败仗。我们必须预防这种情况"。正是毛泽东的这种历史眼光，虽然出现过刘表山、张子善这样的人，但总体上中国共产党进城后保持了党的纯洁性。毛泽东还提出"两个务必","务必使同志们继续地保持谦虚、谨慎、不骄、不躁的作风,务必使同志们继续地保持艰苦奋斗的作风"。毛泽东从保持中国共产党永不变色、社会主义长治久安的角度关注党的建设的眼光,就是一种历史的眼光。他考虑的不是胜利后的短时期,而是中国共产党、中国社会主义的百年大计。

10. 谈历史时间

我们讲世界物质性时,讲时间和空间是物质存在的方式,讲的是自然时间和空间。时间是物质运动的持续性,空间是广延性。时间与空间都与变化的主体,即物质运动,密不可分。这个原则在社会历史领域则表现为社会历史的变化。历史时间不是抽象的持续性,而是持续中包含着社会的变化。在社会中,时间持续性是历史事件的变化、王朝的更替、历史背景的转换、不同的历史舞台人物和角色的上场与下场、文化的积累、文明的变迁。空间也不是单纯的广延性。历史的空间是各国、各民族生存的相关性。地缘政治就是空间的政治。各个国家的相邻、边界、领土、领海等有关主权的问题,就是涉及各国社会的历史空间问题。这是从横断面说的。从纵向说,在历史空间中发生的空间变化,是国家的变迁、民族的迁徙以及移民在空间的移动所带来的社会变化。

历史空间持续的变化,是在历史时间中持续的空间变化;历史时间持续的变化,发生在历史的空间之中。它们是不可分的。空间不只是历史延续的舞台,历史的空间就是历史时间延续性自身。历史地理,既是历史的空间也是历史的时间。原来不毛之地,可以变为繁华的城市;原来繁华的城市,也可能由于航运没落而没落,甚至由于自然突变而变为荒无人烟的不毛之地。

城市名称随着历史持续性而变迁,古今异名;地形地貌,也会在历史延续中发生变化。时间变化影响历史空间；空间变化影响历史时间持续的内容。人类生存的相互空间关系是随着历史变化而变化的。原来相距万里、互不来往的空间关系，可以由于社会进步而变为近在咫尺。李白诗中"千里江陵一日还"，现在坐飞机往返只在笑谈之间。经济全球化，尤其是互联网的出现，完全改变了人类的空间观念。而空间的变化也加速了人类社会发展的时间进度。在历史变化中，时间离不开空间，空间也离不开时间。社会的变化，就是时空统一中的变化。"天涯若比邻"在古代是情感世界的距离，在当代则是现实世界的空间距离。

历史时间不是匀速的，不像自然时间可以用计量器来衡量。从古代铜台滴漏，到钟表，到当代最精密的原子钟，计算的都是自然时间。历史的变化无法以自然时间计算。发展有缓慢时期、有快速时期，所谓一天等于二十年，也有二十年等于一天。人类社会的发展不是均速的，各国的发展及其相互间的比较也是如此。农业社会是缓慢的，因为农业生产方式的特点决定它不可迅速，我们不能说中国封建社会处于长期停滞时期，但相对于工业社会，其发展肯定是缓慢的。决定社会发展快慢的是生产方式。生产力中新的工具和技术，生产关系的合理性都是影响社会发展快慢的重大因素。为什么农业生产方式的发展慢于工业生产方式，这不是取决于人的智力而是取决于生产方式的特点。农业生产是以自然节气为依据的重复性生产活动，它不能违背自然节气。春耕夏种秋收冬藏，在严寒地区冬天就是猫冬，成为非产时间。农业劳动是重复的，劳动产品也是重复的。再则，农业生产方式是小生产，三亩土地一头牛，不少农民连牛都没有。落后的生产工具，范围极小的生产地块，不可能也不需要科学技术，更不需要用新的科学技术，经验成为农业生产中最主要的生产技能。因此，农业生产方式下，生活节奏慢，日出而作，日落而息，日复一日，年复一年。生活方式是由生产方式决定的，农业生产方式和生活方式是慢节奏的、缺少变化的，除了传统节日的调剂外，生活是缺少文化内涵的。而工业生产方式不同，它不是简单再生产，而是扩大再生产；它不是依靠经验，而是依靠科学技术，而且由于竞争规律，它必须不断创新技术。工业生产与城市化相联系。城市化、工业化必然加快生活节奏。生活节奏快，也推动社会发展的速度。

从中国历史来看，中国社会发展速度最快时期是解放以后这六十多年，尤其是改革开放以来三十多年。这种发展速度是历史上从来没有的。因为六十多年来，开始了社会主义四化建设的进程。再加上工业化、城市化进度加速，社会发展必然加速。

中国共产党关于中国特色社会主义的理论、道路和制度，大大解放了被旧体制束缚的生产力、劳动积极性和各种潜力。当然，在社会时空中，各个领域中的发展速度不可能是同步的，有的迅速，有的滞后；从空间说，沿海地区与内陆地区、东部与西部都存在不平衡。人的主观能动性对自然时间是无能为力的，并不会因为我们把手表拨快而改变自然时间，也不能改变自然空间，天体之间的关系非人力所能调控的。社会时空则不同，它与人类实践不可分。社会发展的速度，各个领域发展速度的协调、均衡，空间布局的合理性，可以由人对规律的认识和人的行动而发生变化。

11. 谈历史考据

我们当然不能说，凡是历史著作中的史实都是真实的。历史史实不同于历史事实，而是对历史事实的史学书写。可能真实，也可能不真实。我们搞历史唯物主义的人的一个重大不足，就是我们自己无法辨识史料的真伪，因而很可能由于材料的误导而得出错误的理论结论。如何选材，是我们历史唯物主义具体运用时必须充分注意的问题。恩格斯的《家庭、私有制和国家的起源》就利用了美国人类学家摩尔根的《古代社会》这部著作和马克思的材料。马克思自己在进行研究时大量阅读了历史学家和人类学家的著作，例如，他晚年的《历史笔记》、《人类学笔记》中就包括大量的摘录。

历史考据是追求历史史实真实性的一种方法。正因为这样，我们肯定清代乾嘉史学家考据对历史学的贡献。"避席畏闻文字狱，著书都为稻粱谋。"不管是什么社会政治原因促使考据学高潮的出现，但它的贡献不会因政治原因而逊色。考据的目的并非单纯的好古癖，而是追求历史事实。清代考据学著名代表人物钱大昕说过，古人著史由于种种原因可能出现史实错误。他说过，"史臣载笔，或囿于闻见，采访弗该，或怵于权势，予夺失当。将欲补亡订误，必当博涉群书"。

其实何止中国古代史，就拿中国共产党党史、国民党党史、民国史和中国社会主义时期的历史，就有不少需要考证的历史史实。不仅正史，即使回忆录这种体裁的历史，也会有讹记、失记或记忆错误之处。至于由于历史观不同对同一事实记载出现差异，更是常见。我们不是历史学家，我们没有专业素养，但我们不要轻视历史考据这门学问。这是一门大学问。没有比较切实的历史史实，历史唯物主义研究就会成为无米之炊。

12. 谈考古

哲学家应该养成一种理性思维习惯，不要轻信。因为在市场经济条件下，造假太多。市场上的假古董不可怕，因为人们都有心理准备。不管古董市场如何热闹，淘宝的人如何多，真正认为能从市场淘出真物的人并不多，即使受骗也只不过损失一点钱而已。危害最大的是学术性造假，因为它涉及历史的判断。

历史研究方法中有二重证史法，即文献史料与地下发掘相结合。考古学是保障历史研究科学性的重要支柱。可是正如历史文献可以伪造一样，所谓考古发掘也可伪造。《中国社会科学》2013年2月22日杨阳的文章《日本旧石器考古造假风波》报道，日本著名考古学家藤村新一，时任日本东北旧石器文化研究所副所长，2000年10月22日在日本宫城县上高森遗址工地上，自己动手用小铲子掘坑埋下随身携带的几块石块，并且是在几个地点同时埋下。几天以后，即10月27日藤村在几十位媒体的见证下，成功发掘出6块约70万年以前旧石器时代前期的石器，宣称这是又一次考古重大发现，是日本本土第一次出现旧石器史前文明。藤村的全部造假都被《每日新闻》记者偷偷安放在现场的监视器拍个正着。藤村的造假被揭穿。据藤村坦白，他主持的42次考古均有造假。原来所谓的数万年、数十万年前的石器都是打造后埋下再发掘出来的。这说明地下考古学同样需要防止伪造。当然，这不能否定地下考古发掘的历史价值。伪造终究会被发现。为历史学是人文科学还是自然科学争论不休的学者们应该弄清一个道理：人文科学绝不能排斥必要的科学实证方法，更不用说对规律的探索。无论是人文科学还是自然科学在涉及事实的问题上都是一样：尊重事实。

13. 谈古今之辨

你们应该懂得客观历史进程中的古今关系与历史研究中的古今关系的区分。历史进程中的古今关系是客观的历史自身的关系，是历史的真实进程，而历史研究中的古今关系是如何研究历史的问题。

中国古人说，观今宜鉴古，无古不成今。其实这句话包括两层意思。观今宜鉴古，讲的是研究历史，要了解当代何以如此，应该了解它的历史，现代中往往存在历史的影响；现代发生的事虽然不会是古代的重复，但历史可以成为理解现代的借鉴。无古不成今，讲的是历史客观进程。任何一个国家或民族的现在都是由古代发展而来，没有过去就没有现在。现在是过去在新的历史条件下的继续和延伸。正因为无古不成今，所以各个国家、民族都有其特殊性，它们都有独特的历史源头和进程。没有两个完全一样的国家，因为它们有各自的"古"，因而有自己特殊的"今"。没有唐虞夏商周、秦汉魏晋、宋齐梁陈隋唐、宋元明清、民国，就没有当代中国，就无法理解当代中国。古今是相对的。现在的古，就是当时的今；现代的今，是千百年后的古。因而古今之分都有时间坐标。但历史发展的连续性和继承性并不会因为古今区分坐标的变化而变化，无古不成今，是永恒不变的历史真理。正因为无古不成今是客观历史本身，才使观今宜鉴古成为可能。

观今宜鉴古讲的是历史的认识。厚古薄今、厚今薄古或是古非今等都属于如何研究历史和认识历史的问题。客观历史本身无所谓厚薄是非。厚薄是非是讲人对历史的认识和评价。孔子的"郁郁乎文哉，吾从周"，表达的是对东周末年乱世的不满，对乱臣贼子把一个盛世搞成礼崩乐坏的乱世的不满。在中国历史上，向往过去往往是对现实不满的一种表述方法，可以说是托古言今。真正相信越古越好的学者，我看不多，倒是不满现实、托古以言今的多。像王莽那样真正想效法古代搞所谓改革的人，历史上是极少的。这种人最后被好古所埋葬。有位学者说，古可好，而不可泥，圣人亦不可背时而复古，确是知古知今之言。

从历史发展的连续性来看，古与今是无法分割的过程，恰似长江之水，不能断流。因而，史学必须会通今古。清代学者王鸣盛把儒者分为俗儒与通儒，说："学问之道，当观其会通。知今不知古，俗儒之陋也；知古不知今，迂儒之癖也。心存稽古，用乃随时，并行而不相悖，是谓通儒。"

恩格斯曾以马克思的名著《路易·波拿巴的雾月十八日》为例，说马克思为什么在事变正在发生时，能对路易·波拿巴政变的发生原因及其结局作出如此天才的分析呢？就是因为他懂法国史。恩格斯说过，"马克思不仅特别热衷于研究法国过去的历史，而且还考察了法国时事的一切细节，搜集材料以备将来使用。因此，各种事变从未使他感到意外"。也就是说，马克思对路易·波拿巴政变的判断是基于对法国的历史的把握，即对法国的过去和当代的把握。

仅以中国社会主义六十年多为例，虽非古今之分，仍存在过去与现在之别。正确对待改革开放前后的关系，把它们看成社会主义在中国发展的一个整体进程，既看到它们不可分之处，又看到它们之间的区别。如果不能会通，对社会主义中国六十多年的历史就不可能有正确的理解。你们应该记住这句话。

在历史研究中，存在过关于厚今薄古是否正确之争。从历史自身来说，不存在厚与薄的问题。它们是历史发展的不同进程，无古即无今，不存在孰重孰轻的问题。从研究角度看，"古"当然要研究，不研究"古"，就没有必要存在历史学科，也没有必要进行历史研究。可历史研究的目的，它的立足点的确是为了今而研究古，为了当代人而研究古人，或者说为了活人的需要而研究先人。从这个角度说，厚今薄古是有道理的。如果我们把"不薄今人爱古人"，改为"不薄古人爱今人"，是否好点？兼顾古今，各有专攻，但历史研究的根本目的仍然是为今而古，而非为古而古。

第六章 文化的视野

1. 谈文化的重要性

　　文化问题是当今的理论热点，好像国外也是如此。我看近年来的博士论文大量是以文化问题为题，这并不坏，可以拓展马克思主义哲学研究的领域和视野。但我要告诉你们，主张文化哲学是马克思主义哲学的当代形态的说法，难以服人。

　　文化问题是需要关注的问题，正如政治问题、道德问题、经济问题可以成为一个时期的关注点、重点，但不能因此说政治哲学或道德哲学是马克思主义哲学的当代形态。问题具有时代性，是变化的，一时成为重点，不见得永远成为重点。但马克思主义哲学的本质不会因为问题重点的转移而改变。如果马克思主义哲学在当代不再关注资本主义社会的前途问题，不再关注无产阶级和人类解放问题，而只关注文化，变成文化哲学，那就不是马克思主义哲学。马克思主义哲学从实践领域遁入纯学术领域，它就没有存在的必要。

　　在当代世界，研究文化哲学并非马克思主义哲学独有的。但无产阶级和人类解放的世界观和历史观、辩证唯物主义和历史唯物主义则是马克思主义哲学独有的，是马克思主义哲学的本质。这种本质不会因为问题研究的重点转移而发生形态上的变化。我们以马克思主义哲学作为指导来研究文化问题，马克思主义哲学并不因此而变为文化哲学，正如我们以马克思主义哲学作为指导来研究伦理学，马克思主义哲学的当代形态不会变为道德哲学一样。

　　文化的重要性是不言而喻的。但你们一定要弄清文化的重要性与"文化决定论"两者的区别。文化重要，但文化决定论是不对的。在当代世界，尤其是大国之间的博弈，起主导作用的仍然是经济力量和政治力量，是经济实力和军事科技的发展水平。文化是综合国力的一部分，在国际交往中文化作为软实力的作用不容忽视，但没有硬实力的后盾支撑作用，文化的作用同样是有限的。美国的霸气十足并不是单纯依赖文化，美国的牛仔文化似乎并不十分吸引人，普世价值之类也往往是言行不一，没有多大威信。它主要依靠的是世界第一大经济实体、强大的军事实力和科学技术。软实力当然并不软，它有硬度，但软实力的硬度往往取决于硬实力的硬度。

　　一个民族的盛衰兴亡并不取决于单一的文化因素，而是多种因素共同作用的结果，其中具有决定作用的是生产方式的性质和生产力的发展水平。中国封建社会的发达有赖于发达的农业生产方式和比较完善的中央集权的政治制度。文化在其中起着精神黏合和民族凝聚的作用。如果生产方式落后，仅凭曾经发达的文化这单一因素同样是不行的。一个社会的盛衰强弱决定于经济发展水平、政治清明和军力强大，而不是单纯取决于文化状况。在中国历朝中，宋朝是中国文化发展较高的时期。明代宋濂在《太史苏平仲文集序》中说："自秦以下，文莫盛于宋"。不仅宋词成就卓著，宋朝文化在哲学、文学、绘画各方面都大放光彩。连贵为君主的徽宗赵佶的艺术成就也名载史册。无怪陈寅恪先生说："华夏民族之文化，历数千年之演进，而造极于赵宋之世。"可是与汉唐相比，宋代又是国势最弱、边患最重的王朝，受制于辽与西夏。虽然文化发达，但冗兵冗官，国势衰弱，最后北宋亡于金，徽钦二帝成为俘虏；南宋被赶着到处跑，亡于元。这是一种奇怪的现象。文化高的敌不过具有朝气但文化不高的北方游牧民族。中国发展到明末清初，传统文化仍然是传统文化，但随后中国几陷于灭亡境地。有数千年文化传统的中华民族，受制于日本，更不敌西方尤其是没有多少文化底蕴的美国。

　　文化决定论是错误的，这当然不能成为轻视文化的理由，但绝不能主张文化决定一切。文化只有与经济、政治、军事相辅相助而行才能发挥它的巨大作用。中国共产党改变中国的斗争，首先是军事斗争，夺取政权，然后是运用政权进行经济建设和文化建设。五四新文化运动的成就及其局限性已经证明了这一点。单纯文化运动可以发挥启蒙作用，但不能改变社会。物质力量靠物质力量来摧毁，理论掌握群众才能变为物质力量。马克思的这段名言，永远可以成为我们研究文化问题的指导原则。

2. 谈文化与文明

你们问我文化与文明是否有区别？是否应该有区别？我以为应该有。没有区别，何必要有文化和文明两个概念；没有区别，何以说明在文明形态处于高一级的社会不见得文化处处都高。例如，资本主义文明高于封建文明，但不见得资本主义社会的文化处处高于封建社会的文化。我看当代西方资本主义社会包括发达资本主义社会文明程度虽然高，但在有些文化方面，例如哲学、文学方面，并不比中国封建社会的文化更优越。中国孔孟老庄，《红楼梦》等四大名著，汤显祖的临川四梦，都是当代资本主义社会的文化无法企及的。

文化是观念形态，它是价值和意义。无论经典文化或世俗文化都是如此，只有承载的价值和意义的高雅低俗与流行范围大小的区别。文明则是人们的生活方式、人们的行为举止的外在表现。我们到一个国家去参观，可以通过它的建筑、交通、环境以及人的行为和举止观察到这个国家文明发展的程度，但并不能直接观察到文化。文化是内涵性存在，是观念的、思想的、价值性的东西。不能目观，只能体悟和理解。随地吐痰，表明文明程度低但并不表示文化低，世界上没有吐痰文化和非吐痰文化。正如厕所内的卫生状况代表文明发展程度而非文化发展程度，没有什么厕所文化。厕所文化，完全是贴标签。

文明可以接受、移用。科技和科技产品，近代的铁路、电话以及一切西方发明的代表生产力进步的东西，都可以借鉴，可以学习，可以仿造。文化则不同。文化不可能简单引入。文化可以交流，可以相互学习，但文化的吸取必须以自己的民族文化为底色，是吸收而不是被同化。一个民族的文化被同化，表明这个民族之根已枯萎，它必将退出历史舞台。日本在中国台湾进行"皇民教育"，这是一种文化殖民，是搞文化同化。文化殖民比经济殖民危害大。经济殖民为了掠夺资源，搜刮财富，可能会保存一些为殖民需要而进行的基础性建设，当殖民地获得解放时，可能会保留一些这样的物质财产；文化殖民不同，它是思想的同化，它留下的不是物质，而是殖民者灌输的奴化思想。因而，文化殖民比经济殖民更危险。

近代以来，特别是鸦片战争以后，西方文明在中国的传播很广泛。先进的科学技术、廉价的商品以及各种所谓的奇巧淫技都会进来。但西方要以它的文化征服中国，则不可能，因为中国落后是文明的落后，封建文明无法对抗资本主义文明。但文化不同。中国几千年传统文化中积累的智慧和思想绝不低于西方文化。西方在殖民中国的同时，也企图用殖民文化在思想上奴役中国人。这肯定培养出了一些具有殖民主义思想的人，尤其是在知识分子中，但它不可能以西方文化取代中国文化。

文化与文明的不同步，是中国近代文化发展的一个特点，也是中国衰败的表现。在中国长期封建社会中，中国文明与文化的发展水平是合拍的。而在近代则不同步，因而才可能产生"中学为体，西学为用"的思想。"中学为体"的错误，恰好在于它的"体"是政治制度，是君主专政。这恰好是西方民主制度文明优于中国传统君主制度文明的地方。不管怎样解释，这个口号是维护封建社会基本制度的改良主义或保守主义口号。

文化与文明不同之处还在于，技术和商品方面的输入可以不受思想抵抗，只要便宜适用即可。可文化不同。不同文化之间有冲突的一面。任何民族只能吸取适合自己民族需要的文化，因为文化是观念形态，而非工具性的东西。毛泽东在六评白皮书中的《历史唯心论的破产》一文中说，任何思想，如果不和客观实际的事物相联系，如果没有客观存在的需要，如果不为群众所掌握，即使是最好的东西，即使是马克思列宁主义，也是不起作用的。我们是反对历史唯心论的历史唯物论者，应该认识到文明的输入可以夹带文化的输入，但不等于文化的输入。我们不应该拒绝西方文明，尤其是科技文明和制度文明中的某些合理因素，但我们要防止西方腐朽文化的入侵。从本质上说，西方自夸的软实力就是一种文化入侵，因为价值观念是文化的内核。西方输出的所谓普世价值，既具有政治性又具有文化性。

3. 谈文化与器物

你们参观文化遗址时会发现,文化与器物不同。文化的可贵之处在于它可延续而泽及后人,器物则可用于当时而毁于以后。阿房宫化为废墟,无论《阿房宫赋》如何铺陈,留下来的只是著名的赋,而阿房宫则无迹可寻。《论语》、《道德经》、《庄子》等历代经典至今犹存,可同时代的器物大多化为乌有。

我们重视文化内涵的建设应该重于文化载体的建设。与其建造豪华的大楼不如多建造一些学校。培养人才是立国之本。所谓薪尽火传者,文化;而薪尽火灭者,宫殿楼宇。真正治国者注重科学文化和教育而不忙于建设豪华楼宇,更不应为了发展旅游而把早已不存在的东西重新建筑。修复古董、遗址重建之类,与文化建设风马牛不相及。我到日本最大的感受是其并无太多的高大建筑,普通百姓的住房也不宽敞。但日本的学校与科学投资的比重甚大,这也许是日本以资源匮乏的岛国而能成为东亚强国的一个很重要的原因。重视文化内涵的建设应该重于载体的建设。如果我们建筑了豪华的歌剧院、音乐厅等,但没有相应的高水平的剧目上演,岂非空壳。

重视文化,必须重视文化传播者,其中尤其应该重视教师。你们很多人毕业不愿当教师,教师与官员相比属于"寒儒"。可从作用来说,不能这样看。我们常把教师比作蚕与蜡烛,因为教师一生从教如春蚕吐丝,蜡烛

照人。"春蚕到死丝方尽,蜡炬成灰泪始干。"教师应该是最具尊严、最值得敬重的职业。不过,而今在某些学校,师德不存,教师与商人相类。单纯以教牟利,这种教师不属于文化的传播者,而是贩卖应试知识的商人,如《儒林外史》中的所谓选家马二先生,为举子应试而选范文以牟利。此种教师与文化建设无关。应试教育中滋生出的商机,产生了一大批教商,为应试教育推波助澜。

4. 谈文化形态与文化传统

不知道你们发现文化理论中的一个矛盾没有？我们一方面说，作为观念形态的文化是经济和政治的反映；可又说，文化是民族的血脉，是民族之根。这两种说法不矛盾吗？如果文化是经济和政治的观念反映，它就不可能是民族的血脉，因为它随着经济形态的变化而变化；如果它是民族的血脉，就应该一以贯之，是永恒的，存在于整个民族的历史之中，它就不会随着经济基础和政治制度的变化而变化。如何合理地解释这个问题，我看是考验你们的理论水平的时候了。

这个"矛盾"的关键在于，一些人没有分清文化形态和文化传统。一种社会的文化形态是由它的经济形态和政治形态决定的，前者是后者在观念上的反映。封建社会的文化形态不同于奴隶社会的文化形态，正如社会主义社会的文化形态不同于资本主义社会的文化形态。不同的文化形态依存于不同的经济、政治形态。文化传统不同。文化形态随着社会经济、政治形态的变化而变化，可在文化形态的变化中，一个民族的文化仍然存在继承、传承、积累关系。文化传统就是把不同文化形态中优秀的东西变成一种传统文化。这种不断积累起来的文化传统成为一个民族的血脉，成为民族的文化之根，这就是文化形态的变化并不会导致民族分裂和民族认同丧失的原因，因为传统文化以文化传统方式继续传之后世。

政治形态、经济形态、文化形态这三者的关系是依存关系，前者的变化会导致后者的变化。但其中文化传统最具持久性、稳定性和继承性。一个社会政权的变化需要的时间最短。俄国十月革命取得政权，只是短暂的一幕，由阿芙乐尔军舰上的炮声到进攻冬宫，很快就推翻了沙皇政权，这是政权变革。可是建立社会主义经济制度则需要几十年甚至更长的时间；而俄罗斯的文化传统则并没有随着经济和政治的变化而中断，它仍然成为新的无产阶级文化建设和经济建设的宝贵遗产。只要读读列宁反对无产阶级文化派的文章就能理解这一点。

我们还可以中国革命为例。中国革命取得政权比俄国花费的时间长，中国共产党成立后经过二十八年的武装斗争，才取得全国政权；可是社会主义经济制度的建立和完善则比夺取政权的时间更长，至今我们仍在不断完善社会主义经济结构。毛泽东说，夺取政权只不过是万里长征的第一步，确实是高瞻远瞩之论。社会主义文化的建设时间会更长。社会主义文化建设是在继承中华民族五千年文化传统基础上的建设，是中华民族五千年文化血脉的传承。文化传统就存在于文化形态的变更之中。

文化传统在社会发展中的作用是至关重要的。凡是没有文化支撑仅仅以军事力量确立的帝国，都不可能持久。古代罗马大帝国，横跨欧亚非，结果仍然解体；英国建立了一个日不落的大英帝国，结果仍回到英伦三岛；苏联建立了一个包括十几个共和国的联邦共和国，1991年同样遭受解体的命运。没有共同文化基础的政治结盟，可能会分裂。中国则不同。中国从秦汉的大帝国开始，越发展越巩固和扩大。前者仅凭军事力量的征服，所以军事力量衰落后，国家势必瓦解。中国不同，它是不断地融合，由不同的民族成为一个民族——中华民族；产生一个共同文化——中华民族文化。尽管它包含若干不同的民族，但它们共同认同中华民族，认同中华民族文化。中国也发生过分裂，但分裂总是暂时的，强大的文化凝集力终究会战胜分裂走向统一。这是世界上任何单纯以军力扩张建立而无文化认同的帝国不可比拟的。这就是我要告诉你们的，文化传统比文化形态的生命和作用更长久的原因。

　　历史唯物主义关于作为观念的文化形态是经济形态和政治形态的反映的理论是正确的，它是存在决定意识的贯彻；而文化传统是一个民族的血脉，具有继承性，也是正确的，这体现了文化发展的辩证法。因为在变化着的文化形态存在积累和传承。文化在文化形态的变化过程中不会化为虚无，而是以文化传统的方式发挥作用。历史唯物主义既是唯物主义的又是辩证的。

5. 谈民族命运与文化命运

　　一个民族的文化与作为的它载体的民族是不可分的。民族的盛衰存亡决定文化的命运，没有一个民族衰败而它的文化却能得到独立发展的。如果存在，仍然是作为历史的遗迹而非活的文化机体。中华民族在长期历史中熠熠生辉，为世界景仰，因为在封建社会时代中国是世界最强大而又是文化最发达的国家，周边国家都向中国学习。日本唐代遣唐使、遣唐僧之多，史有记载。

　　自从西方资本主义兴起，特别是鸦片战争以后，中国逐步沦为殖民地半殖民地，中华民族的文化在世界舞台上也失去其昔日耀眼的光辉。日本脱亚入欧，就是一个明显的证明。清代末期，历史上从来以中为师的日本变为中国人的老师，留学"东洋"成为一时之最。近代中国的名人留学日本的最多。这并不是日本的传统文化比中国的传统文化悠久或优越，而是由于明治维新后日本成为东亚强国，对亚洲尤其是东南亚国家具有吸引力。中国人沦为东亚病夫，文化则不再为世界所重视。孔子也被冷落，绝无今日到处建学院吃西餐的辉煌。何也？民族衰败。

　　中国社会主义革命后，尤其是改革开放以后，中国国力强盛，成为世界第二大经济实体，成为有影响的大国，中国文化在世界舞台上也随之重新焕发活力。孔子真正走出国门，孔子学院在世界很多国家落户。这绝非单纯文化之力，而是民族复兴的硕果。我们不会忘记西亚、北非、地中海地区、两河流域曾经是人类文明的摇篮，有过灿烂光辉的文化。可是随着国家的分裂、民族的衰落，它们逐渐被边缘化。虽然仍然留下许多文物、古迹，但往往成为考古对象、旅游观光之处，而不是国家强盛的象征。

亚洲也有同样的经历。张之洞曾在《劝学篇》中沉痛地叙述，若不变法，中国引以为傲的固有传统文化也会沦落，中国人民也会沦为奴隶，中国"圣教将如印度之婆罗门窜伏深山，抱残守缺；华民将如南洋之黑昆仑，毕生为奴，求免笞骂而不可得矣"。历史证明，民族命运决定个人命运，民族兴衰决定文化兴衰。真正热爱中国文化的有志之士，首先要关注中华民族的复兴，坚持把中国建成世界一流强国，在这个过程中，文化复兴才有牢固的经济基础和政治基础。

文化当然不是社会中的被动因素，它必然积极作用于经济和政治。但在当代中国，能积极作用于社会主义经济和政治的文化最主要的不是儒学或诸子之学，而应是与社会主义经济基础和政治制度相适应的社会主义先进文化。社会主义先进文化当然应该从中国传统文化中，包括从西方优秀文化中吸收积极的因素，任何非古排外的做法都是幼稚的。如果我们试图把中国传统文化不加区分地移植到社会主义经济基础的土壤上，肯定不可能结出好的果实。有生命力、有活力的不断发展的中华民族，只能通过吸收，才能从中国传统文化和域外文化中得益。囫囵吞枣，只能食古不化、食洋不化。

我一再向你们强调，文化是重要的，认真学习中国传统文化和西方优秀文化是重要的。我们应该有一批人真正坐下来清理一下中国传统文化的家当。我说的当务之急不是编著各种各样的类书，中国从不缺乏这样的类书，缺乏的是真正的研究。我们要从中国传统文化中提炼出精华来反哺中国学术界，甚至普通民众。我们也应该有一批高水平的翻译家，像当年严复一样能介绍西方的新思想、新成就，以营养我们自己文化的身躯。如果我们的文化建设是忙着建设所谓文化旅游景点，争夺死去几千年的名人故里，这是在钻钱眼，与文化建设无关。

对建设中国特色社会主义来说，完善社会主义市场经济体制是极其重要的。所谓完善，按我的理解不仅是经济领域，而且包括市场经济体制对整个社会的作用，应该充分发挥它的积极作用，防止和减少它的消极作用。因此，我们必须弄清楚完善市场经济和文化建设之间的关系。文化产业的建立可以有利于文化创新和传播，有利于促进文化发展；但文化不能完全市场化，文化建设的目的不是赚钱而是育人、化人。在发展文化产业的同时，要注意文化事业的发展，注意公共文化的建设。

6. 谈思潮

  在研究思想史时，你们应该区分个人思想与社会思潮。一个人的思想是可变的。毛泽东也说过，他小时候信佛，后来信孔子，再后来信仰马克思主义。当然也有相反的情况。一代代中国共产党员中，朝相反的方向逆转、叛变革命的人也有，如汉奸周佛海之类的人。至于像苏曼殊、李叔同，由文学家、艺术家变为居士，甚至出家人，在中国历史上也不少见。个人信仰是可变的。尤其在大变革的动荡时期，更是如此。可一个社会出现的思潮则是相对稳定的。梁启超在《近代学术概论》中说过，"凡思非皆能成潮，能成潮者，则其思必有相当之价值而又适合于其时代之要求者"。个人的思想变化是在思潮中发生的变化，是思想大潮中的浪花。只要存在相应的社会基础和需要，某种思潮就会出现和存在。

  研究个人思想的转变，应该研究传主的人生经历和生命历程，而研究社会思潮则应该研究社会存在，从社会存在中寻找某种社会思潮出现与流行的答案。当然这二者有联系。一个人的思想变化，只能由一种思潮转向社会上已经存在和出现的另一种思潮。因此，个人思想的转变往往是对既成思潮的选择，表现为个人信仰的转变。正如列宁在《打着别人的旗帜》中说的，"个人和某些团体可以从一方转到另一方，这不但是可能的，而且在每次发生大的社会'动荡'的时候甚至是不可避免的；某一流派的性质并不会因此而有丝毫的改变；一定的流派之间在思想上的联系也不会改变，它们的阶级作用不会改变"。这种对个人思想与社会思潮相互关系的研究方法，是历史唯物主义的研究方法。

个人思想与社会思潮存在的基础，归根结底存在于客观的社会关系之中。有什么样的社会存在就会出现与其相应的社会思潮，而任何个人思想的变化是个人在各种社会思潮之间的选择。这种选择的客观原因存在于个人所处的社会关系之中，而选择的主观原因则在于个人独特的生活经历和政治倾向。

在我们社会中，最值得注意的是社会思潮。有哪些思潮，什么思潮处于主流地位？这是把握社会思想动向和意识形态领域斗争中的重要方面。在我们社会，可以说各种颜色的思潮，红的、黑的、灰的都会有。我们对西方的新自由主义、民主社会主义、历史虚无主义以及某些"左"的思潮的影响状况，应该了然于胸。对于一些号称大V的所谓公知的影响应该重视。意识形态领域最复杂，是政策最强的领域。一些错误思潮往往以学术自由、言论自由的面貌出现，尤其是打擦边球的东西，很难把握。我经常想，我们这些号称马克思主义的理论工作者要在意识形态领域中起到正确的导向作用，必须自己坚持马克思主义，在理论上立场坚定，能够识别具有倾向性的思潮，尤其是当它以学术面貌出现时，要具有敢于批判的理论斗争精神。

7. 谈儒教

你们问，儒学是宗教吗？如果把它立为儒教，变为人们的宗教信仰，不是能更好地发挥它的教化作用吗？我的回答是否定的。

把儒学宗教化，倡导成立孔教是近代的事。辛亥革命后，清朝的遗老、封建文人等相继组织了"孔道会"、"孔社"、"尊孔会"、"孔圣会"等尊孔复古团体。1912年10月7日，陈焕章等以"昌明孔教，救济社会"为宗旨，在上海成立孔教会。后经袁世凯政府批准，在全国各地设立分会。次年2月，发行《孔教会杂志》作为机关刊物。9月27日在山东曲阜召开第一次全国孔教大会。11月推选康有为任总会会长，张勋任名誉会长，陈焕章为主任干事，总会迁至北京，后要求定孔教为国教。虽然经过张勋、段祺瑞、曹锟、吴佩孚等的倡导，但终难把儒家变为儒教、变为孔教，因为这与孔子创立的儒家学说的本质是相矛盾的。

历史上看，中国不同的朝代可以支持某种宗教或学说，例如，汉代重黄老、唐代重佛教，但总体上说，儒学在封建社会中一直处于主导地位。这并不是因为它是宗教，发挥宗教作用，而是因为它的学说。中国历史上并不存在把儒学变为宗教的思潮。孔子的头衔虽然很吓人，但都是皇帝赠送的谥号，或谥为公、或为侯、或为王（即文宣王）。他的至高无上的地位是大成至圣先师，是传道授业解惑教师的祖师爷，而不是菩萨或救世主之类。孔子也从不自称为天才，非天纵之圣，是学而知之，非生而知之。如果儒家学说变为儒教,就会丧失它作为中国传统文化核心的崇高地位,而变为一种宗教教派。人们崇拜孔子,把他作为神而不是作为圣人,把《论语》作为"圣经"而不是作为文化经典,把祭孔变为祭神,孔子从人间升入天上,儒学从思想变为永恒不变的教义,这不是提升儒学,不是尊敬孔子,而是将孔子变为三支香、两根蜡烛就可以打发的偶像。

中国习惯称呼的儒、释、道,并非在宗教意义上并称。儒、释、道并非三种宗教的合一。儒释道合一是从思想史角度说的。儒学是儒家学说,道不是道教,不是张天师而是道家老庄的思想。他们是思想家,不是教主。释,指的是佛学思想而非佛教。新道学、新儒学都是吸收其他学说而形成的。新,就是新在吸收。儒的新,新在吸收道教和佛学思想。著名的苏轼和佛印交往深厚,苏轼喜欢谈佛论道。晋代的新道学,虽然尊老庄,但同样吸收儒学中的思想。西方有宗教派别之间的矛盾和斗争,甚至流血斗争。不仅基督教与伊斯兰教之间,即使在原先同为基督教的天主教、东正教和新教之间,同样会进行斗争。中国的和尚与道士可以合作道场,但绝没有头戴方巾的儒生参与佛道合作道场的怪事,也绝无请儒生与和尚、道士同堂做法事的事。因为在世人眼里,儒家根本不是一种宗教,也不具有宗教的法力。

从思想史的角度,在中国儒释道能会通、能和平相处,在于它们的文化特质,而非宗教性。儒、释、道并非三种宗教,不存在教派之争,不存在思想学说上绝对的对立,反而存在互补。儒家积极入世、佛教出世、道家顺世或避世。作为处理人生问题的不同态度,各有其用。儒家主张仕,读书做官;佛教主张修;道家主张隐。隐是当隐士,隐居山林田园;受道家影响的儒士在为官不得意时,则会隐于市,即大隐隐于市。顺利时,入世做官;不顺利时,可以避世;如果倦于政治,可以信佛学。"英雄到老都信佛,将军解甲不言兵。"北洋军阀下台后在天津当寓公,靳云鹏、张宗昌等都到天津著名的居士林拜佛。放下屠刀立地成佛。著名军阀孙传芳就是在居士林被一名妇女因报父仇而刺杀于佛堂。严格说，他们信的不是佛学学说，而是佛教。

在中国，儒家从来没有变为宗教。在长期封建社会中，它发挥政治、伦理作用，为皇帝治国提供治国方案。宋代宰相赵普说的所谓"半部《论语》治天下"，讲的就是这种作用；自隋唐科举制建立以后，它逐渐成为天下读书人取得功名的敲门砖。对于社会成员而言，它起着规范人的行为的作用。儒家学说的重大作用是教化，而不是神化。虽然儒家学说关于天、关于天命的观点也有超越世俗的神圣性，但只是其中的极小部分，极大部分都是世俗性的教化。儒家学说不主张鬼神崇拜。子不语怪力乱神。儒家主张祭祖，这是追远，是怀念先人，是孝道，而不是相信死后仍然有灵魂；儒家重视祭祀，但祭神如神在，只是一种礼仪。孔子像没有摆进神殿，孔庙是读书人祭孔的地方，而不是烧香叩头求财求福的地方，不具有"有求必应"的功效。

我以为，儒学变为儒教或孔教，会带来一系列问题：中国历代主张以儒治国，政权成为政教合一的政权，而非世俗政权，皇帝同时是教主；中国儒学在世界的传播，不是文化交流而是传教；世界上到处建立的孔子学院不是学院而是教堂；中国的读书人是儒教徒，他们与伊斯兰教徒、与基督教信徒相处，多增加了一层关系即不同宗教的关系；祭孔不是尊重中国传统文化，不是凝集世界华人的文化向心力，而是朝圣。这样，把一个很容易说清楚的事，越弄越乱。

8. 谈道德评价

你们学习，不仅要学知识，还要学做人。学做人最重要的是学做人的道德。不要以为博士就不需要道德教育，这是错误的想法。文化层次越高，道德要求应该越高。但是，道德作为个人立身之本和用道德来评价社会，是不同的。历史唯物主义者应该懂得这两者的区别。列宁在《什么是人民之友》中批判米哈洛夫斯基时，对这个问题讲得很清楚。

马克思主义不同于空想社会主义，他并不以社会主义理想制度适合人类天性、适合道德生活概念为满足。马克思并不限于从道德上评论现代制度，除了评价和斥责这个制度，他还对这个制度做了科学解释，把这个在欧洲各国和非欧洲国家表现得不同的现代制度归结为一个共同基础即资本主义社会形态，并对这个社会形态的活动规律做了客观分析。这说明在马克思主义历史观中，道德和价值评价必须从属于科学评价。真正合理的道德价值评价，对一个制度的道德指摘必须以科学评价为依据。否则，以旧的价值和道德标准作为评价标准，必然是保守的、倒退的社会历史观，永远是一种今不如昔的历史评价。

一个人的行为有道德底线问题，对于一个社会成员的道德要求也有个底线问题，但评论一个社会制度不存在道德底线问题。因为社会形态的演变、社会制度的更替、王朝的盛衰兴亡，是社会矛盾激化的结果，而非它突破人类的道德底线。崇祯皇帝吊死于煤山，并非因为道德不好；相反，他被公认是最有道德的皇帝，而刘邦、朱元璋史称无赖，没有人说他们道德高尚。

这当然不是说，道德与社会无关。道德不是评价社会发展和历史人物的尺度，但社会更替时，旧社会旧政权行将灭亡的时期，必然同时伴有旧社会道德风气的腐败。这是旧社会的尸体被装进棺材时发出的腐臭。这是一种暂时的现象。因为社会更替时期，两种道德状况可以并存。既存在旧社会的行将灭亡而带来的社会道德堕落，特别是统治集团和阶级的腐败，也存在新阶级的出现产生的新的道德风尚。随着新社会的建立，新道德会逐渐处于主导地位。因此，社会道德在历史上总的说来是进步的，而不是人心不古，一代不如一代。

只要看看中国1949年前后的社会情况就知道。日本投降、抗日战争结束后，国民党开始忙于接受，接受大员变为劫受员，他们利用各种名目进行搜刮，当时流行的五子登科，即房子、票子、车子、女子、儿子，就是国民党接受大员们的丑照。从国民党开始内战到行将退出大陆的这段时期，社会动荡，整个社会道德急剧下降，黄赌毒成为社会公害。可是当全国胜利后，中国共产党采取果断措施，改造妓女，禁止赌博，新的社会风气取代了旧社会堕落腐败的道德风尚。社会更替带来道德风尚的转变，而不是道德的转变带来社会的转变。社会是道德的基础和温床。改造社会环境是道德净化的根本。

毋庸讳言，我们当前道德状况不能令人满意，这与社会的急剧变化相关。我们正处于社会转型期。不是社会形态的转型，也不是社会性质的转型。我们仍然是社会主义国家。所谓转型指的是由原来单一公有制转为以公有制为主体多种所有制同时存在、由原来的计划经济转为市场经济。这属于体制的转型，属于社会主义社会的自我完善进程。多种所有制和市场经济必然会反映在道德上。既出现了在市场经济条件下积极进取的精神和以中国特色社会主义为共同理想的道德风尚，也出现了因市场经济环境变化而诱发的拜金主义和理想、信仰的缺失,即道德滑坡现象。这两种现象同时存在。我们应该进行社会综合治理,完善和规范市场经济,践行社会主义核心价值的教育,通过社会中的好人好事和道德模范人物强化正面引导。在道德问题上,传媒尤其是互联网起着重要作用。一个夸大的甚至无中生有的报道会迅速传遍全国,影响极大。要重视社会舆论的导向和它在净化道德环境中的重要作用。

9. 谈话语权

马克思主义哲学革命不是单纯提出新的话语。马克思主义哲学革命根本上是思想革命，马克思主义的特有范畴是对新思想的概念表述。离开特定内容，所谓话语只是一个词。

马克思主义哲学中有两类概念和范畴。一种是沿用历史上哲学家曾经使用过的范畴和概念，包括量、质、度、矛盾、物质、意识、生产力、价值、劳动、劳动力、市民社会、异化等。马克思和恩格斯著作中大量概念、范畴是历史的遗产。另外有一些是马克思和恩格斯著作中特有的范畴，如经济基础、上层建筑、生产关系、生产力、社会形态、社会经济形态、剥削等。但无论是原有概念的借用还是新概念的创造，都与马克思主义哲学的变革相关，都注入了新的内容。因此，话语权的问题本质上是思想领导权的问题，而不是单纯创造一个新词汇。

自由、民主、人权、国际社会，诸如此类的词语成为西方世界的话语权。这些词语，我们同样使用，我们不能拒绝使用自由、民主、人权、国际社会。可含义不完全相同。因此，作为西方话语权的自由、民主、人权、国际社会，包含西方赋予的特定含义。例如，"国际社会"一词，往往就是指以它们为主导的国际秩序和国际规则。只有西方的民主才是民主，而社会主义的民主则被认为是"专制"；只有西方的人权是人权，社会主义的人权被认为是虚假的。总之，不符合西方标准，它们就不承认。它们只承认西方的自由、民主、人权才是真正的自由、民主、人权。正如"国际社会"这个用语,只有符合西方国家的秩序和规则才称之为国际社会,而其他大多数国家的不同意见则可以被排除在国际社会之外。这就是话语霸权。

话语权的确立,既要依靠一个国家的软实力,更要依靠一个国家的硬实力。因为话语权表现的是一个国家在世界中的地位。没有国际影响力或者贫困落后,在国际舞台上必然处于失语状态。话语权不一定是话语霸权。中国奉行和平外交,奉行大小国家一律平等的政策,奉行建设和谐世界和与邻为善的政策,从不把自己的意见强加于人。我们应该重视本国在世界舞台上的话语权,但我们反对话语霸权。在构建中国特色社会主义话语中,我们哲学工作者应该尽到自己的责任并发挥专长,因为构建概念和话语是哲学思维的任务。如果中国的马克思主义哲学家只知道使用西方原有的概念,而不能创造反映中华民族特色和中国气魄的新的话语,我们就无法在世界哲学论坛上发声。

谈到话语权问题,我们不能忘记国内。网络时代,往往会出现网络上的话语权问题。这就是有些大V利用自己的网络地位,发布虚假信息,制造谣言,散布错误理论,从而起到影响社会和网民的作用。这是我们理论工作者应该注意的。因为它不仅显示了新科技问题,也往往显示了意识形态领域中的某种动向。

10. 谈名门政治与传统观念

你们不要光听西方宣传它们如何民主，没有世袭，一切通过普选，中国共产党如何不民主，一党专政。你们应该学会用自己的眼睛观察事实。

中国共产党的最高领导，哪一代领导是父子相继？中国共产党当政后，六十多年换了多少届领导，哪一届是父死子继的，是不经党内选举的？你们看看我们近邻日本号称民主国家，具有西方民主价值观，可他们的首相、阁僚中出自政治世家的有多少？你们数数。就拿美国来说，父子总统也不乏先例。如果此事发生在中国，你们会说是专制，可在资本主义国家，这叫民主。为什么？你们会说，他们是通过普选的，是选举产生的。普选是民主的唯一标志吗？那为什么中东那些经过选举产生的领导，一个个被轰下台，被杀被囚呢？据说是因为不符合西方民主标准。可见，西方民主的标准是双重的。我们普选上台是民主，你们即使普选上台也不算民主。我说你民主，就是民主，即使三代相继仍然是民主。我说你不民主，即使你是选举上台的仍然是专制独裁。这就是西方的逻辑。

你们是学习马克思主义哲学的博士，应该学会用历史唯物主义的方法分析问题。在西方所谓民主选举中，有两个重要因素必须充分考虑，这就是政治名门的政治优势与经济优势和群众中的传统观念。政治世家代表的不只是一个家庭的力量，而是一种政治力量。它不是一家，而是同一集团的政治代表，所以在选举中占有政治优势；他们往往是拥有大量财产的富人，而且与大的财团有着广泛的联系。另一方面是传统观念。政治名门不仅代表一种政治势力，同样代表一种政治观念或政治理想。当这个政治观念经过长期宣传为群众所接受时，就会成为一种在普选中发挥作用的观念传统。马克思写的《路易·波拿巴的雾月十八日》，说法国人因怀念老拿破仑而拥戴他的侄儿。同样，在日本，当日本国内右倾化情绪高涨时，岸信介代表的政治理念，同样会成为一种在选举中起作用的传统观念，从而有利于他的家族当选。二战后日本一些战犯的后人当选议员或入阁，就是一种名门政治。从浅层次看是民意受到影响，从深层次看是政治传统和观念传统在起作用。

你们要深入学习历史唯物主义关于人的学说。千万不要以为参与市场经济活动的人是"经济人"，都是赤裸裸的经济动物，对自己追求的利益没有任何盲点；也不要认为参与普选的都是理性的选举人，每人投下的一票都是理性的个人意志的表现，而没有接受传统观念的影响，没有被不断轰炸式的舆论鼓动，甚至金钱收买。其实普选不仅是选举者的选举，而且还是包括报纸、电台等各种传媒以及各种政治势力，甚至包括黑社会势力参与的大博弈。把西方普选制理想主义化，排除政治世家和传统观念的作用，是一种政治幼稚病。

11．谈向西方学习

你们都读过庄子吧。其中在《庄子·秋水》篇里有个寓言故事，说的就是那个"学行于邯郸，未得国能，又失其故行"，结果是爬着回来的"寿陵余子"。我们千万不要成为"失其故行"的"寿陵余子"。

我们当然不能拒绝向西方学习，但不能"失其故行"。你们问，我们为什么不能采用西方的多党制度和三权分立制度？我们不是清王朝的顽固守旧派，我们的改革开放就包括吸收西方先进的文化和科学以及其他积极成果，但我们不能采用西方的基本政治制度。因为基本政治制度不是具体体制，而是由社会形态决定的包括国体和政体在内的上层建筑的核心部分。西方的多党制、总统制或议会制，并不能改变西方社会制度的资本主义本质。

你们说，西方实行多党制，这就是民主。我要说，是，又不是。从总统通过普选、政党轮替来说，是两党或多党制；可从代表处于社会统治地位的阶级来说，它同样是一党制。美国的民主党和共和党代表的是同一阶级中的不同财团，而不是利益对立的阶级。当权的始终是同一阶级的不同集团，军火集团、石油集团、金融集团、通信传媒集团等，它们本质上是一个阶级。因此，轮替的是政党，而不是阶级。你们只要看看日本就知道，民主党通过购岛把我们的钓鱼岛国有化，自民党上台继续变本加厉推行同样的政策。它们是执行不同政策的两个党吗？不是，是一个党，即代表日本右翼势力的政党。只是从可以通过选举轮流执政来看，是两个党，但绝不是两个阶级利益迥然对立的政党。在西方，任何所谓民主国家绝不会容许代表工人阶级的政党与代表资产阶级的政党通过普选轮流上台执政，实行各自的政策。自从资本主义诞生至今，在任何一个号称民主的资本主义国家从来没有发生也不可能发生这种"民主选举"。

西方所谓两党或多党轮流上台，本质上是换马，是不断给失望的国民以希望，不断地许下新的诺言、新的保证，从而继续维持它的阶级统治。然而，无论轮换多少次都不会改变资本主义国家的本质。没有一个西方国家会把无产阶级政党的领导人选为总统。马克思在讲到西方的普选制时说得很明白，无非是三年或四年一次轮流把统治者中的一员抬进政府。至今为止，历史上或现实上都没有通过两党或多党制轮换执政而改变西方国家资本主义本质的事。

相反，如果社会主义国家实行多党制或两党制，倒可以改变社会主义国家的性质。这件事在我们近邻已经发生过。为什么？因为在社会主义国家处于统治或领导地位的阶级是无产阶级和广大人民。中国共产党是代表全国各族人民利益的党，如果成立与中国共产党相对立的反对党，那它们代表谁的利益？如果代表与人民利益一致的某一阶层的利益，那就是参政党，可以参政、议政，这就是我们现在实行的中国共产党领导下的多党合作制。在社会主义中国，当然不允许成立反对中国共产党领导的反对党，更不会允许通过所谓普选轮流坐庄，让它们上台执政，这关系到中国国家的性质和道路，关系到全国人民的根本利益。要中国共产党将经过长期武装斗争牺牲无数烈士取得的政权、将经过六十多年社会主义建设和改革建设的社会主义国家，拱手交到一个反对中国共产党、反对社会主义的反对党手里，这是为什么？难道为了洗刷所谓"一党专政"的恶名，荣获"开明国家"的形象而置十多亿人民的利益于不顾吗？除了无产阶级事业的叛徒，任何一个马克思主义政治家都不会干这种背负千载骂名、永远钉在耻辱柱上的事。

西方有西方的传统，包括政治传统。西方资本主义建立已数百年，它的民主制度成为资本主义统治的最好形式，马克思和列宁都称之为资本主义统治最好的外壳，因为它有弹性。张三不行，李四上台，李四不行，王五再来，每次都有新诺言，带来新希望。希望、失望，再希望、再失望……在希望和失望的交替中，始终保持资本主义制度的稳定性。西方式的民主制度对西方资本主义国家可以是好的统治形式，但它不适用于中国。中国难道不需要民主、不需要选举、不需要吸取西方某些有效的治理形式吗？当然不是。我们需要的是人民民主、协商选举，它比黑金政治、买票卖票、电视台的政治秀更能代表民意。我们有自己的文化传统、有几千年治国理政的经验，其中有许多值得批判继承的东西。自秦统一后，中国实行的就是中央集权的制度。官吏选拔是选贤与能，官员须经地方历练才能逐步升为大员。这种制度与靠竞选演说、电台辩论的表演民主，哪样更符合中国的文化传统和实际呢？当然是中国自己的传统。我们应该学习西方好的东西，但更应该继承我们自己好的东西。

我对学生说，你们要懂得西方的国情、西方的社会制度，更要懂得中国的国情、中国的社会制度。以西方之药来治中国之病，以为两党轮流执政制就没有腐败，民主制就能发展强大，这是一种政治幼稚病。请看看当今世界实行这种制度的国家，没有腐败吗？没有层出不穷的政治贿选丑闻吗？在当今仿效西方民主制的国家中，有哪几个国家如中国一样一跃而成为世界第二大经济实体？为什么我们要放弃行之有效的社会主义基本制度而采用西方的政治制度？如果我们采用西方的政治制度，是否同样应该采用西方的经济制度？你们考虑过这个问题没有？政治制度变了，经济制度依旧，可能吗？一个马克思主义哲学家如果连经济基础与上层建筑的相互关系、阶级与政党的相互关系都不懂，实在太没有水平了。

你们眼中盯住的只是为数甚少的几个发达资本主义国家。你们知不知道，它们之所以发达并非因为资本主义比社会主义优越，而是它们在全世界还很落后的时期建立了新兴的资本主义制度。资本主义比社会主义的出现早了几百年。当时的世界，尤其是东方为新兴资本主义发展提供了前所未有的拓展和殖民空间。西方那些最早发展的资本主义国家的现代成就，是几个世纪以来倾世界之力打造而成的。而现在那些企图仿效西方民主制度获得同样成就的国家是资本主义"盛宴"中的迟到者，连敬陪末座的资格都没有。不信，你们看看中东、拉丁美洲的情况就知道。

第七章　认识的解剖

1. 谈认识论

我们学习历史唯物主义绝不能只限于历史唯物主义，而应该研究一般哲学问题，包括认识论问题，因为社会历史领域同样有认识论问题。历史认识论应该是马克思主义哲学认识论中的重要部分。不懂马克思主义哲学认识论，历史认识论就缺少哲学依据。我发现有些论者在社会历史领域摒弃辩证唯物主义认识论，结果陷入历史唯心主义。

不管哲学家主观认识如何，哲学对如何认识世界起着方法论的作用。唯心主义否认认识对象的客观性，把认识看成是主体对对象的投射；而唯物主义要求认识是关于客观对象的认识，把认识视为对对象的反映。正是在这种意义上我们把唯心主义和唯物主义的认识论，概括为从意识到物质和从物质到意识的两条不同路线。这当然不是关于物质和意识关系的全部内容，但它解决了一个极其重要的问题，这就是认识来源问题。

历史认识同样有来源问题。历史认识来源比自然科学认识的来源复杂、困难。它不可能通过观察、实验或其他方法直接作用于认识对象，而是间接地以历史资料传递的残存的信息为对象，间接地把握、理解和研究对象，所以历史认识论需要专门性研究。它必须以哲学认识论为导向，并考虑到社会历史认识的特点。

哲学认识论具有方法论意义，它能指导如何进行认识，但它不能取代认识。任何一门科学本质上都是在进行认识，没有认识，就没有科学研究。

物理学提供对物质世界的物理规律的认识；化学提供对化学世界的变化规律的认识。社会领域也是如此。社会学起着认识社会的整体或局部的作用；经济学起着认识社会经济规律的作用。历史学起着认识历史的作用，认识各国的历史、各个时代的断代史。各门学科的认识不可能由哲学认识论提供。

我们对各国、各民族的具体历史的认识，是由历史学提供的。因此，历史唯物主义要进入对具体历史的认识，对每个时代、事件、人物的历史背景的认识，必须求助于历史学。马克思的《路易·波拿巴的雾月十八日》关于法国从二月革命开始到拿破仑第三政变的叙述属于历史研究，而对其规律性的把握则依靠哲学方法论。因此，马克思的天才著作《路易·波拿巴的雾月十八日》可以被视为哲学与历史学的结合。

离开各门科学的认识史，就难以形成科学的认识论。列宁在《哲学笔记》中特别强调，逻辑和认识论应当从全部自然生活和精神生活的发展中引申出来，认识论是各门科学经验的总结。如果不研究自然科学认识史、社会科学认识史、儿童智力发展史、语言史甚至脑科学史等，认识论的研究往往成为没有认识的认识论研究，只能是纯思辨的。我至今仍感到我们哲学研究最大的缺点是跛腿，缺乏科学知识的支撑。尤其是认识论方面的研究，任何一点进展都不可能在纯思辨领域中达到。交叉研究、多学科研究，对哲学越来越重要。习惯于思辨的我们，愿意在书房中踱步，凭着思维的力量天马行空，也不愿跨过纯哲学的界线。古代也许可行，然而在科学昌明的当代，这是一条没有出口的死胡同。研究一般哲学认识论，必须有具体科学史的知识；研究社会认识论，必须有各门社会学史的知识，尤其是历史知识。没有历史认识的社会认识论，只能流于空谈。

2. 谈解释世界

你们读博士，严格说来并没有进入实践领域，仍然是在认识领域，是在学习如何认识世界，以备毕业后投身实践。这个学习阶段很重要。

我想起马克思《关于费尔巴哈的提纲》中的第十一条。有些学者对这条有点误解，以为马克思不重视解释世界，只重视改变世界，这种看法是不对的。马克思的话是针对旧哲学说的。只解释世界而不重视改变世界是旧哲学的缺点，因为它无法承担无产阶级面临的任务。马克思创立新哲学的任务是为无产阶级改变自己的处境、改变资本主义社会服务的，所以才有这段话。这不是说，马克思不重视解释世界、不重视说明世界，只重视改变世界。实际上马克思和恩格斯一生都在从事科学研究。科学研究的首要任务就是要说清楚你所研究的问题和对象，这就是在做用科学的理论和方法解释世界的工作。马克思以毕生精力从事《资本论》写作，就是在解剖资本主义，说明资本主义社会，说明资本主义社会的内在矛盾及其必然被社会主义社会取代的原因。马克思主义哲学不同于旧哲学的关键之处，不在于它是否解释世界，而在于它的研究目的和研究成果，目的在于改变世界，即为实践服务，而不是在解释世界面前止步。马克思不是为哲学而哲学，而是为改变世界寻找新世界观的理论支点。

对于一种科学理论来说，要真正发挥它改变世界的作用的前提是，必须能正确解释世界、说明世界。不能解释世界、说明世界，所谓改变世界岂不是空谈？马克思恩格斯非常重视理论研究工作，列宁和毛泽东也是如此。在他们领导革命的过程中，研究理论、概括革命经验成为其革命工作的不可分割的组成部分。只要翻翻《列宁文集》，翻翻《毛泽东文集》，就会懂得这个道理。领导如此大的变革、领导不断壮大的中国共产党，不懂得解释中国社会、不能说明中国社会，能胜利吗？

毛泽东在1941年的一次谈话中（后来收入《毛泽东调查文集》）说，"认识世界，不是一件容易的事"。的确，改变世界是个长期的艰巨的任务，可正确认识世界也是极不容易的。改变世界离不开正确地解释世界。如果我们这些理论工作者的理论研究成果，不能正确回答实践中提出的问题，从理论上给以正确的回答和解释，那要我们干什么呢？

我们要全面正确理解马克思《关于费尔巴哈的提纲》中的第十一条，理解马克思此话的针对性以及提出的语境和背景；否则，就会陷于经验主义。正因为这样，毛泽东在驳斥王明时说过，认识世界是为了改造世界，人类历史是人类自己造出来的。但不认识世界就不能改造世界。没有革命的理论，就没有革命的运动。还说，"一个马克思主义者如果不懂得从改造世界中去认识世界，又从认识世界中去改造世界，就不是一个好的马克思主义者"。他批评王明这些人，"老爷们既然完全不认识这个世界，又妄欲改造这个世界，结果不但碰破了自己的脑壳，并引导一群人也碰破了脑壳"。

你们读点思想史的著作，读点马克思主义哲学史的著作，你们会发现，在人类历史中，最重视实践的是马克思和恩格斯，同时从世界观上、从人类社会总体观上、从对资本主义社会的解剖上，提供正确认识的也当首推马克思和恩格斯。马克思和恩格斯以毕生之力为无产阶级服务。可他们并没有也不可能真正从事领导无产阶级改变世界的革命实践。他们在世时并没有发生无产阶级革命。马克思和恩格斯并没有参与巴黎公社革命。可以说，马克思和恩格斯最大的功绩在于留下了大量的著作，包括对那次具有改变社会性质的社会变革——巴黎公社的总结。

马克思主义哲学既重视认识世界又重视改造世界，这两者是统一的。旧哲学不重视改造世界是它的缺点，这个缺点不是我们可以不重视认识世界的理由。我们当代马克思主义理论研究的一大缺点，就是没有真正重视对当代世界包括当代中国的深度的理论性研究，因而我们缺乏对当代世界的真知灼见，也就是缺乏有理论说服力的解释当代世界的巨著。至于在对中国特色社会主义理论、道路和制度的研究方面，我们仍在许多方面需要深入研究。我们是理论工作者，我们不能脱离实践，但我们的责任是从事理论工作，以精湛而深刻的理论分析为实践服务。不从事理论研究，不从事认识和解释当代世界和当代中国的现象的研究，要理论家干什么？

3. 谈现象

无论在认识领域或实际工作领域，无论是人际交往或日常生活，最具迷惑性的是现象。因为人们直接看到的就是现象，目之所及，耳之所闻，无不是现象。从对象本身来说，有本质与现象的区别，人们不可能通过五官直接看到蕴藏在事物内部的本质联系。何况在社会生活中还有虚假现象的制造者，伪君子、骗子、神医、各种各样的虚假广告、虚假信息，均属此类，不胜其假。

科学研究的功能就是通过现象深入本质，发现事物的规律性。毛泽东在《在中国共产党全国代表会议上的讲话》中谈到科学研究的必要性和重要性时说过，"人们必须通过对现象的分析和研究，才能了解到事物的本质，因此需要有科学。不然，用直觉一看就看出本质来，还要科学干什么？还要研究干什么？所以要研究，就是因为现象同本质之间有矛盾"。毛泽东还强调要区分现象和假象，他说："假象跟一般现象有区别，因为它是假象。所以得出一条经验，就是尽可能不要被假象所迷惑。"通过现象可以认识本质，而迷惑于假象则会歪曲本质。但当假象被科学揭示为假象，则可以通过对假象的科学分析而深入本质。因为在形成假象的真实原因中就包括对本质的理解。如同铅笔放在水中看起来是弯曲的，只要知道它是假象并知道为什么放在水中看起来是弯曲的原因，就更可以理解在本质与现象的环节中，可以存在假象。假象一旦被确认为假象，便可以有助于认识本质。一个懂得铅笔或筷子放在水中看起来是弯曲的原因的人，显然比不懂甚至误认为它是弯曲的人，更懂得光的折射原理，更理解光的本质。

在社会生活中，我们应该具有知人善识的能力。贪官标榜清廉，信誓旦旦；骗婚者，比任何人都表现得对爱情无比忠诚。大奸似善，大恶似良，自古如此。不要听其言、信其行，而要听其言、观其行。行为，特别是较长时间的行为，最终会暴露一个人的真正本质。伪装是不可持久的。如果真有人一世伪装而不被认破，那也无法逃过历史最终的裁判。

现象问题不仅对哲学非常重要，而且对人的认识和实践都非常重要。因为在人的意识中呈现的只能是现象，而本质只能呈现在思维中。如果我们停留于现象，那就永远无法摆脱唯心主义，摆脱宗教。因为现象在意识中的呈现，往往会把对象移入主体，否定对象的客观本质。世界是作为现象在视觉中呈现的，世界一切事物都是变化的，可见的变化也是以现象呈现在人的感觉中的。世界空无，如过眼烟云，这是现象世界的特性。可是变中的不变，现象中的本质，永远只能通过现象才能把握。

认识自然、认识社会甚至观察人，不能脱离和无视现象，但永远不要只停留于现象，只能把现象看作进入本质的通道，这是我对你们的劝告。

4. 谈事实

我想你们不会是历史虚无主义者，但你们也可能会受这种思潮的影响。尤其是在当代历史领域，历史观最为混乱，可又最具影响力。你们一定要提高理论识别能力。

在现实社会中，当事实表现为现实时，人们便无法否认。马克思主义者在制定政策时非常重视事实。列宁多次说过事实的重要性。他说英国谚语说得好，"事实是顽强的东西，不管你愿意不愿意，你都得重视事实"。还说，"马克思主义是以事实，而不是以可能性为依据的。马克思主义者只能以确切的、有凭有据的事实作为自己的政策的前提"。他认为，马克思主义者可能犯的最大的最致命的错误，就是把空谈当作事实，把虚假的外表当作实质。

可当现实翻过一页，变为历史时，历史有无事实成为历史学争论不休的问题。为什么当现实变为历史，今天变为昨天，历史事实就成为不可信的东西呢？如果历史事实不可信，为什么目前现实是可信的呢？因为眼前事实人人可见，而历史事实剩下的是文献记载、文物或其他信息，失去了它的直接现实性。如果只坚持文字记载是记载者的主观价值的体现，文物是断片残简，都不可信，历史学就不可能成为一门具有可信度的学科，而只能是戏说。如果历史无事实，史学不可信，凡是成为历史的事都不可信，那么今天的事实也不可信，因为今天的事实就是明天的历史。依此类推，世界无一可信的事实。这样，我们不仅是历史虚无主义者，简直是世界虚无主义者。什么都不可信，唯一可信的是自我。可自我何以可信呢？用什么来证明我是可信的呢？没有一个人能用"我"来证明"我就是我"，必须有你存在。彼得可以证明保罗是保罗，但不可能证明彼得自己是彼得。这样，否定他人存在的客观性，就同时排除了自身存在的客观性。这种哲学，除了混乱以外，不能教导人们任何有用的东西。

　　事实是不能否认的。自然界的事实不能被否认，否认自然界的事实，就没有自然科学；社会事实不能被否认，否认社会事实，所有的报纸、电台就都是胡说；历史事实不能被否认，否认历史事实，全部历史书就都是戏说。事实就其存在来说是不能被否认的，但伪造事实，颠倒黑白是会有的。因此，作为一个哲学工作者，我们提倡尊重事实，但不要轻信，应该有辨别真假的能力。这就进入了科学认识的领域。

5. 谈观察

　　你们在日常生活中很容易发现，人们对同一对象往往会得出不同的结论，这是每时每刻都发生的。为什么会如此呢？并不是人人都懂得。熟知非真知，一些人往往就是从认识的主体差别性这个极为平常的生活现象中走入唯心主义，因为他们看到了这个现象，但无法解释这个现象，因而只好听信各种各样花样精巧的唯心主义胡说。

　　我们面对的是无限的、多样的世界。人们对世界的关注力和观察力是各不相同的，从而在人的心中产生无数不同的世界，即多样化的主观世界。

　　从关注力来说，动物学家关注的是动物，植物学家关注的是植物，艺术家关注的是山水，而哲学家关注的是哲学：行到水穷处，坐看云起时。他关心的不是山水本身而是对它的哲学体悟。我们不能因为人们关注点不同而否认世界的多样性。如果对动物学家来说世界就是动物世界，对植物学家来说是植物世界，依此类推，必然是一人一世界。

　　从观察力来说，也是各不相同的。毛泽东说一起游香山，游的地方虽然一样，但是每个人写出来就不一样。这不仅有文章风格问题，而且各人观察的着力点也不一样，感受也不一样。几乎对同一事物、同一对象，由于观察力不同会形成不同的主观印象。

　　关注力和观察力属于认识的主体性，但世界只有一个。正如香山还只是一个——客观的香山，不会因为描写不同而出现无数个香山。世界在我心中，每人都有一个世界，这只能就反映而言，而不能就客观世界而言。客体是一，而主体反映是多。这就是主客体的差别性。可是要正确反映客体，还是要以客体为准，不能以主体为准。不管关注点如何不同、观察力如何不同，不管人们对世界关注如何多样，不管游香山的人有多少，写出的游记有多么不同，他们的对象都是同一个世界、同一个香山。关注点、观察力和观察角度的不同涉及的是主体认识，它不能取代世界客观自身。

我这里只讲观察，观察可以多样。但观察还有正确与否的区分，正确的观察离不开正确的思维方法。陈云曾经强调学习哲学最要紧的是把思想方法搞对头，学习正确观察问题的思想方法。他强调我们观察、分析和解决问题的方法是唯物辩证法，也就是毛泽东说的实事求是、从实际出发。从实际出发不是一句简单的话，因为实际就其存在来说是全面的存在，如果只看到片面，不算从实际出发，虽然片面是全面的一部分，但不能把部分当作整体。如同两人看招牌，一个看到正面，一个看到反面，虽然都是招牌的内容，但不全面。如果各执一词，就是片面性。片面性不是毫无根据，而是根据不全面，所以叫作片面性。

还有一条很重要，全面性的本质在于规律性认识，并非面面俱到。按毛泽东的说法，聪明人和蠢人以是否掌握规律为分界线。掌握客观规律，就比较主动、比较自由，就变成比较聪明一些的人。如果不认识客观规律，在不认识它以前，我们的行动总是不自觉的、带着盲目性的，这时候我们是一些蠢人。毛泽东在对1958年"大跃进"时期干的许多蠢事做自我批评时，就坦言干过许多蠢事。在实际工作中，减少片面性，就可以减少蠢事。

一人一世界是错误的，但一人一心中有一世界则是正确的。要使自己心中的世界具有客观性，必须使主观世界符合客观世界，这有利于正确认识和改造世界。这是一个过程，而且是无止境的过程。问题是要承认这个哲学道理，而不能沉迷于有些哲学家鼓吹的"世界就在你心中"的观点。

6. 谈调查

你们现在仍在学习阶段，但要克服哲学空对空，一定要树立调查研究的观念，把它视为马克思主义哲学最重要的部分。说句实在话，唯物主义哲学最重视调查研究，可我们这些唯物主义哲学工作者最讨厌调查研究，喜欢在书斋里踱步，思接万里、天马行空。

当然，我们的学科有自己的特点，我们不可能像其他学科包括社会学那样进行社会调查，包括田野调查。哲学偏重于思考。但从广义上来说，哲学同样要注重调查。了解世情、国情、民情，了解世界大势，了解我们思想理论领域中面临的问题和各种思潮。这都属于广义的调查范围。如果我们哲学工作者既不研究哲学史，也不关注现实，闭目塞听，只是依靠啃概念为生，不可能成为有出息的哲学家。

有人说，康德一辈子待在哥尼斯堡，不是成为了大哲学家吗？康德待在哥尼斯堡，可他思考的哲学问题却是哲学历史和现实中长期存在的难题。形式上他脱离现实世界，实际上他的思考却与世界思想发展同步。黑格尔也是如此。黑格尔哲学是概念哲学，又是最具现实性的哲学。人们透过黑格尔哲学不仅能看到当时的德国，而且能看到黑格尔的时代。所以，恩格斯才会说，德国古典唯心主义哲学中充满唯物主义的内容。

与实际工作不同，与具有实证性的学科不同，哲学调查有它特殊的表现形式。但我相信，既不懂哲学史，也不关注现实状况，只关心自己如何摆弄概念的人，不要说成不了哲学家，其所写的文章也没有人爱看，除了自我欣赏外，知音不会很多。这并不因为曲高和寡，实际是曲并不真高，而是乱弹。哲学的专业特殊性，使得我们容易变为书斋哲学家，这对于马克思主义哲学来说是致命的软肋。我读过一些哲学文章，往往"望文兴叹"，原因就在此。

搞哲学，似乎从没有听说要搞调查研究。这是因为我们把调查研究理解得太狭隘。选定一个研究课题，必须调查历史，即以往研究的状况；必须调查现状，即当代人有哪些研究成果；必须调查实际问题，即这个研究要解决什么问题，难点是什么，怎样才能进行创造性突破。这些都属于调查研究之列。如果一个学者对自己研究的课题的历史、现状、问题一无所知，指望他能写出好东西，难矣哉！我多年参加全国社会科学基金课题工作，深知凡是入选的课题，这些方面做得都比较好。

7. 谈眼睛向下

上与下不是对立的。但眼睛"向上"与"向下"是对立的，因为它们是两种不同的工作方法。正如不要"唯书"而要"唯实"一样，"书"即马克思主义的本本，与"实"不是对立的，但"唯书"与"唯实"作为两种工作方法是对立的。

眼睛向下，是深入群众的另一种说法。相对于领导、相对于干部，群众属于"下"。这个"下"，不是地位的定性，而是对领导和群众关系的形象比喻。如果眼睛向上，那就是"唯上"，是非对错以领导的标准为标准。

眼睛向下，就是立足实际。因为群众是社会的物质生产者，是全部社会生活的参与者和国家全部政策措施的最终接受者。任何政策的实施最终总是要落实到群众头上。正确也好，不正确也好，它的效果如何，满意不满意，群众感受最深、最真实，因为他们是社会的基本成员，是政府各种措施实施对象的永远的在场者和接受者。他们虽然不一定能从理论高度理解他们面对的问题，但他们最切实感受到问题所在。从这个角度说，眼睛越向上，对实际情况越隔膜，越容易产生官僚主义；越往下走，则越容易了解民情、民意。唯物主义要求眼睛向下，因为"下"就是真实的实际情况所在。

基层干部的重要性在于他们具有双重性：对上级领导他们是下；而对他们"治下"的老百姓，他们又是上。为人民办好事的是他们，因为他们最接近群众；可办坏事称王称霸的也可能是他们，因为他们直接管理群众，是群众的"顶头上司"。古代政治家都懂得严格选择基层官员的重要性。古人说"不怕官只怕管"，因为真正与百姓打交道的是基层干部，而不是高级干部。高级干部并不可怕，因为他们会走。这就是领导干部必须下基层，必须直接深入群众而不能只听汇报的道理所在。

为什么毛泽东要强调调查研究？调查研究就是眼睛向下。毛泽东说调查研究好比十月怀胎，解决问题如同一朝分娩。还说，没有调查就没有发言权。毛泽东重视调查研究就是重视唯物主义。要了解对象的情况，必须了解对象的历史和现状。调查包括了解对象的历史和现实，了解历史就是了解问题如何产生发展，了解现实就是了解它现在变成什么样子。因此，调查既包括历史，也包括现状。这是唯物主义原则，也是群众路线的原则。调查是掌握第一手资料，研究是从资料中找到解决问题的正确方法。因此，调查和研究既可洗刷唯心主义，又可防止官僚主义。这种基于唯物主义的方法当然不同于唯心主义的思维方法和工作方法。一个是走出去，到实践中去，到群众中去的方法；一个是闭门造车，拍脑袋的方法。结果肯定完全不同。当然，调查既是唯物主义的又是辩证法的，因为事情处于变化中。调查与研究不可分，光调查不研究，一大堆死材料也是没有多大用的。这是另话，这次不说。

实际工作，要眼睛向下；我们搞哲学，也要眼睛向下。说句实话，搞哲学眼睛向下最不容易，因为有些哲学家一直宣称哲学本来就不是为群众的，哲学是哲学家的事，与群众无关。哲学凌驾于群众之上是旧哲学的最大缺点。如果你们抱着这种思想，可以写几篇文章，但不可能成为思想家，更不可能在马克思主义哲学中有新突破。你们不要把毛泽东说的让哲学从哲学家的书本里、从课堂上解放出来看成一种政治号召，实际上这是一条发展马克思主义哲学的道路。

8. 谈直面世界

你们考虑一下，你们能不能抛开自己已有的思维框架，直面世界、直面人生，凭自己的原本意识去看、去听、去感受、去体会，从而获得事物的所谓本真的认识？不可能。

我们必须反对"天赋观念"。人没有天赋观念是就人的观念来源说的，没有一个人是带着观念出生的。出生时，人的大脑就是一张白纸。人的大脑可以进化，但无论怎么进化，不可能具有先天的观念。

可就个体的认识来说，人的大脑不是一张白纸。人是社会存在物。无论是在学校受教育者，还是从未进过学校的文盲，都是处在受社会影响之中。可以从父母、从学校、从周围的人、从社会接受一些观念，作为思想积淀存储于自己的头脑中。接触越广泛，影响越大。在社会中，传统影响、习惯性思维、社会思潮都在塑造人。我们说现在小孩子越来越聪明，智力越来越发展，并不是因为他们有天赋观念，而是因为他们出生后接触的周围环境不同。可以说，从有识别力开始，他们所接触的东西就不同，"见多"必然"识广"。

没有一个具体的个人，可以赤裸裸地、一无所有地通过纯属自己的原始意识直面世界。如果这样，传统、教育、社会习俗以及人类相互交往，对人类的认识就没有任何影响。这种假定是不合理的，是把人视为绝对孤立的独立单元，把人视为一张白纸。

人有前识，是否与马克思主义认识论相矛盾呢？不矛盾。前识并非天赋观念，而是来自社会，源自人是社会成员。人只有在人中才会成人。人有前识，但前识并非不可改变。人的认识如流水，在人生经历这个河道中会改道。这就是通过自身的实践活动和认识活动，丰富、补充或纠正前识。没有一个成熟的人会把儿童时期形成的认识一成不变地保留终生。如果这样，一个人的智力停留在儿时，这是痴呆。

　　应该承认人有前识与后识。前识来自社会的传承和影响，后识来自个体自身的实践。弗洛伊德在心理治疗时过分重视前识，把成年后的一切心理疾病都追溯到幼儿时的创伤的观点，遭到不同心理学家的反对。根据我自己的观察和分析，儿时的心理创伤肯定会对人的一生有影响，但不会人人如此、永远如此。创伤可以平复，认识可以改变。不承认这一点会把人变为只有前识而无后识的人。

9. 谈解剖

哲学家面对的事实是有限的，接触的范围是有限的。我们不可能事事经历，也用不着事事经历。因此，解剖不仅是实际工作方法，也应该是我们科学研究的方法。

任何解剖都只能是个别的，没有可能也无必要对同一类事物进行解剖。如果这样，就失去了解剖的方法论价值。通过解剖某一事物，就可以把握同类事物，我们称之为抓典型。毛泽东曾以解剖麻雀为喻，极为恰当。

我们不可能面对一切情况，可又必须了解情况，为此必须在大量事件中抓住典型事件。典型具有代表性。马克思在讲到自己写作《资本论》时说，他在研究资本主义时为什么选择英国，就是因为当时资本主义国家的典型是英国。他说："因此，我在理论阐述上主要用英国作为例证。"列宁也推崇抓典型的思维和工作方法。他在《俄国社会民主党的土地纲领》中说过，"在解决某个错综复杂的社会经济问题时，起码的一条，就是要求首先抓住最典型、最不受局外的和复杂的环境影响的情况"。还在《关于合作社的决定草案和指示》中说，"调查的目的是：详细研究虽然为数不多但很典型和确切的事实"。毛泽东倡导的解剖麻雀的方法，也是抓典型、解剖典型的方法。一般寓于个别之中，对典型个别的分析有助于我们真正把握一般。当然不能停留于典型，抓住典型后还要回到一般，通过应用看看它是否真正把握事情的本质。这就是由个别到一般，由一般回到个别的方法。

典型不是唯一的，它是众多普遍存在中最具代表性的。只此一家、别无分店式的典型肯定是虚假的。因此，要区别唯一性和典型性。凡是"唯一的"东西肯定不具有典型性，而且可能不是事实。例外与唯一不同。例外是众多中的例外，而唯一是没有其他东西的唯一。例外是特点，而唯一是非存在。世界没有唯一，但可以有例外。

我们重视事实，重视从总体中把握的事实，即处在联系中的事实，而不是孤立的事实。脱离总体的个别事实并不能反映事情的本质，因为凡事都可能有例外。列宁特别强调事实的总和，他在《统计学和社会学》中说："在社会现象领域，没有哪种方法比胡乱抽出一些个别事实和玩弄实例更普遍、更站不住脚的了。挑选任何例子是毫不费劲的，但这没有任何意义，或者有纯粹消极的意义，因为问题完全在于，每一个别情况都有其具体的历史环境。如果从事实的整体上、从它们的联系中去掌握事实，那么，事实不仅是'顽强的东西'，而且是绝对确凿的证据。如果不是从整体上、不是从联系中去掌握事实，如果事实是零碎的和随意挑出来的，那么它们就只能是一种儿戏，或者连儿戏也不如。"

在理论论述中，少不了举例，但要注意举例不是证明，也不能证明，只不过是例证而已。只有经过分析后佐以例证才有价值，单纯摆出的一些毫无联系的事例，在科学研究上是没有说服力的。我在你们的论文中经常看到以举例代替论证。可是事例是列举不完的。怎么办？研究需要搜集大量材料，包括重要的和不重要的、典型的和非典型的，而论证时使用材料，则应该列举典型的材料，而不是列举一系列毫无关联不能说明问题的事例。没有综合，说明没有抽象思维能力。综合需要抽象思维和概括出共性，而不是列举。

10．谈概念

你们往往误解什么叫论文的高水平，会为一些作者善于摆弄概念，或摆个概念的迷魂阵而吓倒。概念加概念的论文往往比分析实际的文章容易发表，因为它显得深不可测。

搞哲学，当然要与概念打交道。搞艺术，需要形象；搞哲学，需要抽象。抽象，就是要在概念王国中驰骋。驾驭概念的能力，往往就是哲学思维能力的体现。但搞哲学不是玩弄概念。是运用概念还是玩弄概念的最根本的区别，在于概念的运用是否包含客观内容。黑格尔的著作几乎是概念的自我运动，但马克思和恩格斯从来没有指责过黑格尔玩弄概念，相反，赞扬他在概念运动中反映客观辩证进程。马克思还以自己能在《资本论》中运用黑格尔的这种运用概念的逻辑方法而自豪。

还有一点，在于如何处理概念的确定性与灵活性的关系。概念具有确定性，又具有灵活性。没有确定性，就会陷于概念的玩弄；没有灵活性，就会陷于僵化。例如，革命这个概念是指一个阶级推翻另一个阶级夺取政权的群众性斗争。在这种意义上，革命不是改革，而是夺取政权。与革命相对立的是改良，它是保存原有制度下的量变。但在另一种条件下，革命可以指称改革。例如，中国的改革虽然是在维护社会主义基本制度下的改革，但就其艰巨性、深刻性和广泛性来说，可以被称为革命。关于革命与改革的关系，列宁在《关于纪念日》中说："改革的概念，无疑是同革命的概念相对立的；忘记这种对立，忘记划分两种概念的界线，就会经常导致在一切历史问题的论述上犯最严重错误。但是，这种对立不是绝对的，这个界线不是死的，而是活的、可变动的，要善于在每一个具体场合确定这个界线。"正是在这个意义上，我们把1978年开始的改革称为革命。这是自上而下的革命，是在中国共产党领导下的自我革命，而不是被革命。它不是推翻政权，但仍然可以被称为革命。只有懂得概念的确定性和灵活性，才不致混淆我们的改革与推翻政权的革命的区别，又能理解我们面临的改革任务的艰巨性和复杂性，理解它在体制改革中的革命意义。

11. 谈理性

你们是有理性的，但是你们也会有非理性行为。人是一种具有理性的存在物，但人不仅有理性，即具有运用概念进行判断推理的逻辑思维能力，而且有非理性因素，即不通过概念思维直接表现为情欲的冲动、直觉、灵感、顿悟等。当然人并非理性与非理性的混合物，人就其本质和主导方面来说仍然是理性存在物。人的非理性是受而且能够受理性制约的。如果非理性因素摆脱理性的支配，人完全由非理性主导，人就会堕落为动物，所谓兽性大发，就是非理性因素压倒理性因素。你们中会有人在朋友集会酒醉时胡言乱语，甚至胡作非为，这时理性已失去作用。至于因失恋冲动而杀人或自轻的事也时有所闻，这也是非理性行为，如果冷静下来，恢复理性思考，就可以避免这种灾难。理性与非理性是构成人的思想情感的两种因素。理性是在人类进化中产生的。人人生而有理性。人类理性思维的能力是与历史发展相伴而行的，它是客观的，存在于人自身。在人类身上，理性与非理性并非绝对对立的，更不是像船舱中的隔断，可以彼此封闭，防止进水。非理性的冲动有时会超越理性，而理性的能力有时会阻挡不住非理性的暴发。非理性因素的存在是不可避免的，人不可能是纯粹的理性动物，重要的是人能以理性减少非理性因素的消极作用。

理性主义和非理性主义是两种不同的哲学思潮。不能认为理性主义和非理性主义各有片面性。在历史上，理性主义是一种进步的社会思潮，理性是科学思维的支撑，非理性往往是迷信的温床。封建社会本质上鼓吹迷信，包括对统治者的个人迷信、对神的迷信，提倡盲从，反对人们的独立思考。倡导理性对封建统治不利，对宗教处于统治地位的中世纪社会秩序不利，所以资本主义社会取代封建社会时，理性必然反对迷信。资本主义产生的时代是理性统治世界的时代，像恩格斯说的是把一切都放在理性审判台进行审判的时代。那时的自然科学家作为反对封建专制的参与者，都是无神论者。他们既反对封建制度又反对教会统治，他们倡导理性，反对迷信。

当资本主义社会建立以后，随着人们对理性的极度失望，宗教信仰卷土重来。此时，宗教已不再为封建制度服务，而是成为资本主义制度的精神压舱石。人们需要从宗教那里获得医治失望的安慰剂。此时，支撑科学的理性，分化为工具理性与价值理性。一些科学家成为工具理性主义者，他们在实验室里、在科学研究中是理性主义者，他们并不相信上帝能解决科学问题，而是相信数据、相信实验。在科学研究中，他们要问为什么，要寻找答案；可在价值理性方面，他们推崇上帝是最高价值，倾向宗教信仰。在教堂里，他们只有信仰而不研究，从不问为什么，从不寻找上帝能否创造世界以及如何创造世界的科学答案。宗教信仰只关乎个人的生活态度，与自己的科学研究无关。

科学家们信仰宗教并不妨碍他们成为科学家，因为他们并不把宗教信仰变为科学研究，也不把科学研究变为宗教信仰。科学研究与宗教信仰在他们的生活中是分开的。进实验室是科学家，进教堂是信徒。工具理性与科学同行，价值理性与信仰同行。这种与信仰同行的价值理性中往往渗进非理性的迷信因素。科学与理性结合得牢固与否还要取决于社会因素。在一个以利润为目的的社会，理性是不完整的，它突出地表现为工具理性与价值理性的分离。在资本主义社会中，科学理性的发展、工具理性的盛行可以齐头并进。

非理性主义思潮是对科学理性失望的一种表现,也是对理性的一种反动。我们应该关注科学理性压倒价值理性的缺陷,但不能倡导非理性主义。从叔本华、尼采到后现代主义中的某些思潮,非理性主义逐渐流行。我们应该尊重理性,防止理性主义的片面性,但必须反对非理性主义。非理性主义往往是迷信的温床。毫无疑问,宗教的偶像崇拜中包含着非理性因素,因为崇拜中起作用的不是思考,不是理性,而是盲目地相信或盲目地信仰。我们不反对宗教信仰,尽管其中包含非理性因素。宗教信仰自由是我们国家的基本政策。但我们应该批评有些人(包括著名主持人、著名演员等)拜倒在一些大师面前,因为这不是宗教信仰。名人不是在任何问题上都是名人,不是在任何问题上都能理性地思考。他们的"名"在于他们的本行,在"本行"之外并非都是"名人",甚至可以显得非常外行。以为名人就是事事有名、处处有名,这是我们对名人的迷信。名人表现出的某种迷信是可以理解的,名人并非理性的化身,同样是理性与非理性因素的混合物。在他们的专业范围内他们可以理性地判断和行动,可在他们无法理性思考的领域,非理性主义往往容易占上风。

12. 谈偏见

没有人敢说自己没有任何偏见。不知你们有没有胆量拍着胸脯说自己毫无偏见。我不敢说，因为偏见一旦成为偏见，偏见持有者是不会承认它是偏见的。自觉为偏见就是偏见的消除。

价值评价是主体对客观事物的一种具有主体性特点的判断。评价有正确与不正确之分。评价的主体性不能成为任何评价都是合理的根据。价值评价受多种因素的影响。对同一现象可以有完全不同的评价。其中影响评价的最重要因素是利益。利益是客观的，它取决于人们在生产关系中所处的地位，这就是不同阶级集团和个人作出不同评价的原因。这种利益通过主体形式呈现，往往表现为个人的好恶、偏爱，甚至表现为非理性的崇拜。在价值评价中，偏见最具盲目性和非理性。因为它是偏见，往往无理可讲，说不通。著名社会心理学家、哈佛大学教授马扎林·巴纳吉的《盲点：善良人心中的隐蔽的偏见》是专门从心理学角度研究偏见如何影响人类行为的著作。作者说，正如人眼有视而不见的盲点一样，我们的无意识中也包含隐藏的偏见，这些偏见通常针对那些我们不熟悉的团体。

偏见影响行为是肯定的。为什么会产生偏见？我认为，偏见不是取决于不同的种族、性别和生理特点，而是在社会中产生并通过各种渠道传播和相互影响而形成的顽固观念，如性别偏见、种族偏见、职业偏见或地区偏见。正因为它通过传播和相互影响而凝集于人的无意识中，因而并不是每个人都抱有同样的偏见。不是所有白种人都有种族偏见，所有男性都有性别偏见。这一切，都取决于个人接受或抵制社会中产生的偏见的力量。也正因为偏见具有社会特点，所以同一社会中处于同一地位抱有同样偏见的人可能更多。白人占主导的西方社会容易产生种族偏见；男权社会容易产生性别偏见；处于高社会阶层的人，对某些低社会阶层和某些行业容易产生阶层、行业偏见。偏见本质上是社会的，而非生理的，也非纯心理的。因此，必须在社会背景下分析影响价值评价的偏见。学习马克思主义哲学的一个目的，就是要确立观察的客观性和全面性。客观而全面，就不容易产生偏见。即使囿于环境产生了偏见，也容易自我反思。反思，是克服偏见有效的思维方法。

我们应该提高自己的反思能力。反思，就是内省。《论语》记载曾子话："吾日三省吾身：为人谋而不忠乎？与朋友交而不信乎？传不习乎？"就是一种反思。《论语》几乎是一本伦理教科书，它的反思是道德行为反思。哲学反思当然不限于道德范围，而应该是一种普遍的思维方法。

13. 谈伪

　　虚伪与伪在哲学上不一样。虚伪是指做人的道德，而伪是自然与人为的关系。孔子说："巧言令色，鲜矣仁！"巧言令色大概是最虚伪的。花言巧语，说得非常好听，装出一副毕恭毕敬的样子，实际内心并非如此。孔子特别反对。《庄子·盗跖》中也说，"好面誉人者，亦好背而毁之"。这就是当面一套，背后一套；当面捧人，背后又诋毁。这就是两面派。两面三刀，最为人所不耻。说谎话、说假话，不能一概归为虚伪。有所谓善良的谎言，如向亲人隐瞒严重病情，向好友不谈自身困境。这不是虚伪，而是善良，能体贴人。我们要反对虚伪，但不能反对必要的假话。你们一定要注意做人的道德，不能当面说人家好话，背后又贬低别人。这既伤人，也伤己，而且这种作风最为人诟病。

　　伪，在中国哲学中有另一种含义。荀子说："无性则伪之无所加，无伪则性不能自美。"性，是本性，是自然，而人为则是对性的加工。加工为人为，人为则为伪。这样理解的人性，只能是自然的本性，所谓"食色，性也"。这样来理解伪，显然有局限性。

　　人的自然本性本无所谓善恶是非，不能加以价值评价。人为的东西则不同，它是对人的自然本性的加工，是超出人自然本性的附加。它可善可恶、可美可丑。人的食欲和情欲，无善恶美丑，可满足食欲情欲的方式则不同。食前方丈，侍妾数百人，属于实现方式，是对作为人的食欲和情欲的社会附加物。它是社会的,而非自然的;是后天的,而非先天的。人的自然本性不变,但自然本性的实现方式却不断变化。人性的变化,突出地表现为人的自然本性的实现方式的变化。如果脱离人的社会本性,必然认为人性是不变的。因此,认为人为为伪,是不对的。"玉不琢,不成器。人不学,不知义。"这种观点比起人为为伪更为正确。社会发展、文明进步、文化发展,就是人为因素超过天然因素。哲学对培养人而言就起着琢玉作用。如果哲学赞扬人的自然本性而反对琢玉,就是取消了哲学的育人功能。

老庄的顺其自然不应理解为人应该保持自然本色而不能做人应该做的事。顺其自然,如果理解为人不应违背自然规律,不能"逆天"而行,对人生是有积极意义的,如对生死、对名利、对无法挽回之事,应该顺其自然,但对能够做、应该做、有百分之一希望的事,应该尽力为之。即使失败了,也无怨无悔。我努力了,我不后悔。这就是中国人说的,尽人事而听天命。人不能让一切停于自然状态,社会的进步、人的发展,就是人的不断社会化,也就是人为因素越来越多、越来越好、越来越美。

我们应该反对虚伪,这属于做人的道德问题;我们不能反对人为,因为人就是一种有人为能力的动物;否则,不能被称为人,过人的生活。只能本能地生活,就退回到动物世界了。

第八章　学术的价值

1. 谈尊重科学

尊重科学有双重含义：一是坚持马克思主义的科学性，把马克思主义作为一门具有科学性的学说来研究、来应用，而不能以实用主义态度来对待马克思主义；二是马克思主义要成为科学，必须尊重其他科学，因为马克思主义的科学性是建立在总结和吸收其他科学成就的基础上的。从马克思主义发展史中我们可以看到，马克思主义的发展总是与新的科学成就相伴而行的。其他科学达到科学水平，为马克思主义科学发展搭起有利的平台。

我们是搞马克思主义哲学的，对我们来说，哲学和科学不能对立。在古代，哲学直接面对世界，不是也没有条件以科学为中介进行哲学总结，所以古代哲学具有直观性和智慧性的特点。它往往表现为格言、寓言或体悟，表现为诗化性的哲学智慧，而非规律。马克思主义哲学之所以不同于以往的哲学，是因为有两个客观条件。一个是社会条件，新阶级的出现，要求出现一种能科学地解释世界和能动地改变世界的哲学，这个条件决定不能再走经院哲学坐而论道的思辨哲学道路。如果马克思主义哲学走这条老路，无非是在一百种哲学中再增加一种哲学，一种新经院哲学，何来哲学变革？还有一个条件就是自然科学的进步。19世纪40年代自然科学理论进步，许多新自然科学的发现，突破了以往统治哲学领域的形而上学思维方法。马克思主义哲学之所以成为科学世界观，凭借的是19世纪40年代科学发展为它提供的材料，使它可能摆脱旧的经院哲学。严格说来，资本主义产生以后，不仅是自然科学的新发现，在人文社会科学领域中，哲学社会学说的成就，包括维科以后的社会历史观、空想社会主义学说、德国古典哲学的成就，其实都有助于马克思主义哲学的科学性的确立。后人是站在前人肩膀上。这个规律对马克思和恩格斯同样适用。

马克思主义哲学的科学性并没有使它变为一门实证科学，而仍然是哲学。因为它思考的不是某一专门领域中的问题，而是具有普遍性的哲学问题。这些哲学问题可以是曾经在思辨范围内争论过的老问题，也可以是新问题。马克思主义哲学与以往哲学的不同之处是在科学基础上对老问题的重新思考，又在科学新发现的基础上提出新的哲学问题。马克思主义哲学命题是哲学的，又是可以得到科学证明的哲学命题，而不是纯逻辑推论。例如，马克思主义哲学主张物质第一性、意识第二性，其中每一个方面的论证都离不开科学。物质第一性的主要表现是大脑是思维的器官，并不存在无头脑的思维。这个哲学命题同样为脑科学所证实。脑科学证明，人的大脑如果出现疾病就会影响人的正常思维。老年痴呆症就是最唯物主义性质的病例，只是至今人们还没有发现脑部变化的物质原因。唯心主义倡导的观念独立和绝对自由是毫无根据的。连唯心主义者自己都在用大脑思维，包括提出"我思故我在"命题的伟大哲学家笛卡尔也是用大脑思维才能提出这个哲学命题。如果较真，应该说是因为有笛卡尔这个人的存在，且他是个大脑正常思维的人，才有这个留名千古的哲学命题的提出。

物质先于思维而存在，这个哲学命题同样要借助科学。自然发展史、生物发展史都证明人和人的能思维的大脑是生物长期进化的结果，所以人和人的思维不可能先于物质世界而存在。自然界的优先地位的确立，是以全部科学为依据的。唯物主义强调人的思想内容是存在的反映。无所见则无所思。大脑只管能思而不管所思。没有可以思考的对象，则没有可思。没有见过牛的人的头脑中不可能有牛的形象。古人说南人未见过骆驼，谓之为马肿背。任何一个人的头脑中都不可能出现自己从来没有看到过的东西的真实形象，这就是思想是存在的反映的确切证明。妄想症的妄想是不正常的，是病态，可妄想的内容超不出社会上曾经发生过的事件的范围。无对象，则无关乎对象的思想，这是任何诡辩都驳不倒的唯物主义真理。

哲学不能违背科学而要借助科学，但哲学不等于科学，因为物质第一性、意识第二性是哲学命题而不是科学命题。没有一个脑科学或生命科学提出这个命题，哲学的内容远远超出自然科学的内涵。哲学关于大脑是思维的器官、思想是存在的反映的命题，是一个普遍性的命题，它适用于所有的人，任何民族和任何时代的人。脑科学是一门实证科学，它只研究大脑为什么能思维以及如何思维的生理学基础，但不能回答为什么同样是人脑会有不同的思维方式以及不同的思维内容。不同时代的人、不同国家的人为什么大脑结构相同，可对问题的看法以及各自的价值观却可能南辕北辙？这是脑科学无法解释的，必须求之于哲学。就以中国历史为例，自从秦始皇统一中国以来，人们的大脑变化不大，但思想内容则是不断变化的，否则就没有中国思想史。

世界上各个民族和种族的人具有相同的大脑结构和生理机能，但思维内容、价值观却如此不同。我们要跨越机械唯物主义进入历史唯物主义，因为人类认识离开认识者的社会地位和历史发展，光从大脑本身是无法得到解释的。毛泽东在《实践论》中开章明义就批评旧唯物主义："马克思以前的唯物论，离开人的社会性，离开人的历史发展，去观察认识问题，因此不能了解认识对社会实践的依赖关系，即认识对生产和阶级斗争的依赖关系。"

马克思主义的唯物主义不是仅限于在科学范围内解释唯物主义，而是对唯物主义予以辩证法的理解。人的思想虽然依赖于人的大脑、依赖于社会存在，但它还具有能动性和相对独立性。对自然和环境的适应原则，无论是对人还是对高等动物都适用。但人的思想有能动性，也就是说人不仅有适应原则还有改造原则，即不仅是被动的而且是能动的。人的能动作用是使人超出动物的重要原因。因此，对马克思主义哲学家来说，只有从社会历史角度来考察，才能彻底地辩证地解决物质与意识、思维与存在的关系问题。既要考虑到人的自然属性，从人的大脑的功能角度考虑物质与意识的关系，又从人的社会性角度考虑物质与意识的关系。因此，马克思主义哲学中并不存在两个彼此独立的命题：存在决定意识、社会存在决定社会意识。它们本质上是一个命题，马克思主义哲学讲存在决定意识时，就包含着社会存在决定社会意识；反之亦然。因此，谁要在马克思主义的唯物主义和历史唯物主义关于物质与意识关系问题上划出一个绝对界线，就是从历史唯物主义倒退到旧唯物主义。

2. 谈学术性

近些年来,我在评审和指导博士中发现一种倾向,就是你们有的人认为,离现实远点、更远点,学术性强就是一篇好的博士论文。我说,博士论文要有学术性,这是天经地义的,在学术上一文不值,无所言说,这种论文写它干什么?但学术性是否就是在概念中翻跟斗,不知所云呢?当然不是。学术性是追求真理性。真理离不开概念,但真理并不是从概念推演中获得的。学术不是玩弄概念,不是纯逻辑推演,而是来源于实践又能指导实践的具有真理性的研究。

任何能称得上是学术研究的工作,都必须具有双重特点。一是回答现实的实际问题而不是伪问题,选题中所论述的问题必须是确实的。研究上帝是否存在,研究一个针尖上能站几个天使之类的问题,不是学术问题,因而也不是科学研究的问题,而是信仰领域中的问题。它既不能证实,也不可能证伪。对信仰者它就是真的,对无神论者它是彻底的谎言。二是它必须有助于正确指导实践活动,并能在实践中得到验证。只有这种研究才称得上是学术研究,也只有这种理论才具有学术性。

毛泽东在《整顿党的作风》中专门论述过什么是理论研究,什么是理论家的问题。他说:"我们所要的理论家是什么样的人呢?是要这样的理论家,他们能够依据马克思列宁主义的立场、观点和方法,正确地解释历史中和革命中所发生的实际问题,能够在中国的经济、政治、军事、文化种种问题上给予科学的解释，给予理论的说明。"既不能解释历史和现实问题，又无助于人们的实践活动，只为满足自己的思辨爱好、思辨兴趣而建构的这个体系、那个体系，貌似吓人，仿佛是庞大的建筑，实际上是一淋雨就满是漏洞的纸房子。这不叫学术工作，谈不上学术性。

马克思主义是具有实践性和学术性的学说。马克思主义面对的问题是实际的，回答问题是经得起实践检验的。因此，要掌握马克思主义，必须进行严肃认真刻苦的学习，而马克思主义专业的博士论文要追求学术性，必须进行艰苦的科学研究。恩格斯在《德国农民战争》之《1870年第二版序言的补充》中说过，"社会主义自从成为科学以来，就要求人们把它当做科学来对待，就是说，要求人们去研究它"。恩格斯在讲到马克思的《资本论》研究的学术性时说，政治经济学不是供给我们牛奶的奶牛，而是需要认真热心为它工作的科学。马克思为《资本论》殚精竭虑四十年，这算不算学术工作？当然算。它远离资本主义社会的现实吗？没有。是对资本主义社会现实亦步亦趋吗？不是。它基于资本主义社会现实，又超越资本主义社会现实，因为它揭示了资本主义产生、发展和必然灭亡的规律。

应该说，越具有现实性，越具有学术性，因为现实永远是为生活于现实社会之中的人所关心的。生活于当代社会之中的人们不会关心秦汉晋隋唐的社会现实，除非历史研究，而历史研究也不是为古而古，而总是与现实有关。现实性是哲学社会科学研究的重要因素。只要这种所谓"现实性"不是对现实不公正现象的辩护或论证，而是真正进行科学剖析，为人类指出前进的方向，这种学术性就永远为人们所欢迎。

只有自己感兴趣或只是少数几个同行感兴趣的学术性，是走不出书房门或学术小圈子的。全部人类历史证明，这种所谓"学术性"著作能传下来的几乎没有，正如某些闺阁诗一样。凡是能流传下来的都是具有社会意义而又具有学术性的著作。王船山本欲藏之名山的著作之所以没有被埋藏在深山，就是因为它既具有现实性又具有学术性。后人不会让其藏之深山，而是传之于世。

　　追求一个人的所谓学术性，是没有学术性的；只有追求社会意义上的学术性，才是真正的学术性。学术性的特点具有相对持久性和稳定性，因为其中包含某些真知灼见。转瞬即逝的所谓学术性，不是真正的学术性，而只是一张获得博士证书的入场券。如果你们的论文的"学术性"在答辩结束后就被宣告终结，这种学术性，我劝你们还是不要追求为好。

3. 谈认识对象

　　人们的生活和实践是最唯物主义的，唯心主义作为一种事实永远找不到证据。你们谈恋爱叫找对象，老百姓口中叫处对象。马克思说过，恋爱是最唯物主义的，没有对象就不可能恋爱。自我恋爱叫自恋症。你们研究学术，当然要找准对象。开题报告就是报告论文论述的对象。

　　任何认识都是对对象的认识。没有对象，就不存在认识。对象问题是认识论中的重要问题。认识对象是客体，但客体不作为问题进入人们的认识范围，就不会成为认识对象。我们之所以要认识某个客体，就是因为它作为我们遇到的问题而存在。人们并不需要也不可能认识全部客体，而是要认识作为问题而出现的客体。如果不存在问题，何必认识呢？PM2.5，只有作为空气严重污染问题才为人们注意和研究。否则，它即使存在，也不是认识对象，而是一种存在于空气中却不为人知的颗粒物而已。

　　世界是无穷无尽的客观世界。人类绝不会去研究不作为问题存在的客体；反过来说，如果问题不是客体中存在的问题，这个问题也不可能作为对象出现在人们的认识之中。因此，问题与对象是同一的。从存在论角度说，对象是客体；从主体关注点和需要解决的角度说，我们称之为问题。没有不依附于对象的问题，也没有不作为问题的认识对象。对象不作为问题，它就融合于一般存在之中了。因此，对问题的了解，必须依赖对问题所依存的对象的了解。正因为这样，调查研究就是对对象的认识过程，就是寻找解决问题的方法的途径。问题的历史和现状调查清楚了，解决的方法自然有了。

你们写论文一定要有问题意识。我现在这样说，已经是老生常谈了，毫无新意。可我读你们的论文时仍然感到这个问题存在。如果你们研究西方马克思主义或西方哲学的某个人物，为什么要研究他，他提出的哪些问题值得研究，他提出的问题对你们有什么启示？没有问题，只有生平、著作和思想介绍，严格说这不是写论文而是写人物简介。而这种论文是最好写的，也是最无价值的。除非你们写的不是博士论文，而是关于人物介绍的小册子，这应另当别论。

4. 谈数据

我们处于信息化时代，社会数据的收集和传播是以前无法想象的。随着信息化的发展，可以肯定各个领域数据的出现将更是大量的。评论家说，牛津大学学者迈尔-舍恩伯格和《经济学家》杂志数据部主编肯尼思·库克耶合著的《大数据时代》是一本揭示思维变革的书。现在人们通过互联网搜索可以得到大量的各类数据，包括流行病的情况、消费者对商品的需求等，总之社会种种信息均可以从网络中得到。决策者根据大数据即可应对。这样，我们的思维方式应该发生如下改变：社会需要在一定程度上抛弃对因果关系的执迷，代之以简单的对应；不需要知道为什么，而只要知道是什么。这将推翻数百年的既定的重视因果关系的做法。这种说法有一定道理，但不能片面化。这涉及一个重大的哲学问题，因果思维是否会为单纯的数据思维所取代。如果说随着对数据的占有越来越多、越来越快捷，人们越不需要因果分析，那么我们的认识就永远只知其然而不知其所以然。

大数据本质上属于统计学。传统统计的速度、效率都有局限，所以信息提供的大数据可克服传统统计的局限。但数据依然属于统计范围，它可以提供决策的根据，但不能提供对原因的了解。大数据处理的都是针对迅速变化的现象的应对性决策，而不是规律性把握。没有因果关系的把握，就不可能有对对象规律性的理解。特别是在历史领域中，不可能像日常变化那样出现大数据，而只能是对既定事实的搜集和研究。在历史研究中更不可能排除因果关系的观念。在社会规律的研究中，同样如此。数据提供的仍然是现象，对本质的理解仍然需要对因果关系的分析。可以依据大量现象制定临时有针对性的对策，但不能依靠这种对策理解社会规律。以大数据排除因果，以统计数据取代规律性分析，就是以量代替质。这在哲学上是不能成立的。

5. 谈问题

我反复对你们说，无论是日常学习还是撰写论文，一定要重视发现问题、提出问题。如果你们在三年学习中，从来没有思考过任何问题，也提不出自己思考过的问题，只是读呀，看呀，老是听别人说，自己不会说，不可能期待写出高质量的博士论文。

问题就是矛盾，哪里有矛盾，哪里就会有问题。问题分为真问题和伪问题。凡是真实存在的矛盾是真问题。真问题是可以最终找到答案的问题，而假问题是永远无法找到答案的伪问题。我们的哲学研究为太多的伪问题困扰。真问题是有答案的问题。虽然不是立刻就有答案，但只要是真问题，总能找到答案。

寻找真实的问题，比寻找答案困难。发现问题，需要从没有问题中发现问题，而答案则是锁定问题后的研究。提出问题的，可能是一个最具智慧的人；而寻找答案的，则可能是众多的研究者。

问题，尤其是提出真问题是极其重要的。没有问题的研究是无的放矢，没有问题的学习是没有效果的。没有问题的答案不可能判断对错，没有问题的思考是不可能产生的。马克思关于问题的重要性有过经典的论述。斯大林也说过，"正确地提出问题对于解决问题有巨大的意义"。

我们要学会善于发现问题，正确提出问题。一个政党提不出自己面临的问题就没有前进的方向；一个国家提不出自己国家面对的问题就会无所作为。在当代，不懂时代问题，就不可能处理国际问题；不懂国内问题，就不可能有发展方向。问题，才是指引人们全力以赴的奋斗目标；没有问题，就如同在大海中航行而无目的地的船，只能随波逐流，永远无法靠岸。我们不是政治家而是哲学研究者，你们中有些人会成为有成就的哲学家，但你们一定要培养自己学习和研究的习惯，努力发现问题，提出问题，通过自己的努力寻找问题的真实答案。

要提问题，必须有疑问。我们反对怀疑论，但不能反对怀疑。怀疑论是一种哲学理论，它与不可知论相伴随，而怀疑则是一种正常的思维方式。可以说，怀疑论是没句号的怀疑，永远是问号的怀疑；而怀疑是寻找答案的怀疑，随着确实答案的出现画上句号。没有疑问，永远发现不了问题，提不出问题。创造性思维就是具有怀疑能力的思维，它打破传统的解决问题的方式；最保守的思维是习惯性思维，是轻车熟路、率由旧章。中国古人说，大疑则大进，小疑则小进，无疑则不进，是有道理的。读书如此，做事如此，发明创造也是如此。没有一个新发明新创造是在认为对原来的成就毫无可以改进可能的情况下出现的。可以说，新发明新创造对原有成就而言，都包括某种怀疑的因素。这是一种积极的推动创造的怀疑。

我要告诉你们，从我对哲学的学习来说，怀疑与怀疑论最大的区别，是怀疑是有解的，而怀疑论则具有独断论性质，是无解的。因为怀疑是对认识对象中没有解决问题的怀疑，通过研究和探索能找到答案。而当怀疑转向主体自身的认识能力，则陷入认识主体性设置的陷阱。从世界自身来说，人能认识世界是可以证明的，因为人们的实践证明人能够正确行动并取得预期效果。人对世界的认识是逐步的，人总是一点一滴地积累对世界的认识，这就是科学史。如果怀疑主体的认识能力而不求助实践，人能否认识世界就变成了一个经院哲学的问题。正如不让下水要人学会游泳一样，要人从主体自身认识能力中证明自身的认识能力，这是不可能的。认识的至上性和非至上性，也是从人类实际认识史中总结出来的。要记住，问题应该是对象中存在的真实问题，回答和解决问题则是主体的认识能力。主体认识能力从解决对象存在的问题中得到证明，把对认识能力的怀疑指向主体认识自身，只能陷于怀疑论或不可知论。

6. 谈学科交叉

你们学习哲学的条件比我们好，因为你们的知识面比我们宽，接触的东西比我们多得多。由于时代的局限，我们当时学习哲学，范围很窄，只是学了一点马克思主义哲学的基本原理，很少一点科普常识。你们有条件也有能力关注当代学科的交叉。不要仅仅困死在哲学领域，而要伸头向外瞧瞧。我说过，哲学中的问题离不开问题中的哲学。

学科分类是按研究主题来分类的，如物理、化学、生物等都有自己特殊的研究对象，否则学科无法分类。可任何一个学科的问题不是孤立的。例如，法律问题中可能存在道德问题，不仅道德问题与法律问题有时会发生交叉，而且法律判决者在判决中可能会受到自己道德的影响，例如，是出自公心还是私心，就不仅是法律问题，也包括道德问题。法官不是自动执行法律条文的机器，而是人，他们会有自己的价值观和道德观点。这些都会影响法律的审判和司法。法律中的道德问题是交叉性问题。

哲学也是如此。哲学之所以是哲学而非文学或历史，就是因为哲学研究的问题是哲学问题，包括本体论、认识论、人生论、价值论、方法论等。这些问题是哲学研究的对象，并不是说其他学科就不存在本体论、认识论、人生论、价值论、方法论问题。哲学学科是独立的学科，但哲学问题并不是与其他学科无关的独立问题。任何学科都会存在这些问题，它们以各自特殊问题的方式存在。它们只研究自己学科范围的问题，当其迈出专门学科范围而进入对这些问题的哲学思考时，就进入了自己专业中的哲学领域。因此，物理学不是哲学，但物理学中存在哲学问题；化学不是哲学，但化学中存在哲学问题；法学不是哲学，但法学中存在哲学问题。不是任何一个学科的研究者都是哲学家，但他们都离不开哲学思维。无论他们意识到与否，愿意与否；无论他们是处理学科的专门问题，还是处理自己的人生问题，都会碰到哲学问题。只不过他们不一定意识到自己进入了哲学领域。

哲学问题具有双重性：既具有普遍性，它无所不在，所以我们要善于从各门学科中、从生活中发现哲学问题；又具有特殊性，属于哲学研究的对象。哲学问题越具有普遍性，这种哲学越具有生命力。墨家具有丰富的认识论、逻辑和科学思想，但墨家终究成为绝学，因为中国封建社会中不存在推动科学和认识论发展的需要；相反，儒家学说因为是关于人生伦理、关于如何维护社会秩序的思想而成为正统，因为大一统的封建社会需要这种学说，统治者需要治国方案，老百姓人人都离不开如何处理亲情伦理问题、如何处理做人的问题。我们可以看到战国时代百家争鸣、诸家蜂起，可是在长期封建社会中有的发展、有的衰落、有的成为绝学，根本原因是社会的需要，只有社会才是社会思想的过滤器。儒家学说在中国社会的深厚基础是它历经两千多年仍然发挥作用的原因。儒家学说属于国学范围，在中国接受教育，无论何种学科的人都需要学习一点中国传统文化包括儒家学说。这些是无法用学科分类来拒斥的。

7. 谈科学技术

由于当代生态环境恶化，有些学者把科学技术的发展视为祸首，仿佛其为罪恶之源。你们是搞马克思主义的，一定要有正确的科技观。

马克思对科学技术的发展从来抱着的是一种积极乐观的态度，视其为推动社会的力量、为历史发展的大杠杆。科学技术的发展带来的问题，不是根源于科学技术自身，而是根源于运用科学技术的社会条件和目的。社会条件和运用目的属于社会制度和生产关系领域，而不是科学技术本身。

你们读过马克思1856年4月14日那篇《在〈人民日报〉创刊纪念会上的演说》吗？如果仔细读读就能回答一些人对科学技术发展的责难。从历史进程来看，的确是科学技术越发展，生态环境越恶化。科学技术发展史与生态破坏史，变成同一历史进程的两个方面。人类难逃生态破坏的噩运，它注定要为科学技术的发展买单。越是资本不到之处，越是社会落后之处，越是具有令人神往的田园诗般的迷人风光；反之，生态破坏与科学技术的进步如影随形。如果不对这种人类社会发展中的矛盾现象进行科学分析，把它归为科学技术的进步，归为社会的发展和进步，那么社会发展、科学技术进步还有什么意义，不如回到原始社会那种"天地与我并生，万物与我为一"的蒙昧时代。原始社会最好，石器时代最好，自然环境一点也没有被破坏。可那时人生活在自然的压迫之中，时时刻刻都有被不可抗拒的自然灾难吞没的危险。马克思主义者，历史唯物主义者应该赞扬科学技术进步给人类带来的解放作用。资本主义在人类社会发展中的功绩，在于它推动了生产力的迅速发展，推动了科学技术的进步。科学技术在资本主义时代的发展是人类以往历史上从来没有过的。近代科学技术的发展，对人类文明的发展居功至伟。谴责科学技术是完全错误的，应该遭受谴责的是运用科学技术的方式，而不是科学技术本身。

在人类历史上，社会的进步以自然的破坏为代价的这种现象，是与社会财产制度不可分的。资本主义制度决定了资产者是为了最有效地打败竞争对手、为了追逐最高利润而发展新技术，而不会顾及自然自身的承受能力。可是自然辩证规律不会顾及资产者的愿望，它以环境破坏的恶果向人类发出警告。这一点西方学者和资产者不可能没有感受。因此，当代比较发达的资本主义国家不同于早期资本主义国家，不同于恩格斯在《英国工人阶级状况》中描写的情况，环境保护成为发展生产的必须关注点。发达资本主义国家经历了由发展到治理的过程，国内生态环境获得了比较满意的改善。但资本主义的逐利本性使得它们利用全球化把污染工业转移到发展中国家。因此，生态环境问题的本质，即生态与社会制度的关系并不会因为发达资本主义国家国内生态环境的改善而失效。

马克思把这种矛盾视为现代工业发展中的生产力与社会关系之间的矛盾的表现。因此，从当代生态环境恶化中得出的结论，不是不要发展科学技术，而是要改变运用科学技术的社会条件和目的。这就涉及社会革命和制度变革的问题。历史唯物主义者不是末日论者，也不是科学技术发展无限论者，而是社会革命论者。我们要反对以资本主义方式运用科学技术，反对以自然为掠夺对象，反对为高额利润而牺牲自然。因此，治理生态环境首先是治理社会制度。

在社会主义中国，同样存在改变经济增长方式、加强环保理念、健全环保法制的问题。科学发展观的提出，就是在坚持发展是硬道理的同时，坚持保护自然，寻求建立人与自然的和谐关系。这种和谐关系的建立首先是进行体制改革，同时要依靠科学技术的发展，没有先进的科学技术，依然采取落后的技术显然会破坏环境。从根本上说，科学技术的发展有利于保护环境，而不是破坏环境。科学技术发达国家的环保工作比科学技术落后国家的环保工作做得更好的原因，就在于前者有更发达的科学技术。

我们陷入了一种悖论：科学技术的发展破坏了环境，而保护环境仍然要依靠科学技术的发展。解铃仍需系铃人。以消灭科学技术来挽救环境是荒谬的。科学技术应用中的问题，应该通过改革科学技术应用的目的和体制，发明更加有利于节能环保的科学技术来解决。我们是历史唯物主义者，我们反对在考察科学技术问题时割裂生产力与生产关系，把科学技术单纯当成科学技术。应当把科学技术视为生产力，而把它的运用和目的视为生产关系。科学技术的运用取决于生产关系，而不是取决于科学技术自身。马克思关于私有制的扬弃的理论是确立人与自然和谐、人与人和谐道路的理想，为确立一个能够合理的、为人类社会进步而运用科学技术的新制度提供了理论基础。如果只限于科学技术而谈科学技术的正负效应，只就保护环境而谈论保护环境，就永远走不出科学技术发展的二律背反的困境，走不出人类因科学技术发展而陷于自我毁灭的历史宿命。

8. 谈规律性认识

历史唯物主义为什么如此重视社会发展规律问题呢？从根本上说，历史唯物主义与历史唯心主义两种历史观的对立和区分，最后会归结到是否承认社会发展规律的问题。不承认社会发展规律，历史唯物主义就无产生的必要，也谈不上社会历史观的根本变革。恩格斯在马克思墓前悼词中，之所以以达尔文和马克思作比照，就在于恩格斯认为达尔文发现自然规律，而马克思在历史观上最伟大的贡献就是发现历史规律。历史唯物主义的本质，就是关于现实的人及其社会发展规律的科学。没有社会发展规律的发现，马克思的历史唯物主义就失去了它的意义和价值。

从实践角度看，共产党人革命必须重视规律问题。只有建立在规律基础上的认识，才是具有战略性、全局性和前瞻性的认识。相反，则往往目光短浅。例如，抗日战争中的速胜论和亡国论都是基于对当下某一"事件"的判断，而不是全局性的规律性的理解。一个从日本人进攻的节节胜利得出亡国论，一个从台儿庄的胜利得出速胜论，两者都是基于事件而不是基于战争规律。对中日战争的规律性把握，是以对两个国家的经济、政治、人口、资源的全面估计为依据的，这就上升到了理性认识。毛泽东说过，规律是"全局性的东西，眼睛看不见，只能用心思去想一想才能懂得，不用心思去想，就不会懂得"。因此，规律性认识不能局限于单个事件，而必须上升为对大量事件的理论思维。

规律是看不见的，不是凭经验能理解的。但是规律的作用是能感受到的。任何人都看不到电磁运动规律，但如果用手去触摸电门，碰撞高压线，肯定会被电死。死，就是电磁规律作用的结果。也就是说，人能感受到违背规律的结果，但不能通过感觉认知规律。即使触电而死，也是至死不知电磁运动规律；正如从高楼往下跳，直接的后果是死亡，而不是感知力学规律。规律是看不见的，是不能凭感觉、凭经验认知的，但违背规律的后果是能感知的。只有对规律的认识才能解释后果，但对后果的感知不能解释规律。社会领域也一样。我们可以看到大国的兴衰，可以看到王朝的更替，看到革命与战争，看到"朱门酒肉臭，路有冻死骨"，但我们看不到规律。我们直接看到的都是现象，而规律隐藏在现象的深处，这就是认识规律比认识现象重要、比认识现象困难的原因所在。

9. 谈理与论

你们是博士生，一定要能写一手好文章。不能写文章的博士不算合格，这当然是对文史哲专业说的，至于科学技术则另有要求，不在此论之列。要写好文章，就应该懂得理与论的关系。明朝嘉靖年间礼部尚书夏言批评当时科场文风，"以艰深之词饰浅近之说，用奇僻之字盖庸拙之文"。我们现在有些哲学文章，并无新的见解，但论述极其艰涩，仿佛与夏言对科举考场文风的批评有点类似。

刘勰在《文心雕龙》中说，"理形于言，叙理成论。词深人天，致远方寸"。这很有道理。理只能用文字来论述，而论述必须讲理。没有理的论，是空论。有理有论，才成为理论。如果理论没有适合的表达方式，逻辑混乱，词不达意，则不称其为理论。没有哪种能称得上真正理论的学说是讲不出理的论。没有理的论，是空论。可即使有理有论，如果不能用准确、生动、沁人心脾的文字来表达，也难深入人心，即入人的方寸之间。当年山东大学教授高亨称赞毛泽东的文章和诗词"笔下有雷声"，"细检诗坛李杜，词苑苏辛佳什，未有此奇雄。携卷登山唱，流韵壮东风"。梁衡在《文章大家毛泽东》中对毛泽东的文章也推崇备至。

毛泽东是理论高手，也是文章高手。他非常注意文风。他在《工作方法六十条（草案）》中专门讲过改进学风与文风问题，提出写文章要有三性：准确性、鲜明性、生动性。我认为这对我们哲学工作者如何写文章同样有指导意义。我读过一些哲学论文，洋洋洒洒，动辄万言，云山雾罩，不知所云，太晦涩、太难懂。说句心里话，作者自己是否懂，我还在两疑之间。一个自己都没有弄清的理论问题，怎么能说清楚呢？说不清楚，何言准确呢？而文章如果没有准确性，就不可能鲜明。观点鲜明取决于理论自信，如果自己都弄不明，何来自信？无鲜明性当然也不可能生动。因为脱离准确、鲜明的生动，就会成为油腔滑调，或者是说相声似的生动，而不是理论文章要求的生动。

我读毛泽东的哲学文章，包括"三论"以及其他政治、军事中涉及哲学思想的文章，理论深邃、文采斐然，读这种文章是一种享受。我们应该从毛泽东文风中学习如何写文章，力求理、论、文三者能统一。这不容易做到，但应该是我们努力的方向。

我也希望你们读点古文，如果不能大量阅读，至少要读读《古文观止》中的名篇佳作。《孟子》也很有嚼头，其中论辩、说理都很有说服力，文章也很有风格。另外，我建议你们读点鲁迅的东西，尤其是杂文。现在有种论调说鲁迅的文章不符合主旋律，因为它的批判性和战斗精神似乎对社会主义有害，这属于不懂文学为何物的奇谈怪论。鲁迅文风有他特有的风格，他不可能如同当代有些年轻作家那样俏丽、轻松和多用时代流行语，甚至网络用语。他是在战斗，与旧社会战斗，与一切恶势力战斗。他的批判精神和战斗精神并不是人人喜欢的，但是是我们民族精神的一部分，是永恒的财富。哲学不是文学，但马克思主义哲学同样需要批判精神，也需要战斗精神。我们哲学缺少的正是这种精神。任何真正称得上是理论的马克思主义哲学文章，若从头至尾没有烟火气，没有一点点热气，只有概念到概念，说内心话，我不佩服。

10. 谈理论的重要性

你们是哲学博士,研究的是马克思主义理论。我们这些人往往被视为没有真才实学,是耍嘴皮子或玩笔杆子的人。在一些人眼里,理论就是空话,不如一技之长。

社会上有些人轻视理论,把理论归为务虚。其实,务虚不是虚务,虚是务实的引导,是务实之前的思想武装。据陈晋先生的文章《务虚之用》,毛泽东非常注重务虚,他曾对《旧唐书·李百药传》中介绍唐太宗重视务虚之言——"罢朝之后,引进名臣,讨论是非,备尽肝膈,唯及政事,更无异辞。才及日昃,命才学之士,赐以清闲,高谈典籍,杂以文咏,间以玄言,乙夜忘疲,中宵不寐"——的批语是"工作方法"。可见毛泽东视务虚为一种"工作方法",而非清谈。

毛泽东自己就始终注意务虚,他不仅要求领导干部读书,介绍好的文章供他们阅读,而且批评只务实不务虚。他在《工作方法六十条(草案)》之二十二条中说:"成天忙于事务,那会成为迷失方向的经济家和技术家,很危险。"还在《庐山会议讨论的十八个问题》中讲到读书问题时说:"不要像热锅上的蚂蚁,整年整月陷入事务主义,搞得很忙乱,要使他们有时间想想问题。"另外,毛泽东曾在 1958 年在成都召开的中央工作会议上,专门就务虚问题讲过话,他说:"过去也不是一点虚没有务,也谈了一些,可以有那么一点时间不谈具体问题,专谈一般的思想性质和理论性质的问题"。"先实后虚或先虚后实都可以，可以专门开一次实的会，也可以专门开一次虚的会。也可以同时并举。不过现在就希望多一点虚更好，因为过去太实了。我看我们这些人，比较太实了一点。要逐步引导我们各级党委的同志关心思想、政治、理论这样一些问题"。务虚，既可以是实中的虚，即专门问题中的理论问题；也可以是虚中的虚，即与经济问题或其他具体问题相区别的思想理论问题。无论何种意义上的虚，都显示了理论问题的重要性。我们这些人于实际工作者而言，属于务虚者。我们有我们的任务和作用。

毛泽东关注务虚的重要性，实际上也就是关注理论和理论工作的重要性。这不仅对各级领导加强理论素养重要，对群众同样重要。理论一旦掌握群众就会变成物质力量。没有理论武装的群众是乌合之众；没有理论指导的运动是盲目的运动。就科学研究而言，理论的重要性在于它是一种思维方式。理论思维方式不同于经验思维方式。经验思维方式是个体的不能重复的浅层次的思维方式；而理论思维方式是具有普遍性的可重复的深层次的思维方式。它不停留于现象，而是要进入事物的本质。因此，理论思维的力量在于它是规律性思维。一个人的思维如果只能停留于经验层面，不能把问题提高到理论层面来分析，无论是从事实际工作、写文章或者做报告，都上不去。

哲学思维就是理论思维。它能把看起来千头万绪、杂乱无章的问题，归纳得有条有理，从而找到最有效的解决方式。恩格斯曾经批判轻视理论思维的自然主义思维方法："唯一的问题是一个人的思维正确或不正确，而轻视理论显然是自然主义思维的最确实的道路，因而也就是不正确思维的道路。"我们强调理论的重要性，但我们就要以自己的思考和观察问题的能力证明这一点。我们从事的就是务虚的工作，真正要务出一点道理来，不能空谈或玄谈。哲学最大的危险就是容易玄谈。

11. 谈理论的运用

你们不仅要掌握基本理论，还要注重运用。要懂得理论运用的正确与否，关键在于是否了解所运用的条件。离开条件谈论运用马克思主义，肯定是无的放矢。

理论和理论运用的条件是不同的。理论具有普遍性，可理论面对的运用条件是变化的、多样的。因此，教条主义和创造性马克思主义的根本区别在于是否考虑运用条件。恩格斯在《致维·伊·查苏利奇》的信中说过，在他看来，"马克思的历史理论是任何坚定不移和始终一贯的革命策略的基本条件；为了找到这种策略，需要的只是把这一理论应用于本国的经济条件和政治条件。但是，要做到这一点，就必须了解这些条件"。因此，任何一个马克思主义理论家，如果不了解理论运用的条件，就不可能真正运用马克思主义理论。恩格斯自谦自己不知道俄国的情况，因而没有资格对俄国革命前景问题作出判断。

列宁同样非常重视理论运用的条件。他在《立宪民主党人的胜利和工人政党的任务》中说："我们不否认一般的原则，但是我们要求对具体运用这些一般原则的条件进行具体的分析。抽象的真理是没有的，真理总是具体的。"抽象真理和具体真理的区别就在于运用的条件性，把真理视为无条件的普遍适用的真理，就是真理的抽象化。具体真理则是有条件的真理，我们应该根据不同的条件具体运用真理。所谓条件，就是客观现实。这是考察和解决问题的基点。最危险的是把主观愿望当成客观现实。列宁强调问题不在于愿望,不在于动机,也不在于言论,而在于不以这些东西为转移的客观环境。这就是强调条件的重要性。

有一种观点极其错误而且有害,它说马克思主义中国化证明马克思主义是错误的,否则何以要中国化?既然要中国化,就说明它不适用于中国,意思是既然要经过化,就说明原原本本的马克思主义对中国无用。这种看法,我归之为完全违背马克思主义本质的奇谈怪论。

马克思和恩格斯从来就强调他们的理论提供的不是教条,而是行动的指南。马克思主义不仅要中国化,可以说在任何国家要发挥作用都必须"化",即与各国的具体情况相结合。对各国的实际情况而言,马克思主义是一种普遍性理论,它的力量在于运用和结合。你们可以看看世界社会主义运动的情况,凡是能将马克思主义与本国情况结合的共产党就能得到发展和壮大,相反,则会失去它的影响甚至逐渐消失。

毛泽东当年曾经批评中国的教条主义,"不管事物内部情况,将马克思主义原理硬套在事物上,说该事物应如何如何。这就是'全然从外面去应用马克思主义原理'"。从外面应用马克思主义,表面上是无上尊崇马克思主义,实际上是把马克思主义变为无用之物。毛泽东认为这种"马克思主义"还不如狗屎,狗屎还可肥田,这种教条主义的"马克思主义"是臭的马克思主义,有百害而无一用。马克思主义能够中国化,而且一经中国化就产生不可战胜的力量,就证明它具有真理性和当代价值。中国化证明的是马克思主义的力量而不是相反。如果马克思主义不具有普遍的真理性,那么无论如何"化"都是无用的。

只有本来正确的理论才有可能化,即具体地运用到各国;对原来错误的理论,无论怎样化都是无用的。近代曾经有各种各样的思潮传播到中国来,但真正能与中国实际相结合并指导中国革命的,只有马克思主义。其他一些思潮随着马克思主义在中国的胜利而逐渐消失。能中国化的理论一

11. 谈理论的运用

定是具有真理性的理论。

　　以化和无需化来判断马克思主义是否具有真理性者，以马克思主义中国化来否定马克思主义者，忘记了一条起码的真理，即马克思主义理论的真理性是有条件的，运用也是有条件的。无处不可用、无病不可医的万灵药，是骗术，不是科学。无视中国化的马克思主义的本质是马克思主义而不是另一种主义，说明我们对马克思主义、对马克思主义中国化的理解，离真理超过万里之遥。

12. 谈学以致用

读书是高尚的，无人反对；可要说用书，似乎就是功利主义，就不那么高尚了。真有点奇怪。学以致用，是中国的优良传统。为知识而知识是古希腊一些哲学家的主张。古希腊学者确实倡导过为认识而认识，这不难理解。他们既有钱、有闲，更有奴隶为他们服役。研究哲学或研究其他知识对他们来说，就是一种生活乐趣。可奴隶主的生活状态和对待知识的态度，不能成为衡量知识本质的尺度。它是特定时代的产物，不能作为治学通例。

当然，用有不同的用法。封建社会科举制下的"十年窗下无人问，一举成名天下知"的苦读，或者当前的应试教育以及各种考研班之类的读书，确有功利性质。但不能因此一概反对书要用。书要读，也要用。说用书，是说应用书中的知识，继承和应用人类积累的经验。任何知识，尤其是科学，就其产生的深层动力而言，都是因为社会需要才成为人们探讨的对象。完全无用的东西，是没有人研究的。即使人屎马尿成为研究对象，也是因为它们有研究的价值。

从有用的角度看，书也是工具。书是工具，我不是指工具书，如辞典、辞海，而是指书对我们有用。当然它不同于刀、锯、斧、镐这些器具。它显得高贵，因为它是人类智慧和精神的产品。但它不可能高贵到一尘不染，被放进殿堂中供奉起来。旧时代一字不识的老太太，见到有字的纸一定要捡起来、毕恭毕敬，表现出对书的敬畏，说到底是因为她们懂得识字有用，书有用，虽然她们不一定知道它的用在何处。生活告诉她们有知识比没有知识有用，识字的人比睁眼瞎有本领，因此，她们才产生对字、对有字的纸的敬畏之情。

你们要读书，更要学会用书，而且要牢记，书是因为有用才显得宝贵。我们不是藏书家，但藏书的可贵在于为人类用书提供了可能性。如果藏书家的藏书永不示人，如同"养在深闺人未识"的美女，老死闺阁，再美也是枉然。

图书馆比旧式藏书家的可贵之处就在于它不仅"藏"，而且供人"用"。但藏书楼自有它的功绩。中国一些著名的藏书楼如浙江宁波天一阁、清朝北京故宫文渊阁、清嘉庆十二年余姚人黄澄量所建私人藏书楼五桂楼、清人孙衣言所建玉海楼以及徐家汇藏书楼等都保存了大量珍贵图书。这是对中国文化的贡献。如何既藏又能用，既开放又能保护，是文化建设中的新课题。

13. 谈学者的社会责任

我不是学者，更不敢妄称学者。你们有无限的潜力，有可能成为学者，所以首先应该明确学者的社会责任。要不然，对为什么要读博，弄不清楚。

我长期在高校工作，也写点东西。我为什么要写这些文章，我的文章，我的书，究竟对别人包括对社会有什么影响，我没有很好地考虑过。似乎文章的发表和书的出版本身就是目的，最多给个人带来某种声名和经济利益，至于它们的更大目的即学者的社会责任，则很少考虑。这说明我只是作为普通的个人，而不是作为学者在思考。

马克思特别强调学者的社会责任。他说一个人有幸从事科学工作，不能像钻在奶酪中的虫子，只顾自己。马克思就是一个勇于承担并明确自己社会责任的学者。他遭受迫害，经常被驱逐，老年时贫病交加，但他以毕生之力从事学术工作。毫不夸张地说，马克思和恩格斯是有史以来最具社会责任感的学者，他们为无产阶级和人类解放寻找道路。学者，有大有小。但既然跻身学者之列，就应担负一定的社会责任。

我在想，各行各业的人都应该明确自己的社会责任。他们的社会责任就是他们的工作目的。一个厨师钻研烹饪技术，提高厨艺，是为了使食客满意；一个木工提高工艺，制造最好的家具，是为了使顾客满意；一个理发员研究发型，提高技术，是为了使去理发的人满意。诸如此类，不胜枚

举。可以说，各行各业的从业者都知道承担社会分工给予的任务，也知道自己是干什么的，如何干好自己的活。就这点而言，学者往往还不如匠人懂得自己的社会责任。

德国哲学家费希特写过一本书——《论学者的使命》，就是谈学者的社会责任的。他以各行各业为例，说每个阶层都是必不可少的，每个阶层都值得我们尊敬。给予个人以荣誉的不是阶层本身，而是很好地坚守阶层岗位。每个阶层只有忠于职守，完满地完成了自己的使命，才会受到更大的尊敬。学者呢？学者也应该有自己的社会责任，应该明确和完成自己的社会责任。由于学者从事的工作的特点，往往容易忽略社会责任问题。因为其他职业服务对象明确，是为别人服务，不是自我服务。服务好别人，就是自己的社会责任。而学者往往认为自己的对象就是学术，而不知道学术并不是目的,而是学者完成自己社会责任的方式。学者的任务是追求真理,阐述真理,传播真理。各个领域专业不同,但学者应以探索真理和传播真理为目的,这是相同的。这个目的是艰巨的、遥远的,而且往往不是一个人能完成的。因此,与其他各行各业相比,学者应该更谦虚、更努力、更具有社会责任感。事实相反,有些学者往往自视高人一等,往往忽视自己的社会责任,把学术工作看成自己的私人领地。

法国雷蒙·阿隆曾经说过社会有两种知识分子:一种是国王的顾问,即专家型知识分子;另一种是启示的信徒,通常为预言家或某种意识形态的鼻祖。当代史学家皮埃尔·罗桑瓦隆则说自己愿意成为第三类知识分子即介入型知识分子,履行社会批判责任,也肩负为未来发明工具的使命。他认为自己的政治概念史的研究就是肩负着这种使命。

你们是博士,是高层次人才,是准学者或准备在某一天成为学者,我希望你们认真考虑一下这个问题。这样,你们才能有远大的志向和眼光。

第九章　辩证的思维

1. 谈辩证思维

学习辩证法不能光从书本上学，还要关注历史和现实。只要放开眼界，你们就可以看到辩证思维方法并非马克思独有的，在东方和西方、古人和今人，只要具有理性思考能力几乎都会在不同程度上具有辩证思维能力。你们翻翻中国哲学史、西方哲学史，其中有不少辩证法大家。但只有马克思主义哲学才使辩证思维变成科学世界观的重要内容，由朴素辩证法转变为科学辩证法，由唯心主义辩证法转变为唯物主义辩证法，尤其是确立了历史辩证法。在马克思主义哲学中，辩证法成为一种科学的自觉的思维方法。

"相反相成"是马克思主义矛盾辩证法中最重要的方法。毛泽东在《矛盾论》中论之甚详，并且运用最为娴熟。只要读读毛泽东的著作，考察毛泽东领导军事斗争、领导中国革命和社会主义建设时的政策，就不难理解。相反相成的思想，可以说古已有之。老子《道德经》中就有许多著名的关于相反相成的名言，如"有无相生，难易相成，长短相形，高下相倾，音声相和，前后相随"。而且特别强调："恒也"。也就是说相反相成是规律性的。

最近我读到报载英国的已故首相、著名的铁娘子撒切尔夫人在1979年5月4日勉励自己的朋友时引用过一段话，我看就深刻而辩证："凡是有不和谐的地方，我们要为和谐而努力；凡是有谬误的地方，我们要为真理而努力；凡是有疑虑的地方，我们要为信任而努力；凡是有绝望的地方，我们要为希望而努力。"不和谐与和谐、谬误与真理、疑虑与信任、绝望与希望，都是可以相互转化的。正是在这个转化中，这位铁娘子自诩为获得和谐、真理、信任和希望而努力。关于铁娘子的政绩，我无从评价，也不是我能评价的。我欣赏的是这种思维方式。铁娘子之所以"铁"，是否和这种灵活的思维方式有关，值得传记作家研究。

辩证法永远是乐观主义者的哲学。否认转化，把一切视为固定不变的形而上学是绝望的悲观主义哲学。我从报纸上读到，据说托马斯·爱迪生在发明电灯之前做了超过两千次的实验。有个年轻记者问他，为什么会遇到这么多次失败。爱迪生回答：我一次也没有失败，我发明了电灯，这只是一次经历了两千步的历程。中国人说失败是成功之母，失败往往是成功的先导和演练。爱迪生把此前两千次失败不视为失败，这说明他非常明确地知道，失败是一种结果而不是过程。处于过程中的失败，不是真正的失败。失败和成功是可以转化的。没有转化观念，只知失败就是失败，就不可能获得成功。凡是为某种不幸遭遇而自杀者，都是陷于绝望而看不到希望的人；凡是执着谬误而不自觉的人，都自以为是绝对真理的占有者；凡是什么都不信的人，以为天下无可信之事的人，自己就陷于"相信"自己的"一切都不可信"的理论困境。真理存在于辩证法之中，片面性会永远陷于谬误的泥塘而不能自拔。相反相成，创造条件向相反方向转化，防止向坏的方向转化，是永远乐观者的哲学。

2. 谈思维方法中的质和量

你们问马克思主义哲学基本原理有什么用，什么量变质变不都是空道理吗？我说，如果这样想，说明你们根本没有入哲学之门。不懂得质与量的道理，大不能治国，小不能治身。

要治国，必须有质的概念，只有把握质的概念才能把握社会发展的方向。我们社会的性质、国家的性质、政权的性质、所有制关系的性质等，必须弄清楚。有些人误读邓小平关于不要纠缠于"姓社姓资"的著名论断，以为我们治国理政中涉及发展根本方向问题也不要区分"姓社姓资"，这完全是与多次强调坚持四项基本原则相矛盾的。

光有质的概念不行。没有量的概念，质的判断就是空洞的。例如，中国是具有中国特色的社会主义国家，因为我们是以公有制为主体多种所有制成分并存和同时发展的国家。可如果我们根本没有关于公有制在国民经济中比重的概念，我们就无法准确判断我们应该采取什么样的政策进一步巩固中国特色社会主义制度及其改革方向。数的概念，就是量的概念。凡是"差不多"的"差不多主义"，就是心中无数。国家有多少人，男女比例如何，地下资源、陆地疆域、海洋疆域情况如何，都必须做到"心中有数"。中国历代封建王朝都重视人丁田亩赋税的统计，西方也是如此。我读过名为《末日审判书》的书。它说的就是英王威廉一世在征服英格兰之后，1086年下令进行全国土地调查，掌握全国的土地占有、人口分布及动产情

况，了解直接封臣的人数、土地和牲畜总数以便收取租税，加强财政管理，并确定封臣的封建义务。调查内容包括当地地产归属，每个庄园的面积、工具和牲畜数量，各类农民的人数，以及草地、牧场、森林、鱼塘的面积，该地产的价值等，内容十分详尽。当代信息化时代更重视数字，可以说是数字化时代。"大数据"为对量的了解注入了前所未有的可能性。

　　通俗点说，质的概念是要知根，知道自己是什么样的国家；数的概念就是要知底。一个家庭要知家底，否则日子就过不下去；月光族就是不知底，没有量的概念。治国更要知根知底。甚至小到一个人的健康状况，也要有量的概念，没有量的概念，不知自己血压、体重、各项血检指标，就是对自己的健康不知底。有些人猝死，就是因为不知底。对自己健康既不知根，没有质的概念，即不知道自己属健康、亚健康还是不健康；也不知底，不知道自己身体的各项指标，尤其是血压和心脏负荷，结果一旦超过负荷，就发生猝死。

人们对量的把握随着科学技术的发展不断发展，从简单计算大小轻重，到越来越精密的度量衡，到处理大量数据的计算机。现在的云计算是每秒多少亿次计算。人们处理量的认识能力空前提高。这种提高将进一步推动对事物性质和规律的认识。无论在科学研究领域或日常生活中，我们常说：请拿出证据来。证据最重要的就是数据。没有数，就谈不上证据。笼而统之的东西或只有结论而无数据的论断，是不可信的。我可以举个例子，有些国家尤其是美国鼓吹"中国威胁"论。好，请拿出证据来。中国的军费是多少、美国是多少，中国的飞机多少、美国多少，二战后美国打过多少次仗、主动发动过多少次战争、中国向谁发动过战争，按数据对比就知道，谁在威胁当今世界！

在辩证法思维方法中，毛泽东重视数的观念，他在《党委会工作方法》中共提出十二条，其中第七条就是"胸中有数"。毛泽东说，对问题一定要注意它们的数量方面，要有基本的数量分析。任何质量都表现为一定的数量，没有数量就没有质量。我们有许多同志至今不懂得注意事物的数量方面，不懂得注意基本的统计，不懂得注意主要的百分比，不懂得注意决定事物质量的数量的界限，一切都胸中无数，结果不能不犯错误。我忘记了《差不多先生传》是不是胡适先生的短篇小说，我在中学时期读过，印象很深。这位先生什么事情都是差不多，没有一个准确的数的概念。"差不多"，也是中国人的口头禅。这是一种非哲学思维。你们是哲学博士，如果只是在概念上背诵质变量变规律而不能实际运用，不懂在实际生活中这个规律无处不在，无时不在发生作用，这种哲学就白学了。

3. 谈现象与本质

我们对现象与本质的理解往往容易经院化。实际上这对范畴对我们正确理解现实非常重要。马克思批评庸俗经济学家只看到现象而看不到本质。他在《致路德维希·库格曼》中说："当庸俗经济学家不去揭示事物的内部联系却傲慢地鼓吹事物从现象上看是另外的样子的时候，他们自以为这是作出了伟大的发现。实际上，他们所鼓吹的是他们紧紧抓住了外表，并且把它当做最终的东西。"例如，庸俗经济学家认为资本获取利润、土地获取地租、工人的劳动获取工资，因而没有剥削，因为各人得到自己应得的部分。这完全抹杀了剩余价值的本质。所以，马克思说："但是，在这里事情还有另外的背景。内部联系一旦被了解，相信现存制度的永恒必要性的一切理论信仰，还在现存制度实际崩溃以前就会破灭。因此，在这里统治阶级的绝对利益就是把这种缺乏思想的混乱永远保持下去。"

由马克思和庸俗经济学家关于现象和本质的争论，你们可以看到被哲学家视为纯粹哲学范畴的现象和本质，在经济学中，这是与人们的实际利益息息相关的问题。资产阶级经济学家为了资产者的利益就掩盖价值构成的本质，只停留在人人能看到的资产者分到利润、土地占有者获取地租、工人拿到工资这种表面现象，而不敢揭示事物的本质，以便掩盖资本主义剥削制度。

从范畴角度看，现象与本质是一对哲学范畴，它们具有抽象性，可以不具人间烟火气，可只要一旦与现实相联系，你们就会发现它们在全部社会生活中都是至关重要的。不懂得区分本质与现象，或者观察问题只满足于现象而不深入本质，永远是玉石不分的"理论盲人"。

4. 谈因果联系

在理论研究中或实际生活中，如果没有因果观念，你们会寸步难行。研究因果关系理论在哲学中极其重要。当然，在这个问题上分歧最大，争论最多，不过不管分歧与争论如何大，马克思主义哲学研究者都应该是辩证唯物主义因果论的坚持者。

哲学和科学都离不开对原因的探索。科学是关于具体对象的具体原因的学问；哲学是探求普遍原因的学说。水为什么会结冰，这是物理学回答的问题；铁为什么会氧化，这是化学回答的问题；人为什么会生病，这是医学回答的问题。这些都是哲学无法回答的。哲学家不是物理学家、不是化学家、不是医学家。但从水可结冰、铁可生锈、人可死亡，从世界万事万物的具体变化中，哲学发现一个普遍现象，即世界万物都存在变化，不存在永恒不变的东西。万物皆变，只有万物皆变不会变。

变，总有变的原因存在。因此，我们要养成用因果观念分析问题的习惯，凡事总有原因，都要问一个为什么。为什么，就是对原因的探求。探求事物因果关系不容易。人类无数种疾病都不知道原因，只能对症治疗。有的甚至如何对症治疗都不知道，人体太复杂。世界也太复杂，许许多多的自然现象的奥秘我们还不知道。哲学家说自然喜欢隐藏自己，所谓隐藏自己就是隐藏原因，我们只是知道"然"，而不知"所以然"。怪不得古代有位哲学家说，发现自然界某一事物的原因，可以奖励一颗皇冠上的珍珠。

各门科学都在探求原因，而哲学则要从本体论、认识论、方法论上总结因果关系的意义。任何科学研究都要研究因果关系。不能无限地追求因果关系，不能无限地伸展因果关系的链条。因果关系是普遍联系中的一个环节，如果要不断地寻找因果关系，把普遍联系变为因果无限的链条，反而使因果关系变得模糊不清。因果关系都是具体的，只有对特定事件的分析才是有意义的。

因果关系是多样的，有主要的、次要的，有内因、有外因，有远因、有近因。必须分清各种原因。在主次原因分析上要善于把握主因。主因就是具有决定性作用的关键性原因。在无数原因中之所以是某个因素成为主因、成为关键性原因，是因为它在特定条件下的特殊作用，即在历史发展中的某个关节点上的作用。中国的改革开放的深层原因是基于中国社会发展的自身的需要，是"文化大革命"十年后中国此时正处于向何处去的历史节点。"四人帮"的覆灭使改革开放由历史自身的必然要求成为社会现实。我们往往把"四人帮"被粉碎视为改革开放的原因，实际上"四人帮"被粉碎是中国社会发展要求改革开放的结果。"四人帮"被粉碎是中国社会改革开放变为现实的历史节点。只有立足于中国社会主义发展自身的考察，才能理解改革开放的内因。也只有把中国的改革开放放在当代世界背景下考察，才能理解它的外因。

远因与近因的区别也是相对的。远因不可能远到无限远。例如，日本在卢沟桥"七七事变"中向中国发动全面侵略，它的远因最远可追溯到明治维新后，日本强大后开始的向外扩张。不能再远。历史上，中国和日本相处是和平的，唐代的遣唐僧、遣唐使就是证明。再远的历史构不成中日战争的远因。因此，对因果关系的考察必须针对具体问题、具体事件，而不能无限延伸。

进行因果关系的考察，必须把普遍联系的链条切断、打碎。否则，就会融合于普遍联系之中，失去了因果关系的特定意义。中国人说，"打破沙锅问到底",在一定意义上是对的。但这个底不能无限追问,否则离原来探求的问题将渐行渐远,甚至越来越远,根本忘记了自己是从什么问题出发的。这样,不仅弄不清因果关系反而坠入无底深渊,越探索越发糊涂。

因果关系是客观的关系,对因果关系的研究当然应该具有科学性和客观性。在自然科学研究中,这种要求是合理的。即使对同一问题的因果关系存在不同看法,但通过实践或长期实践是非对错会得到证明。可在社会生活中,尤其在政治领域中,对因果关系的看法往往会受观察问题的立场的影响,从而得出完全不同的结论。例如,日本近年来在右倾化道路上越走越远,不断扩军,其把原因归于中国的鱼政船在钓鱼岛的巡航,越巡航日本越有理由扩军。美国有些媒体也在制造这种颠倒是非的言论。这就完全颠倒了因果关系。是由于日本穷蹙钓鱼岛,才有主权之争;是由于日本把钓鱼岛国有化,才有中国鱼政船的巡航;是由于日本自己修宪要成为所谓正常国家,否认二战国际秩序,才有它不断以各种借口的扩军。日本疯狂扩军甚至妄图重新走上军国主义的道路,内在原因在于它的既定政策,而外在原因则在于配合美国重返亚太的战略。在社会领域,对某一重大事件原因的认定不可能采取纯客观的立场。

我们在研究因果关系时,必须考虑到自然与社会的区别。在自然界对因果关系的研究属于自然科学,它的因果联系是可以重复的。只要条件相同,可以重复实验。社会具体历史事件是一次性的,它的具体的因果关系是不可能重复的。因此,对因果关系的判断往往决定于观察者的立场和价值观。因此,对同一事件的因果关系可以有完全相反的说法。日本打到中国来,我们说是侵略,他们说是把中国从西方殖民主义统治下解放出来。日本安倍晋三的侵略无定义论就是一种否认因果关系的谬论。在社会生活中,具体事件的因果关系是不能重复的,第一次世界大战、第二次世界大战、日本侵华战争或美国发起的多次中东战争,都有各式各样的具体原因。但其中必然存在共同的原因,这就是无论何种战争,战争作为一种阶级社会处理国际关系的手段不会是无原因的。这种普遍原因就是战争的规律。战争是政治的继续。任何对外战争都是为特定的经济和政治目的服务的。这个关于战争因果关系的普遍规律是我们分析具体战争的指导原则。有了这个原则，我们就不会为种种为侵略战争辩护的所谓原因迷惑，诸如为人道主义而战、为保卫价值观而战、为人权而战等。这些都不是战争的原因，而是占据发动战争之道德制高点的一种障眼法。

5．谈偶然性

你们学哲学必须懂得如何在实际生活中运用必然性与偶然性的范畴，不要把它们视为纯形而上的问题。

聪明人顺从必然性而提防偶然性，而蠢人则害怕必然性而不提防偶然性。死，是必然性，智者不会为死而终日惴惴不安，但他们绝不立于危墙之下，因为墙倒塌而致死的不幸事件是可能发生的。酒驾者认为酒醉被查或发生事故只是一种偶然性，有多少人未被查出也从未出事故。他们不懂必然性是一万，应该顺从，而偶然性是万一，应该提防。偶然性是科学的敌人的说法，在科学研究中是错误的，科学是从偶然性中发现必然性。在日常生活中，也应该重视偶然性对人带来的影响，好的偶然性是机遇，坏的偶然性是危险。

偶然性存在于三个领域：自然界有自然现象的偶然性、社会领域有社会历史的偶然性、人生有人生的偶然性。如何看待它们，决定于相应的世界观。如何看待自然界中的偶然性属于自然观，如何看待社会历史中的偶然性属于社会历史观，如何看待人生中的偶然性属于人生观。

在任何领域，否定偶然性都会导致神秘主义。上帝是否会掷骰子，就是爱因斯坦与海森堡关于自然领域中的必然性与偶然性的争论；社会历史中的必然性与偶然性的争论，是天命论、宿命论与社会发展规律论的争论；人生中的必然性与偶然性的争论，表现为无条件的选择论与有条件的能动论的争论。

在人的生活中，偶然性无处不在。人的一生充满偶然性。一个人买了一张别人的退票遇到车祸，或因出差到唐山而遇上1976年那次唐山大地震，或因为改签而避开了一场空难，也可能因改签而恰好遇上一次空难，偶然路过出售彩票的商店买了一张彩票而中头彩，或因为偶然的交通事故而丧命。如果我们否定人生中的偶然性，就会陷于命定论、前定论。我们每个人，即现在的我，都是一个现实的存在，但同样是由多种偶然性铸就的存在。拿我自己来说，我考大学时，同时被复旦大学和南昌大学录取，复旦录取是登报而无通知，南昌大学是有通知而未登报。我是先看到报纸因而进入复旦，由复旦又被分配到人民大学。从既成事实看，我的现状是无可改变的，可从它的形成来看，每一步都包含某种偶然性和可变性。其中任何一个环节的变化，都可以改变我现在的人生，形成另一个不同于现有的另一个"我"。

人有生有死是必然的。可如何生如何死充满偶然性。由于洗澡感冒而引发肺炎死亡，或在某地感染禽流感而死亡，或路过某工地恰巧被掉下来的水泥块砸死，这都是偶然性。总之，人的最终死亡是一种必然，而死的方式和原因可以有千百种。

偶然性是无法预测的，你到王府井碰到分别三十年的老同学，这当然是偶然的，除非你们事先约定。每一方去王府井都是有原因的，都是可以由自己做主的，可以去可以不去；但在王府井恰恰与老同学相逢却是不由自主的，不是任何一方事先决定的，而是由两个各自不同的原因造成的。

偶然性不可预测，但并不神秘。彩票中有人中头彩是必然的，因为彩票中本来就规定有头彩；只是对具体个人来说是偶然的，所以某个人中头彩是必然中的偶然。发生空难必然死人，唐山地震必然死人，火车出轨会死人，这些都是必然的，至于谁碰上则是偶然的。任何偶然都是必然中的偶然。偶然性对于所有碰上的人都是偶然的。唐山地震对于对那些刚好出差的人是偶然性的，因为他们没有死于唐山地震的必然性。必然性存在于个人之外，对于所有的人都是必然的，因为必然与规律不可分；偶然性的原因存在于个人行动中，没有同样行动的其他人不会同时发生同样的偶然性。

偶然性的世界，是使人惴惴不安的世界。心灵的安定会被偶然性扰乱。一个人走进野兽出没的深山，会提心吊胆，因为他无法预料哪里会窜出一只野兽来，所以进入深山不可能有走在大街上的那种安全感；买股票的人会感到不安全，因为股票的涨跌无法预测，更无法由自我决定；出海打鱼的渔民有遇到台风的偶然性；开车有出车祸的偶然性。总之，人的周围存在无数偶然性，因而人有不安全感。这是人信仰上帝、信仰命运的原因。出海的渔民家家相信妈祖；做生意的商人相信财神，你们可以看到商家都供着一尊菩萨。这些都是偶然性无法预测的心理安慰剂。

偶然性无法预测，但是可以防范，因为偶然性既是无限的又是有限的。说它无限，是从世界角度说的；说它有限，是从人的活动范围说的。例如，根本不买股票，就没有因买股票而发财或破产的偶然性；从不坐飞机，就没有空难的偶然性；从不喝酒，就没有因醉驾而发生车祸的偶然性。总之，某些偶然性都与相应活动有关。偶然性与主体活动方式相关，无相关性则无此种偶然性。王府井来往的人多得很，老友相逢这种偶然性，只有对相关人来说才存在。买彩票中头彩，对所有购买同样彩票的人来说，都只是一种"可能性"，而只有对中头彩的人，这种"可能性"才称为"偶然性"。因此，世界上的偶然性是无穷无尽的，各个人的偶然是各不相同的。

偶然性具有不可预料性、不确定性，是不期而遇的。它既可以成为一种机遇，带来好运；也可以成为一种霉运，带来厄运，毁灭人生。因此，一个智慧的人应该懂得防范不利的偶然性，抓住有利的机遇。这就要求人有个有准备的头脑。例如，出海打鱼要关注天气预报，要根据自己的渔船的大小而决定捕鱼的远近，要安装定位和呼叫器等，坐飞机要系安全带，买股票要考虑自己的承受能力和树立风险意识。这就是中国人说的，有备无患。备，是对偶然突发事件可能性的准备；无患，即对策和预案。进工地戴安全帽，坐飞机系安全带，不酒驾，都是一种相应活动的规则。凡是规则，都有防范偶然性的作用。修水库，防范洪水；设消防队，防止火灾。所有应变措施、应变机构都有防范偶然性的作用。减少导致伤害的偶然性的最可靠的方法，就是估计某种活动产生不测事件的可能性的范围和防范方法。

不仅要有防范偶然性的备案，而且应该有心理准备。应该懂得偶然性的概率，否则只能始终惴惴不安。空难的概率是多少？中头彩的概率是多少？这样才不会一坐飞机就全身发抖，也不会整天想买彩票发财。这叫有主见。把自己交给偶然性的人是不幸的人，因为他们把自己交给上帝、命运，而不是交给自己。所谓交给自己，就是理解与自己活动相关的偶然性，具有防范意识。

你们是哲学博士，如果这点道理都不懂，哲学对你们来说就只能是卖弄知识的摆设。

6. 谈偶然性的原因

世界上没有没原因的结果，偶然性也有因果关系。必然性与偶然性的区分不在于有无因果关系，而在于这种因果关系是必然的还是偶然的。一个人出车祸，被汽车压死是偶然的，因为此人生命中并没有注定被汽车压死的原因；如果一个人用手触摸高压线，或触摸电门，死亡则是必然的，因为这个原因在于人是导电体。虽然两者都有原因，但一为偶然，一为必然，区分就在于前者原因是外在的，刚好人与汽车相撞，汽车并没有要压死此人的必然性，或此人也没有一定要被汽车压死的必然性，否则只能相信命运；后者的原因是必然，因为触电能死人是必然的。无论是谁，是张三李四，是王五李六，同样如此。这是规律，是必然性，因为人是导电体，人人如此。

偶然性不能被当成必然性，因为原因在此事物之外，必然性不能被当成偶然性，因为原因在事物之内。但它们又不可分。偶然中会存在必然，因为某人虽然没有死于车祸的必然性，可是在一定条件下，当汽车此时此刻经过此路，而此人又恰恰此时此刻违反交通规则横穿马路，从而造成这起车祸，这就是两个偶然性的交会产生的必然结果。正如高压线断了掉在地上会电死人，如果此人恰好踩上高压线则会被电死，如果避开高压线则不会被电死。踩上或不踩上是偶然的，而踩上会触电，不踩上则不会触电，则是必然的。

历史事件中这种情况太多。辛亥革命发生在十月十日，是因为事情暴露，仓促提前举事。辛亥革命发生的具体时间，肯定具有偶然性，但反对清王朝的民主革命则是必然的。它不是因为计划的偶然暴露，而是由于中国封建社会处于崩溃前夕，各种矛盾激化，清政府彻底腐败，革命已成燎原之势。革命比原定计划提前，决定于某个偶然突发因素，而革命的发生则是必然的。所有历史事件的发生都会具有必然与偶然的双重性。如果不是偶然暴露，辛亥革命也可能发生在别的时间、别的地点，可能使中国这场著名的革命具有不同的形态。但中国人民的民族民主革命则是必然的，只是发生的迟早、举事的方式、参与的具体人物不同，从而会给我们至今仍在纪念的革命绘上不同的色彩。但当这种偶然性变为现实，就成为历史事实。现在来争论辛亥革命是不是可能不发生在武昌，不发生在十月十日，对已经是历史事实的重大事件再设想另一种可能性，除了制造噱头以外，毫无意义。

7. 谈可能性

可能性与现实性作为范畴，具有重要的方法论意义。我们制定政策、处理工作、办事，都应该把立足点放在现实基础上，而不是放在对可能性的期盼上。正如列宁在《论策略书》中所说："马克思主义者在分析形势时，不应当从可能出发，而应当从现实出发。"可能性，只能是预案而不能是执行方案。执行方案必须立足现实。当然，现实不是凝固不变的。考虑变化，应当考虑多种可能性。一个哲学家应该懂得运用这对范畴，找准立足点，只有立足现实才能理解现实和现实的走向；观察未来走向，应该考虑多种可能性，只有充分估计可能性，才能进行合理的有利的选择。

选择建立在多种可能性的基础上，没有多种可能性就没有选择。必然性是拒斥选择的，必然性的特点是认识和利用，这叫因势利导。如果要想选择不变为主观的一厢情愿，不变为永不能实现的梦想，就必须建立在现实性的基础上。没有可能就没有选择，不立足现实性就不能进行正确的选择。你们在人生途中，尤其是关键时刻都可能面对多种可能性，无论是爱情、婚姻、就业以至工作的调动，都需要选择。懂得可能性，懂得可能性与现实性的关系，不只是摆弄抽象的哲学范畴，对你们的一生至关重要。

8. 谈界限

　　任何事都有一个度，即界限。真理有界限，真理向前走一步就会变成谬误；严肃与谦逊也是如此。马克思在《评普鲁士最近的书报检查令》中说："过分的严肃就是最大的滑稽，过分的谦逊就是最辛辣的讽刺"。在日常交往中，例如到别人家做客，过分礼貌，处处谦让，过火了，主客两方都不安。所以，中国人说"客随主便"，这是非常智慧的生活哲学。礼貌过了界，就会变成虚假。而虚假的客人，是最使人难受的。《论语》中记载了孔子的一段话，"子曰：'巧言，令色，足恭。左丘明耻之，丘亦耻之。匿怨而友其人，左丘明耻之，丘亦耻之。'"表面上恭恭敬敬、装作谦虚，可内心却虚假，这是最令人讨厌的。做人要老实，老实就是讲礼而不过分，真诚而不虚假。

　　讲到界限有个问题无法回避，这就是如何评价孔子的"中庸之道"和毛泽东的"矫枉必须过正"，因为它们都涉及界限问题。"中庸之道"作为人的行为和认识的规范来说有其合理之处。毛泽东承认它是辩证法的一个构成要素。例如，子贡曾经问过孔子，子张与子师谁更优秀？孔子回答："子张太过，子商又过于谨慎。"子贡说："是不是子师好点？"孔子回答："过犹不及。"过与不及都不好，这就是辩证法。

　　在涉及社会变革的问题上，"中庸之道"就不能被奉为规范。因为按照"中庸之道"，永远只承认量变而不承认质变，即不承认社会变革需要超过原来的量的界限，或者说需要过"度"，需要越过界限，不准越限，就没变革。因而，革命往往要超出原来的社会设定的界限，这种超越界限与认识的片面性和真理的越界是不同性质的问题。

"矫枉必须过正"是毛泽东在《湖南农民运动考察报告》中针对农民运动中的所谓过正行为说的。革命是一种大的变革，不可能那么中庸、雅致、从容不迫。对几千年的封建势力的反对，必须用大力气，毛泽东正是在这个意义上说"矫枉必须过正"。这是对反对农民运动的一种回答，而不是鼓励做任何事情都过正。我们不能脱离特定语境和对象，把"矫枉必须过正"作为人类行为和认识的通则。

真理是具体的。在认识范围，在人的行为的合理性范围，主张"中庸之道"、"过犹不及"，是合理的，但在社会革命问题上一味倡导中庸，则会阻碍变革。同样，在大力反对某些年深日久积重难返的旧事物、旧弊端，以"矫枉必须过正"来反对旧势力的指摘，有其合理性，但"过正"不是目的，"矫枉"才是目的。"过正"是特定时期特定问题达到矫枉的一种方式。"正"才是目的。从目的来说，"过左""过右"都不正确，而"正"在不左不右之间，即适度。如果不问条件、不问问题，不问纠正何种错误，一律都要"矫枉过正"，就已经"过正"了，变成了谬误。

9. 谈条件

　　在历史唯物主义中，我们很少讲到条件问题，是把它放在辩证唯物主义中讲的。但我们一定不要忘记，历史唯物主义分析任何问题都必须注重条件。

　　本体论中存在条件问题。同一事物在不同条件下会有不同的结果。桔"生于淮南为桔，淮北为枳"，指的就是条件对事物自身的制约性。认识论中同样有条件问题。脱离条件就不可能正确认识事物。可以说，脱离条件，事物的本质是无法认识的。砒霜是药还是毒物，取决于是用于治病还是用于谋杀；一支钢笔是写字的笔还是文物，取决于场合：二战日本无条件投降，在美国军舰密苏里号签字时的笔的作用是签字，和别的笔一样，可一旦被送入博物馆，就成为了有历史价值的文物。

　　历史的因果关系同样是有条件的，不能抽象化。相同的原因，可以产生不同的结果，而相同的结果可以出自不同的原因，因为真实的因果关系都是在特定条件下的因果关系。真正具有科学价值的历史分析，必须重视对被认识对象的条件的分析。历史唯物主义同样要注重条件的分析。马克思在致《祖国杂志》主笔的信中，讲到他在《资本论》中对古罗马失去土地的无产者没有变为雇佣劳动者，而在资本主义社会原始积累时期大批失去土地的农民却变为雇佣劳动者时说，显然相同的事件，只是因为发生在不同的历史环境之中，便产生了完全不同的结果。分别研究这些发展形式，然后比较之,便容易解释这个现象,但拿着一般历史哲学理论,是永远不能解释的。

为什么社会主义革命没有发生在生产力发达的西方资本主义国家,而偏偏发生在比较落后的俄国?为什么比俄国更落后的中国会继俄国十月革命之后,建立了社会主义?为什么苏联解体,社会主义在苏联遭受巨大挫折,而在中国却取得了前所未有的举世瞩目的成就?要分析这些问题,就必须把各个国家发生的事变,放在各自的内部条件、外部条件下来分析。离开特定条件,一切都无法理解。

现在西方有些政治家鼓吹"中国威胁论",认为中国强大就会向国外扩张,是对世界和平的威胁。西方政治家是从西方资本主义一些强国的崛起的情况来推论的。资本主义国家的兴起确实如此。西班牙、葡萄牙、英国、美国、沙皇俄国、纳粹德国以及明治维新后的日本,无不如此。这是由它们的国家性质决定的,资本主义本质决定这些国家强大后必然向外扩张,有条件也有能力向外扩张。资本主义历史证明,对世界造成威胁的就是当时处于强势发展中的某些资本主义帝国。中国不同。中国是社会主义国家。中国既没有向外扩张的历史,也没有向外扩张的现实需要。中国特色社会主义建设需要和平的国际环境,需要各国的友好交往。永远不称霸是社会主义中国的基本国策。现在如此,将来也是如此。一个国家的强大就是威胁,就必然向外扩张,这是脱离国情、世情的抽象论断。

10．谈情理

我们分析问题，要合情合理；做事情，要合情合理。这里所说的情是指"情况"、"情景"，通俗点说，就是合乎实情。如果不符合实情，当然无理可讲，即使讲理，也是假道理。

情理还有另一意义。情，指的是人的情欲；理，指的是理性，它的具体化即规范。如何看待人的情欲与理性的关系，是人生观中的重大问题。如果反对情欲，只强调道德的至上性，这就是以道德的名义对人性合理需求的压制。这种所谓道德高尚，是伪君子、假道学。我们之所以反对"存天理，灭人欲"，是因为人欲不可灭。与人欲相对立的天理，无非是假天理之名的旧理教的神化。

情欲与理性的矛盾，自古以来就存在，它的表现形式可以有差异，但本质是一样的。例如，柏拉图在《斐多篇》中谈论的肉体与灵魂的关系，本质上就是情欲与道德的关系。他认为人的肉体是情欲需求的根源，也是情欲实现的载体，而灵魂的本性是纯清的。"灵魂有肉体陪伴，肉体就扰乱了灵魂，阻碍灵魂去寻求真实的智慧。"这样，人的肉体成为了灵魂达到纯洁的障碍。至于基督教宣传救赎、忏悔，也是牺牲肉体的情欲，以便灵魂得救。

马克思主义承认人的自然需求的必然性，人作为自然存在物，当然有生存繁殖的需求；否则，人就不是有生命的个体。但人是社会的人，人的自然需求不断地人化，摆脱动物式的满足和满足方式，这就是人类文明的进步、道德的进步。这种进步与灵魂无关。人没有宗教所宣扬的寄居于肉体中的灵魂。人是会思想的有理性的社会存在物。人的思想和理性不能脱离人的身体，离开身体则不存在。人死如灯灭。人死后灵魂离开身体而到处游荡，可以轮回，这是宗教学说而不是科学。看起来这种谬说有些抬头，我经常看到有关某些大师宣传灵魂不死的报道。21世纪，科学昌明的当代，宣传这种荒谬不经的东西，居然有人相信，真有点悲哀。这说明我们无神论的宣传太不到位了。

肉体不是罪恶之源，情欲并不可耻；可耻的是，不以人的方式而以动物的方式来满足情欲。在这种情况下，人就是两脚动物，这种以"人性"名义出现的人的情欲的满足，本质上与兽性无异。禽兽不如、衣冠禽兽等贬义词，指的就是这种摆脱社会道德和法律规范的情欲的满足。马克思在《1844年经济学哲学手稿》中对这一点有过深刻的论述。他说："吃、喝、生殖等等，固然也是真正的人的机能。但是，如果加以抽象，使这些机能脱离人的其他活动领域并成为最后的和唯一的终极目的，那它们就是动物的机能。"

人类文明的进步，使人的情欲的实现和实现方式更加符合社会道德和法律规范。人的教养水平就是人的社会化水平，就是人的文明化程度。马克思曾以人的最基本的需求即两性关系为例说明这个问题，他认为从人的两性关系的处理方式中，"可以判断人的整个文化教养程度"。当人的情欲企图摆脱社会规范，并以人性的名义追求"性解放"从而导致情欲泛滥时，人类就从文明社会倒回到了野蛮时代。千万不要以"人性"的名义为集体淫乱辩护。集体淫乱是"文明"和"人性"掩盖下的原始杂婚的当代变形。

11．谈黑与白

非黑即白、非白即黑，这种思维方式是形而上学的思维方法。如果我们学习马克思主义哲学，不能摆脱这种思维方式，确定辩证思维方法，对历史事件、历史人物，尤其对重大历史事件和复杂历史人物，不可能作出较为准确的判断。

小孩子看戏最容易问的问题就是这个人是好人还是坏人？成年人的思维方法也容易绝对化。最容易区分的东西当然是白与黑，因为界线分明，而最难认识的是灰色，非白非黑，亦白亦黑。这也许是反腐斗争中灰色收入最难查清的原因。在认识领域不能采用非白即黑、非对即错的两极对立的思维方法，因为真理与谬误既有界线但又非绝对对立，因而必须辩证思考。

西汉时的思想家扬雄在《法言》中说过一段话："真伪相错，则正士结舌。真伪相冒，是非易位，此邦家之大灾也。"意思是真伪是相错的，也就是真理与谬误并非绝对对立的，因为被视为真理的认识中可能包含某些谬误，而被视为谬误的观点中可能包含某些真理因素。遇到这种真伪相错纠缠在一起的情况时，最聪明的人都会张口结舌，说不清楚哪个对哪个错，必须分析性地思考。

在认识领域中，不仅存在真伪相错，而且可能存在是非易位，也就是说是非颠倒，真伪难分。这种情况的危害性最大。因此，在认识过程中遇到真伪相错的情况时，要善于从真理中发现错误因素，从错误中发现真理因素，不能非此即彼。可是在应用这种思维方法时又不能采取折中主义，此一是非，彼一是非，不分真理与谬误。这样就会陷于是非易位、真伪相冒的错位。总之，要承认认识的复杂性，不能简单化、片面化。既要防止非白即黑，又要防止黑白不分。要区分真伪，但不能非黑即白；要辩证思考，但不能此一是非，彼一是非。

要在思想方法上解决这个非白即黑的形而上学方法问题，首先是要学会分析。毛泽东在《学习和时局》中专门讲到分析的重要性。他说，列宁认为对具体情况作具体分析是马克思主义的最本质的东西，是马克思主义的活的灵魂。我们许多同志缺乏分析的头脑，对于复杂事物，不愿作反复深入的分析研究，而爱下绝对肯定或绝对否定的简单结论。"非白即黑"，就是绝对肯定和绝对否定的典型表现。我们发现在近代史人物和思潮的研究问题上的一些翻案文章，往往是把自认为过去被颠倒的事再颠倒过来，往往陷入另一种片面性。

12. 谈新与旧

历史发展的本质，就是新制度代替旧制度、新事物代替旧事物、新思想代替旧思想。时变则事变，革故鼎新是普遍规律。庄子曾以舟与车为例说明适时变化的必要性。他说："夫水行莫如用舟，而陆行莫如用车。以舟之可行于水也而求推之于陆，则没世不行寻常。古今非水陆也？周鲁非舟车与？今蕲行周于鲁，是犹推舟于陆也，劳而无功，身必有殃。"舟只适用于水，车适用于陆地。周鲁时代不同，不可能把周的一套搬到鲁国来。

可是，新旧事物和制度之间不是绝对对立的。在现实中，总是能发现历史的影子。其中有些是不适合新时代的旧制度、旧思想的残余，经过或长或短的时间慢慢消退。可有些是积极因素，它会以变化了的形式继续存在，它表现为历史的连续性。我们以科举制度为例。隋唐时建立的科举制度是对魏晋时代的门阀制度和九品中正制度的一次巨大革新，改变了"上品无寒门，下品无士族"的社会性不合理现象，这是中国文官制度的一大创造，为平民中的杰出人物开辟了一条参与政治的道路，扩大了封建官僚队伍的来源，提高了官员的素质。这个制度从隋大业三年开始到清光绪三十一年，实行了一千三百多年。在这段时间，通过科举选拔的确出现了一批政治家。可是随着年代日久，科举制这一原本是重大官吏选拔制革新成果的新制度的弊端逐步呈现。不仅是科场舞弊，更严重的是科举的课目和题目程式化，考试变为为圣人立言，并无真才实学。不仅影响了官员的质量,而且影响了整个教育的方向。因此,到清末,废科举、办学校已成为改革必然之势。可以废除科举制度,但考试制度并不会因废除科举制而消失。考试作为选拔的一种方式有其合理性和必要性,世界各国都有各种不同的考试,包括公务员考试制度。

全国革命胜利之前,我们的干部是革命干部,所有参加革命的人都是革命干部,革命干部是革命队伍中的一员。全国革命胜利之后,凡是参加工作的人自然是大大小小的国家事业机关的干部;大学生毕业分配是国家干部的重要来源,不存在再考试问题。中国当代公务员的国考,是改革开放后从20世纪90年代开始的新举措。国家公务人员的考试在一定程度上继承了中国科举制度选拔官员的办法,但改正了原有科举制度的缺点。公务员考试获得的是资格而不是功名,可进国家机关当公务员,也可自主择业。而且,国考合格不是做官而是当公务员,逐步积累从事实际工作的经验。我们可以看到,公务员考试制度改变了获得文凭即获得干部身份的流弊,是真正培养各个工作岗位有工作才能的后备队伍,其中涌现了一批既有实际文化素质又有实际经验的治国理政的人。

公务员考试不同于中国封建社会的科举制,但人们能从中看到中国科举制对中国政治文化的影响。如果只知道新与旧有界线而不知道它们有联系,那就是根本没有历史眼光。

13. 谈经与权

马克思主义哲学中有条原则，叫原则性与灵活性相结合。这在中国哲学中，就是经与权。它是中国传统思想中最具辩证法的思想。柳宗元说："经非权则泥，权非经则悖。""经"与"常"，都是普遍性，老子《道德经》中说的"道可道，非常道，名可名，非常名"，"常道"、"常名"中的"常"，指的就是普遍性与永恒性。而权与衡是相互联系的。所谓权衡，就是从实际出发，采取相应措施。不懂权衡实际情况，所谓坚持原则，就是顽固不化；背弃原则、只知权衡，则是机会主义，是变色龙，是对原则的背叛。

在实际工作中，有经有权、有原则性有灵活性，是最好的思维方法和工作方法。列宁强调的"具体问题具体分析是马克思主义的活的灵魂"，毛泽东确立的"有理、有利、有节"，都是经与权相结合的原则。马克思主义中国化就是经与权的结合。坚持马克思主义普遍原理，是"经"；根据中国实际应用马克思主义，是"权"。

14. 谈有用与无用

　　和你们谈这个问题，似无必要。哲学系本科生有些是分配的，而你们是博士，是以哲学为业的，可以说是自觉自愿投身哲学这门专业的，当然知道哲学的有用与无用的问题。可我们大家都生活在市场经济条件下，我们观察问题的眼光可能自觉或不自觉地受市场观念的局限。如果能获得最大经济回报的专业就是最有用的专业，哲学当然属无用之学。如果没有一个正确的观点作指导，哲学这个冷板凳很难长久坐下去。哲学当然有哲学的效用标准，这个标准就是作为能思想的人的需要。

　　就对人的生物性生存来说，就直接创造物质财富、满足人类直接生存的需要来说，当然最有用的是数理化或其他技术性知识。可人同时是精神性存在。人有精神性需要。哲学可以提高人的人生境界，道德可以规范人的行为，艺术可以增高人的审美情趣和气质，音乐可以愉悦人生、和谐人生。中国历来重视乐教。《荀子·乐论》中说，"夫声乐之入人也深，其化人也速，故先王谨为之文。乐中平则民和而不流，乐肃庄则民齐而不乱"。哲学教育、道德教育、美学教育，总之一切人文教育都是人的培养不可缺少的。理工农医以及一切科学技术工作者，都需要培养人文知识，否则会沦为工具化的人，会成为不完整的人。

　　冯友兰先生说："哲学本来是空虚之学。哲学是可以使人得到最高境界底学问，不是使人增加对于实际底知识及才能底学问。"老子以为道与为学作为区分标准。哲学是为道，不属于为学。确实，哲学与实证科学对人的教育发挥着不同的作用。一者是培养人的世界观和人生观，完善人的道德和提高人生境界；一者是培养人的改造自然的本领，提高人的生存才能。这两者都需要。前者使人成为人，后者使人成为具有某种专业才能的人。可它们又不能只讲分，而必须讲合。空谈哲理而不务实际，会成为空谈家、清谈家；对于这种人，哲学确实会陷于无用，不是哲学无用，而是他根本不打算用，也不善于用。如果只谈实学，重视技能培养而无哲学头脑，则不仅人生境界低、思维能力亦低，在专业领域也不可能取得突破成绩。没有思维方法的突破，很难有实际科学的突破。马克思主义哲学的重大变革，就在于把哲学变为认识世界和改造世界的思维方法。既发挥哲学自身的思维方法的特点，又避免它与人的具体认识和具体实践相脱离，流于空谈。马克思主义哲学家不应该只是空谈哲学的哲学家，不应该只停留在书本上，而应该直面现实，关注现实，走理论与实际相结合的哲学道路。这是马克思主义哲学家不同于以往一切哲学家的特点。

周总理是"千古一相"，是新中国的大总管。他在政治、军事、外交等诸多方面的才能都是后人无与伦比的。周总理就善于进行哲学思维。1963年4月在同当时埃及部长执行委员会主席阿里·萨布里的谈话中，就专门讲到中国人办外交的哲学思想，极其生动地表明了哲学思想的重要性。周总理说："我们中国人办外事有这样一些哲学思想"。然后讲了几条原则：第一，"要对等，不要将己见强加于人"。这是中国人协和万邦的思想。第二，"决不开第一枪。人家可以先对我不好，我们决不会先对人家不好"。这是中国哲学讲理的思想。处理国际问题，先要占理。谁开第一枪，谁就首先输理。第三，"来而不往，非礼也"。不开第一枪不是无原则地退让，不是软弱可欺，应该有所准备，进行还击。这是有理、有利、有节的原则。第四，"退避三舍"。这就是我先退，给你警告。再来再让，但事不过三。这样做是为了给予对方时间考虑，有两种可能，一种是对方因此而谨慎行事，可以避免战端，另一种是对方无视警告，只能还击。朝鲜战争就是如此。周总理总结说，我们中国人办事就是根据这样一些哲学思想。我们应该从周总理讲外交应该有哲学思想中体会到更多的东西。

　　如果人作为人只有物质需要，当然可以不要哲学。如果要超越动物生存本能的水平，作为思维着的人来生活，就需要哲学，只有哲学才能提升人的人文和思维素质。哲学之用，大可治国，小可治身。《道德经》中说，"治大国如烹小鲜"。这句名言，就极其智慧地说出了治国之道，可以抵得上无数本政治学教科书。

15. 谈借口与诱因

我们以往历史唯物主义教科书中，在历史唯物主义中很少讲因果关系问题，是放在辩证法的范畴中讲的，很少涉及社会历史问题。至于在因果关系中，对借口与诱因的区分则更少涉及。这样妨碍了我们深入地理解历史现象。

借口与诱因貌似相同，实质各异。借口，是实现阴谋或某种既定政治目的而制造的"原因"，而诱因则是真实的客观原因，但不是主要的原因。例如，1931年9月18日，日本关东军以南满铁路被炸为理由，突然向北大营发动进攻，几天即占领沈阳，并很快占领全东北。这是为实现侵略阴谋制造的借口；1937年7月7日卢沟桥事变，也是以日本演习士兵失踪要进宛平城搜寻为借口，突然发动进攻。这里的所谓"原因"都是借口，与事件的本质毫无关系。

第一次世界大战爆发时的奥皇储被刺是第一次世界大战争的诱因，因为奥皇储被刺不是战争任何一方的预谋，而是引发战争的客观导火线。清代"文字狱"都是以文字中包含对朝廷的不敬为理由，镇压汉族知识分子，实际上都是制造的由头，不是真正的诱因而是借口，没有这篇文章可以有另篇文章，找不到这个原因还可以找另一个原因。凡不是真实的原因而只是自认为的"原因"，都是借口。

在以往阶级社会的政治生活中，在国际关系中，这种制造借口的事例屡见不鲜。它往往容易与诱因相混淆。中国人说"欲加之罪，何患无辞"，讲的就是借口而不是诱因。诱因是真实的原因，但不是主要原因。如果没有主要原因，它就不会构成诱因。例如，美国炸我驻南联盟大使馆、南海撞机等事件之所以没有引发中美战争，没有成为引发中美战争的诱因，没有成为发动战争的借口，是因为双方都没有为此而战的意愿。因而，它是一个外交事件而没有成为战争的诱因。因此，诱因作用的大小和后果，只有依据它在整体事件中的地位才能确定。美国以伊拉克拥有大规模杀伤性武器为由发动伊拉克战争，目的达到后说是情报错误，其实拥有大规模杀伤性武器是借口，真实目的是推翻萨达姆，而情报错误则是对借口的掩饰。

　　一个有眼光的历史研究者研究历史时必须区分借口与诱因。借口是制造的，它与事变本身不存在任何客观的因果关系；而诱因，则是事变因果关系中的一个小小环节，它只起引爆作用，当它没有引爆事变，它就不再是诱因，而是一个普通的甚至微不足道的事件而已。

第十章　哲学的追问

1. 谈"为什么？"

你们可以问问自己，在学习和研究哲学的过程中，你们提出过什么样的哲学问题？独立探讨和回答过什么问题？你们发表的文章中有没有问题，还是仅是没有问题的论述？你们在开题报告中准备提出什么样的问题作为论文的核心内容？我没有问你们读过哪些书，因为书读得再多而没有问题，提不出问题，也是白搭。

有人说哲学家像小孩，或者说小孩像哲学家。哲学家与小孩子有个共同点，这就是提问，总是在问"为什么？"。小孩最喜欢问为什么，为什么星星会眨眼？为什么地球动而我们不会跟着动？总之，领着孩子上街，要不断地回答他的提问。哲学也是提问。不同的是孩子没有概念思维，他的提问都是针对具体对象的提问，碰见什么问什么。哲学家的提问是对具有普遍性的问题的提问。哲学问题都是普遍性的问题，属于概念思维领域。影响最大的哲学家，是能提出新问题的哲学家。提问题，等于悬挂黄榜。一个哲学家提出的重大哲学问题可以推动同时代人甚至以后多少代哲学思维的发展。我曾记得我学习哲学时，听过有名的哲学家讲康德哲学，综合判断和分析判断这好懂，讲到康德关于先天分析判断何以可能时，老师急得团团转，我们都如同腾云驾雾，不知所云。至今好像哲学家也说不清先天分析判断何以可能，这成为认识论中的一大难题，哲学史上的悬案。

马克思非常重视问题在人类认识和实践中的重要意义。他关于问题重要性的著名论断,理论工作者们耳熟能详,人人皆知。在实践中、在研究中,真正注重提问题的并不多,更不用说提出新的具有时代意义的问题。我们的缺点是,写文章或写书注意的不是如何发现问题、提出新问题,而是构建体系。用众所周知的东西、用貌似高深晦涩难懂的东西、用自我创造的概念,构筑一个所谓的体系,也许你们认为这就是研究哲学。其实这种没有问题的体系,如同一栋曲径通幽的深宅大院,很大、很空。站在门口往里瞧,很吓人,但真正坐下读,你们会发现除了概念套概念,什么东西都没有。

2. 谈时代精神的精华

为了简便，我们习惯使用"哲学是时代精神的精华"，似乎这是马克思关于哲学本质的经典表述，其实这是误读。这样理解，离开了马克思1842年抨击《科隆日报》社论提出这个著名论断的历史背景。

马克思说的是"任何真正的哲学都是自己时代的精神上的精华"。这个"真正的"定语是不能忽略的，更是不能删去的。删去了就无法理解在同一篇文章中，马克思并不是赞扬任何哲学，相反，他对经院哲学采取的是批评态度。马克思说："哲学，尤其是德国哲学，爱好宁静孤寂，追求体系的完满，喜欢冷静的自我审视"。还说："哲学，从其体系的发展来看，不是通俗易懂的；它在自身内部进行的隐秘活动在普通人看来是一种超出常规的、不切实际的行为；就像一个巫师，煞有介事地念着咒语，谁也不懂得他在念叨什么。"可见，马克思并没有抽象地把任何哲学都视为时代精神的精华。

马克思关于真正的哲学的论断，是对《科隆日报》的政治编辑海尔梅斯对《莱茵报》攻击的反驳，因为《科隆日报》在它的179号社论中猛烈抨击马克思主编的《莱茵报》，说他们认为通过报纸传播哲学和宗教思想，也像报纸上攻击这些思想一样，都是不能允许的。它的攻击矛头直指马克思，因为马克思当时参与青年黑格尔左派运动，正在利用黑格尔哲学中的积极因素反对普鲁士专制制度和宗教，并在《莱茵报》上宣传这种哲学观

点。马克思当时维护黑格尔哲学，维护青年黑格尔派从黑格尔哲学中得出的反对宗教、反对普鲁士专制政府的结论。也就是把黑格尔哲学导向实际的政治生活，使之走出纯思辨的领域。这当然不是黑格尔的本意，但黑格尔哲学辩证地表现了时代精神，包含着对现实的批判因素。

马克思是在哲学与宗教对立的意义上强调"真正的"哲学是时代精神的精华，因为它追求的是真理，而不是信仰。仍然是在这篇文章中，马克思强调，"哲学是不是应该照'每个地方都有自己的风俗'这句俗语所说的那样，对每一个国家都采取特殊的原则呢？哲学是不是应该在一个国家里相信 $3 \times 1 = 1$，在第二个国家里相信女人没有灵魂，而在第三个国家里却又相信有人在天上喝啤酒呢？难道存在着植物和星辰的一般本性而不存在人的一般本性吗？哲学是问：什么是真实的？而不是问：什么是有效的？它所关心的是一切人的真理,而不是个别人的真理;哲学的形而上学真理不知道政治地理的界限;至于'界限'从哪里开始,哲学的政治真理知道得非常清楚,而不会把特殊的世界观和民族观的虚幻视野和人的精神的真实视野混淆起来。在所有维护基督教的人中间,海尔梅斯最无能"。从这段话中我们可以看到,马克思强调只有追求真理、反映真理、反映人类精神的哲学才是真正的哲学,才是时代精神的精华。宗教不可能是时代精神的精华;只表达个人哲学见解而不能反映真理的哲学,也不是时代精神的精华。不要以为任何人自称为哲学家的人构建出的哲学体系,都是时代精神的精华。其实这种哲学不是时代精神的精华,而是一文不值的"哲学胡说"。"哲学胡说"是恩格斯批评当时一些哲学的用语。

什么样的哲学才是时代精神的精华呢?马克思在论述真正的哲学是时代精神的精华之时作过阐述:"哲学家并不像蘑菇那样是从地里冒出来的,他们是自己的时代、自己的人民的产物,人民的最美好、最珍贵、最隐蔽的精髓都汇集在哲学思想里。正是那种用工人的双手建筑铁路的精神,在哲学家的头脑中建立哲学体系"。他还强调,任何真正的"哲学不仅在内部通过自己的内容,而且在外部通过自己的表现,同自己时代的现实世界接触并相互作用"。

马克思上述关于真正的哲学是时代精神的精华中所说的时代精神,概括起来就是三个关键词:时代、人民、实践。

第一个关键词是时代。时代精神就是一个时代里反映时代进步要求的精神,因此,真正的哲学必然是引领时代思潮和时代潮流的哲学,是与时代相向而行而不是相背而行的哲学。

第二个关键词是人民。作为时代精神的精华的哲学必须能把人民中最精致、最珍贵和看不见的精髓集中在自己的哲学思想里。真正的哲学体系并不是哲学家冥思苦想、面壁虚构或闭门造车能构造出来的。进行哲学研究时可以闭门,可真正的哲学智慧不是闭门可得的。世界上没有一个仅属于个人的真理，哲学智慧同样如此。

第三个关键词是实践。哲学不仅从内容来说是实践的总结，而且就其作用来说，也应该与世界相互接触和相互作用。一个对人类认识世界和改造世界不能直接或间接起作用的哲学，不可能是时代精神的精华。

只要把马克思1842年《〈科隆日报〉第179号的社论》中关于真正的哲学是时代精神的精华的论断，与他在《德法年鉴》中的文章，与他两年之后的《关于费尔巴哈的提纲》联系起来考察，尤其是与其中的第十一条联系起来考察，就能懂得马克思关于真正的哲学是时代精神的精华的深刻含义。他是对新哲学的呼唤。只有这样理解，才能懂得马克思关于哲学满含热情的期待："哲学是被它的敌人的叫喊声引进世界的……对于哲学来说，敌人的这种叫喊声就如同初生婴儿的第一声啼哭对于一个焦急地谛听孩子哭声的母亲一样；这是哲学思想的第一声喊叫。哲学思想冲破了令人费解的、正规的体系外壳，以世界公民的姿态出现在世界上。"

我们这样解读，并不否认其他哲学对人类思想的贡献。可以说，凡是在哲学思想史上对人类智慧作出贡献的哲学家，都在不同程度上具有时代特性，都在不同程度上吸取了人民的智慧，都对人类认识世界有不同程度的贡献。他们是思想家，而不是哲学掮客。

3. 谈哲学难题

哲学不同方面有各自的根本性难题。世界观中的难题是主观世界和客观世界的关系问题。有没有客观世界？客观世界是否就是主观世界中映现的世界，这两者是否具有同一性？康德用物自体把这个问题搁置了，可实际上哲学不可能绕开这个问题。我们在实际生活中，天天碰到这个问题。

认识论中的难题是人的认识从哪里来？认识具有客观性吗？判断客观性的标准是什么？庄子在两千多年前就提出了这个难题。他说："既使我与若辩矣，若胜我，我不胜若，若果是也，我果非也邪？我胜若，若不吾胜。我果是也，而果非也邪？"怎么办？找个裁判。谁当裁判？"吾使谁正之？使同乎若者正之，既与若同矣，恶能正之？使同乎我者正之，既同乎我矣，恶能正之？使异乎我与若者正之，既异乎我与若矣，恶能正之？使同乎我与若者正之，既同乎我与若矣，恶能正之？"说来说去，是非对错是无法证明的。从庄子这个难题的设置中，你们可以看到马克思的伟大。因为马克思在《关于费尔巴哈的提纲》中第二条说得很清楚，离开实践讨论认识的是非对错只能是经院哲学。庄子这里绕来绕去的反复论证，就是把认识局限在纯认识的范围内来讨论。

价值论中的难题是价值的本质问题。如果价值就是满足需要，毒品对吸毒者最有价值，赃物对罪犯最有价值，侵略对侵略者最有价值。价值需要说陷于困境。可说价值与主体需要无关，那价值判断就是无主体的判断。

无主体的价值判断同样会陷入理论困境。因为在现实社会中，我们看到对同样对象、同样问题，由于判断主体不同，价值判断大相径庭。认为价值判断与主体无关的论断也站不住。诸如此类的例子，我们可以举出一大堆。价值满足需要说有其不足之处，可如果脱离主体需要讨论价值，其矛盾并不比需要说的矛盾更少。因而，必须进入科学与价值关系的研究，进入人的社会和需要主体的社会关系制约性的研究。把价值判断与科学判断分开，把价值判断当作与科学判断无关的问题，把判断主体当作与社会关系属性无关的人，价值问题永远争论不清。

人生观最难的问题是人为了什么活着，这是涉及人生意义、价值、理想、信仰等的重大问题。人类延续离不开繁殖，性是人成熟后的本能需求。它表现为欲。有欲则有情。情是欲的表现，欲是情的内核。人不仅是生物个体，同时也是社会存在物。人作为社会存在物有精神需求，这就是理想、信仰。人的两性关系不是简单交配，而是升华为爱情，演绎出感人至深的爱情故事。《梁山伯与祝英台》、《牡丹亭》、《西厢记》以及《红楼梦》大观园中的那些少男少女们之间的情感，都不能被还原为简单的男女情欲，可其中确实有情欲。有情必有欲，但有欲不一定有情，这是人的恋爱与动物交配的根本区别。物的需求压倒精神需求，人返回动物；精神需求调节生物需求，则是理想人生。

人不可能绝欲灭情，也不能纵欲滥情。平衡情与欲的是理，理性与理想。由理性来衡量欲望的正当性和情的合理性限度。当"理"以理想的形式存在，这种人就是有信仰有道德有人格尊严的人，是自尊、自爱、自信的人。这种人的理想超出了本能的欲望，使欲望转变为一种动力或正能量。相反，纵欲伤身，滥情伤人。《诗序》中说，"发乎情，止乎礼义。发乎情，民之性也；止乎礼义，先王之泽也"。所谓"止乎礼义，先王之泽"，讲的就是社会规范。人的情欲一旦挣脱社会规范，人就动物化了。历来最有影响的爱情诗都是歌颂情而非欲，如秦观《鹊桥仙》之"金风玉露一相逢，便胜却人间无数","两情若是久长时,又岂在朝朝暮暮";苏轼悼亡妻之《江城子》,"料得年年断肠处,明月夜,短松岗",读之催人泪下。我不喜欢当代所谓的爱情电视剧,床头加拳头的戏是欲压倒情。其中有情,也是滥情,以滥情为美,混淆了人与动物的界线。

人生是一个包含喜怒哀乐、悲欢离合、幸与不幸的过程。喜剧是对欢乐和幸福的表达,而悲剧则是对不幸和悲哀的抒发。人们喜欢喜剧,因为人们希望圆满、大团圆;可人生不可避免地会有冤屈,有不幸,有不公的遭遇。要倾诉,最佳表现方式是悲剧,如《窦娥冤》。自然灾害之所以构不成悲剧,是因为它缺乏社会因素,缺少人与人的关系。可天灾中人的不幸遭遇,灾害中人与人相互关怀的复杂情感和动人故事,则能构成具有社会性的悲剧故事。唐山地震中的家破人亡,相互救援或家庭重组,可以成为一出悲剧。而单纯地震则是自然灾害。人生观不会研究自然灾害,但会研究自然灾害中人的表现,如本能求生欲望和社会互助精神。

4. 谈哲学开窍

陈云说，学习哲学，终生受益。不仅受益，而且是终生受益。为什么是终生受益？这是哲学与专门知识和技能的一个重要区别。专业知识属于专门领域，它提供的是特定领域的知识；它受益时间不是终生的，具有职业特性。一个外科学医生不再上手术台，意味着技能有效性的结束。几乎所有专业知识和技能都面临在职与退休的年龄时限，从这个意义上说，受益不是终生的。

哲学不同，它不受领域限制，任何领域中的人都需要哲学；更重要的是它不受年龄限制，哲学受益是终生的。无论在职或退休，年老或年轻都有用。哲学是关于世界观和人生观、关于如何正确思维的学说，只要是人，不管哪种人，不管哪种职业的人，不管哪个年龄段的人，只要活着，就会面对人生，面对人生的各种问题，就会面对各种人生境遇；只要是活人，就会思考问题，处理问题，要使思考正确、处理得当，就要有思维方法。学好哲学，终生受益，就是因为它不受年龄、专业的限制。很多人不明白这个道理，以为哲学只是哲学系学生的事，是哲学家的事。所谓哲学无用，就是建立在这种哲学非技能性的认识的基础上的。

终生受益表现在哪里呢？在于学习哲学可以使人开窍。"开窍"非常深刻形象。凡事不开窍，就不可能认识正确，也不可能办好事。人有七窍，一窍不通，人就不能活；思想也有窍，思想不开窍，就活不明白。我们常说，哲学是智慧学、是明白学，就是陈云说的能使人开窍。人类如何认识、如何实践，都有个窍门。这个窍门不是偷巧、走捷径、卖弄小智慧，而是大智慧，这个大智慧就是哲学道理。

你不认识那个事物，怎么办？去接触它。毛泽东说过，要知道梨子的滋味就得亲口尝尝。对工作没有把握，心里没有底，怎么办？多练习练习。处理事情的本事来自实践，实践出真知。初到一地，初接受一项任务，情况不了解、不熟悉，怎么办？多调查调查。没有调查就没有主意，这就是毛泽东说的，"没有调查，没有发言权"。这就是开窍，知道认识、正确的认识应该向哪里用力。缺乏办事能力却又不去实践，幻想一觉醒来变成万能博士；下车伊始，哇啦哇啦，以为有锦囊妙计，这些都叫思想不开窍。

面对复杂事物、复杂问题，怎么办？要善于分析。分析就是分析矛盾。千头万绪，先理出主要矛盾。牵牛鼻子就是抓主要矛盾。不知如何解决不同的矛盾，必须区分矛盾的性质。有的人，家庭不和，老闹矛盾，怎么办？分析原因。家庭不和是结果，结果的产生肯定有原因，只有找出原因并分析原因，才能消除结果。原因不除，结果难消。这就是哲学的因果思想。这都是普通哲学道理，但管用。可能懂的人多，真正能懂、能用的不多。真懂、真用，就开窍了。

这就是马克思主义哲学一贯倡导的唯物辩证的思维方法和工作方法。调查就是坚持实事求是，一切从实际出发；分析就是辩证思考。辩证、全面地看问题，就会开窍。国家发展时，要有忧患意识，居安思危；国家困难时，要有信心，坚信虽然道路曲折，但前途一定光明。马克思主义哲学的功效就是开窍，因为它为我们提供实事求是和辩证的思维方法。如果马克思主义哲学不能作为方法论而只是教条，只是空论，只是玄谈、清谈，则一无用处。马克思主义哲学之所以能开窍，是因为它是思想开锁的钥匙。方法论问题对马克思主义哲学是至关重要的，是生死攸关的。没有方法论作用，就谈不上认识世界和改造世界。思想开窍，这是马克思主义哲学思维方法的妙用。

　　说终生受益，说开窍，我必须说到没有人愿意听却又不得不听的事，就是生命终结撒手人寰这事。没有一种知识能像哲学这样伴随人一生。当大限已到，有一种正确哲学支撑，便可以坦然面对死神，因为思想已经开窍，认识到死是一种自然规律，是人人不可避免的归宿。我告诉你们，为什么西方人死时会找个神父或牧师，这是临终前灵魂的关怀，让死者平静地面对死亡，把死视为上帝的召唤，回到上帝的怀抱。无神论者难道就没有灵魂的安慰吗？有。这就是哲学。哲学关于生老病死的规律，关于死的必然性，同样是一种安慰。不过这种安慰不是宗教的上帝而是自然规律。真正认识了规律，同样可泰然面对死亡。

5. 谈同性恋问题的哲学视角

同性恋是以同性为对象的性爱取向和行为。它是社会学的研究对象，是性学的研究对象，也有学者称之为亚文化现象，属于文化研究对象。哲学谈论同性恋问题，似乎是越界。但我不这样看。同性恋现象是超越国界、超越民族文化传统、超越阶级、超越文化水平、超越贫富的极为广泛的社会现象。甚至超越时代，中国古代历史中就有过关于帝王同性恋的记载。我们从对同性恋的各种不同看法中，能够得到一点哲学启示。这就是，人类社会对同一问题总会有不同的甚至对立的看法。

同性恋是否是性取向的倒错，同性婚姻是否合法，各有说法。有辩者说，何谓正常不正常，从异性婚姻看，同性恋不正常；可从同性恋角度看，异性婚姻也不正常。两者无所谓正常不正常，只是各自标准不同。有的人认为，同性恋是不道德的，是违背自然本性的，是病态。赞同者的看法则相反，认为自然界中高等动物就有同性行为，同性恋符合人的自然本性。西方有些国家不仅反对歧视同性恋，而且争取同性婚姻合法化。有些国家已经承认同性婚姻。同性恋本来是事实的同性婚姻，只是未经法律认可而已。争取同性婚姻合法化，涉及的是利益问题，包括社会福利、社会保障和子女收养等问题，也包括政治家争取同性恋者的选票问题。

同性相恋可以视为个人私事，不予干涉；社会也可以容忍，不应加以歧视。曾经有过把同性恋视为可以治疗的精神疾病，这个看法被否定了。

最近爆出一个新闻，曾经有 37 年反同性恋历史的"反同"团体"出埃及记"的主席阿兰·钱伯斯公开承认自己是同性恋者，承认依靠信仰的力量能使同性恋恢复正常是个欺骗。据说同性恋是无法治疗的，也是不需治疗的，所有寻求治疗的没有一个成功的。这是个可以长期研究的生理学、心理学甚至人类学的问题。我们没有发言权，但我们可以从历史唯物主义角度探讨这个问题。

我作为一个哲学工作者，把同性恋和同性婚姻合法化分为三个不同的问题。一个属于性取向问题，任何人无权干涉，这是私事。一个属于法律问题，不同的国家可以采取不同的政策，可以认可合法化，也可以不认可合法化，这属于立法问题。各个国家可以根据国情、文化传统、宗教信仰而定。性取向是个人问题，别人可以少管闲事；同性婚姻合法化是各国的立法问题，别国无权议论。

第三个是从家庭功能的理论角度考虑，哲学工作者有权发表意见。因为家庭婚姻制度不仅是个人问题，而且是社会问题。它涉及全社会的共同利益。从性取向来说，在人类社会中，由于机缘，同性相恋可以常见，不仅监狱、军营或某些特殊场合，即使正常社会交往中也可以发生。某些同性之间特别亲近，情谊特深，特别投缘，甚至好过异性，这并不奇怪。中国古代帝王中也过"断袖之癖"的故事。性取向不只是情感，而是两性之间的一种性行为。这属于个人私事，不在议论之列。

我说的是家庭制度，即婚姻制度的社会本质。从人类社会存在和发展的需要看，异性婚姻是人类社会得以存在、人类得以衍生的自然要求。有人认为婚姻作为人类社会存在和人类繁衍的基础的观点，极其陈旧。婚姻就是两个人的性爱，与传宗接代无关。同性恋婚姻是一种完全基于性爱的婚姻，是最道德的婚姻。在我看来，这也只能是聊备一说，有点似是而非。婚姻不单纯是为了传宗接代，但婚姻的社会功能的确包括类的延续。动物界同样如此。动物界中一种动物能否延续主要仍然依靠雌雄结合。中国把结婚生育视为传宗接代的观点，错误并不在于传宗接代，而在于重男轻女。只承认生男孩香火有继，而生女孩则是绝后，这是封建男权社会的思想。从人类社会总体来看，没有女孩，同样无宗可传，无代可接。因此，生男生女都应该被视为社会存在和发展的需要。

从历史唯物主义观点看来，社会存在两种生产，即物质生产和人口生产。人口生产是社会存在和发展的重要方面。而人口生产的承担者必须是异性婚姻。这是异性婚姻的社会功能。至于从器官构造，人有男女、动物有雌雄来看，异性婚姻制度更符合自然规律。按中国哲学，一阴一阳谓之道。阴阳相合，男女结合，才能有种的延续和社会的存在。《易经》中说的，"有天地然后有万物，有万物然后有男女，有男女然后有夫妇，有夫妇然后有父子"，这个道理还是对的，虽然其中夹杂一些封建伦理杂质。人的雌雄之分、阴阳之别、生殖器官的构造，都符合异性婚姻，符合人类社会的存在和延续。

同性恋是无须批准的。同性婚姻可以由国家法律批准其合法化，可以由新的婚姻观认同它的道德性。但不一定表明它符合自然规律，符合社会存在和发展的规律。从人类社会总体来看，同性恋仍然是极少数，可以容忍，不能歧视。少子化、老龄化都已成为严重的社会问题，在这种背景下，如果一个社会的同性婚姻过多，超出社会存在和发展的人口最低需要，社会状况将如何？领养吗？无处可领养，无人可领养。不播种，是长不出果实的。

人权，是顶大帽子。盖上人权的纹章就占领了道德制高点。把同性恋婚姻视为人权，反对就是剥夺人权，只能说明西方某些人的人权观的荒谬。一个无缘无故开枪杀害三四十个人的杀手，不能被处以死刑，这叫"人权"，可无故被杀者没有人权，只有被杀的"死权"，岂不荒唐！生育权，是一种人权；异性婚姻家庭承担着保证社会存在和人类延续的责任，更是人类生存权、民族生存权。以为只有同性婚姻合法化才算保护人权，全世界许多国家、民族，包括美国不少州不批准同性婚姻家庭合法化，难道都不讲人权吗！这是人权的滥用。

从性学角度研究同性恋是一回事，从法律角度批准同性婚姻合法化是一回事。从两种生产方式、从家庭的社会功能和婚姻伦理的历史唯物主义角度研究这个问题，又是一回事。你们是哲学博士，应该懂得这种区分。不要被一些人的鼓噪弄昏头脑。

6. 谈哲学的现实性与超现实性

学哲学的人往往容易陷入玩弄概念，这不好。你们一定要注意。哲学具有双重特点，现实性与超现实性。哲学与概念打交道，它具有超现实性。哲学思维方式是概念性的思维，没有一个哲学概念和范畴具有直观性。谁看见过物质，我们能看见的是各种各样的物体；谁看见过运动，我们能看见的是火车在运行、汽车在飞跑、人在走路、风在刮、云在动。人有生有死，气候在变化，春去秋来，如此等等，谁也看不见变化，只看见具体事物的变化，而看不见无变化主体的变化自身。谁也没有见过矛盾，但见过战争，见过群体事件，见过城管与小贩追逐，见过夫妻吵架，见过邻里斗气。总而言之，没有任何人见过矛盾，只见过矛盾着的人和事。哲学中的概念、命题、范畴，都不具有直接的现实性。恩格斯说过，我们既要进入抽象领域又要直接看到抽象，这是不可能的。这是一些哲学家至今仍在嘲笑马克思主义哲学关于世界是物质的、物质是运动的、运动是有规律的命题的原因。他们不理解这种高度抽象性所蕴涵的真理性力量，对世界任何的哲学观察如果偏离了这些高度概括的原则，就会陷于困境。

哲学具有超现实性，又具有现实性。哲学概念、范畴的普遍性内涵都可以通过实际存在成为具体的、可感受的，而不是永远处于彼岸世界。我们看不到物质，但能看到各种各样的物体，具有抽象性的物质概念就存在于世界多种多样的物体之中。物质是对万事万物的本质的概括。物质不是某一种物体，但它又包括每一个物体。这种既不是某一种物体又包括世界所有物体本质的概念，只能是世界的客观实在性。

既具有现实性又具有超现实性，这就是哲学的妙用。它能为我们理解对象提供抽象的思维方法，即概念式的思维。一个人没有概念，就不可能进行抽象思维。一个没有数的概念、只会用手指头算数的人，是野蛮人。如果没有运动、发展、变化等概念，就没有辩证思维。只就事论事，不进入概念的思维，是原始思维。

7. 谈改变自我

从认识论角度看，我不同意向内用力的哲学，把哲学学习完全指向人的内心世界，而忘记了对象，这不是学习哲学的方法，尤其不是学习马克思主义哲学的方法。我们反对单纯向内用力。人只能在改变外在世界的同时改变人类自己。革命家、改革者是改变外在世界；普通工人、农民从事生产也是改变外在世界；我们做工作也是改变外在世界。教员教书是改变学生，培养学生。如果教学对学生不起一点作用，这肯定不是一个称职的教员。人的内在世界的丰富，人的道德境界的提高，不是闭门修养能达到的，而是在实践中获得的。因为人在改变世界的同时，自己也在变化。老子说的"不出户，以知天下；不窥于牖，以知天道。其出弥远，其知弥少。是以圣人不行而知，不见而名，不为而成"，在马克思主义者看来，这种观点显然是不正确的。人只能在改造客观世界的同时改造自己的主观世界。这个道理极其普通，你们都耳熟能详，用不着讨论。我在这里从另一角度讲改变自我的问题。这不是从改变世界中改变自我，而是要如何改变自我适应世界的问题。人与外在环境的关系，既有改变环境并从改变环境中改变自我，但有时也需要有改变自我适应环境的能力。

我曾经遇见过一些人，他们对工作环境不满意，对领导不满意，对人际关系不满意，总是不自在、烦恼甚至苦恼，总是觉得别人亏待自己，一副怀才不遇的样子。换个工作吧，过一段时期，故态复萌，又是不满意。

这个不满意，那个不满意。他们从来没有考虑过，别人满意你吗？领导满意你吗？周围的同事满意你吗？一个在任何地方都感到不满意的人，是否应该考虑自己，而不是单纯考虑环境。有些人的烦恼并不是来自环境，而是来自自己对环境的错误看法。这时责任在于自己，应该改变自己以适应环境，而不可能处处要求环境适应自己。如果家庭闹矛盾、夫妇不和，必须从自己方面考虑是否处理不当，要改变自己适应对方，不能一味要求对方适应自己，否则矛盾只能越闹越大，苦恼越来越多，最后只能离婚了事。这叫没有自知之明。

人贵有自知之明，这是我们老祖宗处人处世的智慧。我们的先圣孔子也强调，"不患人之不己知，患不知人也"。他还提出要做到四绝："毋意，毋必，毋固，毋我。"一个人太主观、太在乎、太顽固、太自我，我看任何环境对他都不合适，或者反过来说，他对任何环境都不合适，因为没有一个环境是专为他一个人设置的VIP贵宾室。当一切烦恼、苦闷、不适应都来自自身时，改变的应该是自己，是自己对环境的看法。

我们应该区分认识论中的主客体关系和人生观中的人与环境的关系。就其来源说，人的认识，人的主观世界，来自客观世界，人是在改造客观世界中改造主观世界。可是从个人与自己的小环境而言，当自己的主观要求与环境不适应时，不能一味强调改变环境，应该勇于检讨自己的看法是否合适，如果问题在于自己，应该勇于改变自己。

改变自我比改变环境更难。我们经常说，我的最大敌人就是我自己。战胜自己有时比战胜环境还难。"自我"是长期形成的具有相对稳定的性格、意志、思想的存在物。因此，一个真正智慧的人，既要懂得改变环境，不同流合污；又要懂得改变自己，纠正自己的缺点，以适应环境。前一种是革命和变革，后一种是处人处世。任何时候都是常有理的人，坚持要改变别人而不改变自己的人，永远是苦恼的人、烦恼的人、牢骚满腹的人、恨恨而死的人。这种人是蠢人，而绝非智者。

要改变自我不容易，因为人的思维方式具有惰性。人往往按固定的思维方式思维。我们要培养积极的思维方法。半瓶水，对于一些人来说只是半瓶水，太少；对另一些人来说，不错，有半瓶水；一百里走了五十里，对一些人来说还有五十里，对另一些人来说只剩下五十里。人无千日好，花无百日红。这是一种辩证的思维方法。这就告诉我们得意时不能志得意满，忘乎所以。官场中，有些人身败名裂，无一不是忘乎所以的结果。

改变自我，要重视生活阅历。自我往往是在生活中养成的。"纸上得来终觉浅，绝知此事要躬行。"对哲学同样如此。《易经·系辞传》中说"近取诸身，远取诸物"。有生活经验的人往往是有哲学智慧的人。我们现在这些哲学博士，从小学、中学、大学，终年泡在书本中，哲学道理说起来可能头头是道，可不会变为自己的思维方法。要求改变别人而不知道改变自我的人，凡事都是责人严而责己宽的人，对自己的工作单位从来没有满意过的人，都是没有经过社会生活磨炼、没有碰过钉子的人。我自己一生最感缺失的也是生活经验，因而对哲学的理解往往是书本的。活到老年，我越来越崇拜真正识大体、有眼界、有分析力、有判断力的人，这是真正有哲学智慧的人，而不是那些能引经据典的人。能引经据典无非是能引经据典而已。学富五车值得夸耀的不是有五车书，而是学富五车，即满腹经纶，而不是满腹牢骚。

8. 谈人类世界

你们是否注意到有这样一种观点，其认为马克思主义哲学就是历史唯物主义，或者说历史唯物主义就是马克思主义哲学。它厌恶自然和自然观，总想让自然变为社会的附属物。这种观点，无论从历史还是从现实来看，都有可议之处。本来强调历史唯物主义在马克思主义哲学中的特殊地位，强调马克思主义哲学变革突出地表现为历史观的变革是正确的，然而过犹不及。没有自然观的历史观，不可能产生历史观的变革。

物质世界和人类历史不是大圈圈套小圈圈的关系。人与社会的关系也不是细胞与社会机体的关系。人类历史领域是自然发展的高级阶段。人类社会的产生，是由自然向人类社会的飞跃。没有自然界，就不可能有人类社会，而由自然界向人类社会的飞跃并非自然自身发展的简单延伸，而是与人类进化相联系的。自然界是人类社会产生的前提。由自然到人类社会，不是世界物质的大圈圈中出现了人类社会这个小圈圈，而是世界物质运动形式上升进程中的一种飞跃。

世界不能归结为自然界，也不能仅仅归结为人类社会。世界是总体性概念。在人类社会产生后，它包括人类社会和人类自身。但世界绝不能缺少更不能排斥自然界。既然世界不能排斥自然界，哲学中就应该包括自然观；有人类社会，当然有社会历史观。它们有区分但不能彼此排斥。马克思的历史唯物主义把自然界放在历史唯物主义视野中来考察，在具有自身规律的客观自然界的发展和变化中，看到人的因素、社会的因素。但历史唯物主义并没有也不可能取消自然界，不可能把自然观合并到历史观中。自然界有其自身的特点和规律，不仅需要有专门的自然科学研究，也需要专门的哲学研究。如果从人类社会领域中排除自然，排除人与自然界的关系，人类社会就是空中楼阁，不可能存在。如果历史观没有坚定的唯物主义自然观为前提和基础，历史唯物主义就不可能产生。

认为人之外的自然界是无，毫无意义，这是书生空论。没有意义和不存在，是完全不同的。有没有意义，是对人而言的；存在与否，是对自然界自身而言的。这两者不应混淆。被认为没有意义的、超出人的实践范围外的存在，在人类实践历史进程中源源不断地进入人的实践范围，由所谓无意义变为有意义。如果它根本不存在，何以能转变呢？正如地下金矿，不为人知，毫无意义，但它确实存在。当人开始开采时，它就由无意义的矿藏变为有意义的矿山。金矿可以炼出黄金，黄金可以变为各种黄金饰物，成为艺术品，但这一切变化的可能性都取决于地下的确存在金矿。

一个哲学家尤其是马克思主义哲学家，绝不能厌恶自然，厌恶自然观。我们应该反对旧唯物主义，而不是反对唯物主义。尊重自然，包括尊重它的客观性和自然规律，应该是作为马克思主义哲学家的基本条件。一个连自然界的客观实在性都不承认，企图把自然界合并到社会，让社会吞并自然，让社会历史观吞并自然观的马克思主义哲学家，只能打引号。

9. 谈自然界的优先地位

有些人在阅读《德意志意识形态》时，只注意人化自然的论述，仿佛将马克思关于"自然界的优先地位"的论断当作对人化自然重要性的陪衬，认为其无关紧要。如果这样看，那就大错特错了。马克思当时对费尔巴哈批判的重点是清算旧唯物主义的缺点，批判他不了解实践对自然人化的重要意义。费尔巴哈并未否定自然界的客观性，因此，马克思对这个问题无须多着墨。但自然界具有优先地位的论断，却不是随随便便可有可无的赘语，而是马克思主义哲学的一个重要命题。

只有承认自然界的优先地位，自然界才有可能人化。人类对自然的改造，在何种程度上能达到预定的目的，是否会受到自然的报复，关键仍在于是否承认自然界的客观实在性，承认自然规律的客观性。自然界的客观性不能否认，自然规律不能违背，这就是自然界处于优先地位的证明。

我们只有重视马克思的这个论断，才能理解人类社会的产生和发展。人类社会的产生和发展都离不开自然界。如果自然界的存在对人化自然不具有优先地位，那生态环境恶化和自然对人的惩罚就是不可理解的。我们绝不能轻视自然界的优先地位的论断。尤其是面对当代频发的自然灾难、生态恶化危及人类生存时，更应该记起马克思的这个论断。这不仅是个哲学问题，而且是个与人类生存攸关的实际问题。

自然界的优先地位重要，可马克思又着墨无多，在皇皇巨著《德意志意识形态》中就那么一句话，这与马克思关于人化自然的论述，与马克思批判费尔巴哈时强调的"他周围的感性世界决不是某种开天辟地以来就已存在的，始终如一的东西，而是工业和社会状况的产物，是历史的产物，是世世代代活动的结果"的长篇论述相比，可以说少得可怜。其实，在《德意志意识形态》第一章"费尔巴哈"部分，核心就是通过批判费尔巴哈的旧唯物主义，创立历史唯物主义，当然不会重点论述自然界的优先地位问题。如果作为一个马克思主义哲学的重要原理来说，这个论断的重要性是不言而喻的。不以它为前提，历史唯物主义的确立是不可能的。读马克思和恩格斯的经典著作都必须考虑到他们提出的原理的条件和历史背景，他们的论断不能离开他们论述的语境。没有着力强调自然界的优先地位并非其不重要，而是论述问题的角度不一样。列宁就不同。当我们阅读《唯物主义与经验批判主义》尤其是前三章时，会明显感到他与《德意志意识形态》论述的问题不同，因此，强调的着重点也不一样。我们不能以《德意志意识形态》来反对《唯物主义与经验批判主义》中关于自然界客观性的论述，同样，也不能以《唯物主义与经验批判主义》来反对人化自然。

10. 谈物质恐惧症

你们要注意，理论界有种物质恐惧症。具有这种症状的人害怕谈论物质本体论，以为承认世界的物质性便会跌入机械唯物主义的万丈深渊。其实马克思主义哲学关于世界的物质性的论断，根本不同于旧唯物主义。它既不是寻找万物背后的本源，也不是寻找物质世界的构成。它探讨的是，我们面对的世界是客观世界还是依存于主体意识的世界？马克思主义哲学关于世界的物质性的含义，最根本之点就是强调世界的客观实在性。物质并不是藏在世界万物背后的实体，而是客观世界本身。恩格斯称物质为物体的总和或物体的抽象，就是这个意思。否定世界的物质本体论，就是否定我们面对的世界是客观世界。

实践的重要性是不言自喻的。它与物质本体论并不矛盾。从客观本性的角度来看，世界是物质世界；从人改造世界的角度来看，世界是对象化世界。不坚持世界的物质性，就会失去马克思主义哲学的唯物主义本性；不坚持科学实践观，就不可能发生马克思主义哲学的变革。世界的物质性和实践的首要地位属于不同范围的问题。前者指世界自身的性质，后者指人对世界的作用。在马克思主义哲学中，它们是统一的。我们应该根据不同的问题，确定"物质"与"实践"概念在马克思主义哲学中的地位。当问题是关于对象世界是否是客观世界时，当然要强调世界的物质性；当问题是关于马克思主义哲学的变革时，当然要强调实践的重要性。不承认世界的物质性，就没有马克思主义的唯物主义；不承认实践在马克思主义哲学中的首要地位，就没有马克思主义哲学的变革。我们理论界关于这个问题的争论，往往没有分清问题的性质与论述的角度。

物质是哲学概念，它必然具有概念的特性，即物质是看不见的。我们能见到的都是具体的变化着的物体。任何概念都是如此。当具体的对象上升为范畴、概念，就进入了抽象思维领域。我们看不见"运动"，但可以看见运动之物在运动。正如我们看不见"人"，只能见到张三、李四一样。我们是通过运动之物把握运动，正如我们是通过张三、李四等具体的个人看到人一样。一些哲学家对世界的物质性提出质疑，对物质概念提出质疑，就是因为他们不懂物质是"共名"。难道因为从来没有人看到过物质，看到的只是具体的物体；从来没有看到过人，看到的都是张三、李四，我们就否定物质的存在，否定人的存在吗？

我们不可能从视觉中见到抽象，只能见到具体的东西。任何有理智的人都不会否认，我们看到张三就是看到人。从逻辑上，不能说人是张三，但可以说张三是人。除非思辨哲学家，没有任何人会在具体的人之外去寻找"人"，正如不要吃桃子和苹果，而只要吃水果一样。这已经是老生常谈了。对抽象的东西的把握，需要抽象思维。我们看不到物质，但我们能看到形形色色的物体，从天上的星星、月亮、太阳到大江大河，到各种各样的动物植物、男人女人。物质就是对具体实物本质的概括，是它们的总体。无论具体实物的存在多么的多姿多态、色彩斑斓、各具特性，但有一个共同特性，即它们都具有客观性，都是对象性存在。

哲学的物质概念解决的就是世界的客观性问题，承认世界的客观性就是承认它是物质世界。不承认世界的物质性，就是不承认它是客观世界。所谓存在是被感知，世界是感觉的复合，世界是绝对观念或主客体的同一性，都是以各种名目否认世界的客观性，也就是否认世界的物质性。物体是个体，而物质是对物体的本质的抽象和概括。我们能见到的物体或暂时没有见到的物体，无论它以什么形态存在，都是物质存在的具体形态。物质世界至大无外，至少无内。无论内外，都可以被包含在物质之中。这就是物质这个概念的妙用。它包含全部物体又不归结为某一物体。物质恐惧症就是抽象恐惧症。具有这种症状的人讨厌物质这个概念，因为其看到的只是物体，而无法从感觉中感觉到对具体物体本质的抽象。

关于这个问题，你们可以查查恩格斯在《自然辩证法》中的有关论述。恩格斯批判经验主义者，"先从感性的事物得出抽象，然后又期望从感性上去认识这些抽象，期望看到时间，嗅到空间。经验主义者深深地陷入经验体验的习惯之中，甚至在研究抽象的时候，还以为自己置身在感性体验的领域内"。恩格斯以物质和运动为例，反驳经验主义者耐格里说没有看到物质和运动，恩格斯回答说："当然不知道，因为物质本身和运动本身还没有人看到过或以其他方式体验过；只有现实地存在着的各种物和运动形式才能看到或体验到。物、物质无非是各种物的总和，而这个概念就是从这一总和中抽象出来的，运动本身无非是一切感官可感知的运动形式的总和；'物质'和'运动'这样的词无非是简称，我们就用这种简称把感官可感知的许多不同的事物依照其共同的属性概括起来。"我们不可能从现实世界作出抽象，然后又企图从感觉中直接感觉这些抽象。我们反驳有些人否定物质本体论时，必须认真思考恩格斯的这段话。

哲学是运用概念的思想学说，概念是不可能通过感觉感知的。你们永远不可能看到矛盾、质、量、生产力、生产关系、社会形态。总而言之，你们看不到任何普遍性的东西，可它却实际存在，它存在于具体对象中。哲学的妙用，就在于它的概念和范畴为思考具体问题提供关于对象本质的思考。如果只看到具体对象而不能进入本质，这是浅层次的、对现象的认识；只有运用概念才能深入事物的本质，这就是概念、范畴的妙用和功能。

11. 谈地形与地图

要理解为什么唯物主义是正确的而唯心主义是错误的，你们就想想地形与地图的关系。究竟是地图应该符合地形，还是地形应该符合地图呢？除了傻瓜，谁都懂。地图是按照地形绘制的。颠倒地形与地图的关系，就不懂区分唯物主义和唯心主义的重要性。

一个错误标识的地图只能误导人，错误的理论同样如此。我们只能修改地图以反映地形，不可能修改地形迁就地图。理论何尝不是如此！只有根据实际发展理论，不可能强求实际迎合理论。削足适履，只能失败。马克思主义理论更是如此。

地形与地图的关系只是比喻。马克思主义只是普遍原则，它并没有标明各国的路应该如何走的路标。马克思主义不是地图，也不是 GPS，不能当地图用，而只能是指南针，是大方向。具体的路如何走，仍然要依靠走路人自己去探索。因此，马克思主义从来不是君临实际之上，而是要立足实际、符合实际。这就是马克思主义必须中国化的根据。岂止中国化，在任何国家，马克思主义都必须本国化。正如恩格斯对美国工人党说的，你必须脱下它的外国服装，必须成为彻底美国化的党。你不能期待美国人向自己靠拢。你是少数，又移自外域，因此，应该向大多数本地的美国人靠拢。所谓马克思主义纲领向本国人靠拢，就是向实际靠拢，就是马克思主义在美国必须美国化。我可以肯定，凡处于边缘状态的马克思主义政党，都没有解决马克思主义本国化的问题。西方国家最害怕的是马克思主义的本国化,而不是论坛化、讲坛化。前者是对统治的威胁,而后者则是坐而论道。

　　用地形与地图来说明唯物主义和唯心主义的区别,说明从物质到意识还是从意识到物质两种不同的思维方法,是有说服力的,但是不能简单化,因为唯物主义和唯心主义之分远比地形与地图的关系复杂。按地图来规定地形,显然是错误的。可理论终究不是地图,而是主体对客体的把握,它具有能动性和反作用。而地图对地形只能如实绘制,一山一水,毫无差错。必须克服旧唯物主义的机械性和形而上的缺点,必须认识到唯心主义关于人的主体性和意识能动中的合理性中包含的辩证法思想仍然是对人类哲学思想的一种贡献。列宁提出聪明的唯心主义和愚蠢的唯物主义之分,并称赞聪明的唯心主义比愚蠢的唯物主义更接近聪明的唯物主义。

　　在哲学基本问题上,我们应该坚持唯物主义,坚持按地形绘制地图,而不能相反。正是在这个最重要的观点上,列宁在《哲学笔记》中批评说:"辩证法的拥护者黑格尔不能理解从物质到运动、从物质到意识的辩证的过渡——尤其不能理解后一种过渡。"可是在涉及辩证法问题、涉及意识的反作用以及人的能动性时,我们应该关注唯心主义取得的成就。这样,关于地形与地图的比喻才不会绝对化、片面化。

12. 谈格言

年轻人喜欢格言，因为它以最凝练的方式启迪人的智慧，但我们必须明白，任何单独一句格言都不能构成永恒真理。当格言表现为一个论断时，必有它产生的历史背景。例如，马克思说的"宗教是人民的鸦片"。此说出自《〈黑格尔法哲学批判〉导言》，时当1844年。此时德国正要结束宗教革命转向政治革命，请问在此时此刻宗教对政治革命，对动员无产阶级而言，是清醒剂还是麻醉剂？答案是不言而喻的，它起着精神鸦片烟的作用，因为它使被压迫者沉迷于对天堂的幻想，而忘掉现实的不幸和斗争。如果不加分析地把这个论断作为关于宗教本质的普遍判断，就会失去它的真理性。既不理解人类历史，也会在现实中导致错误的宗教政策和社会分裂。

宗教的功能是多种的。它的功能的性质和作用往往离不开它的历史背景。宗教，可以是政治斗争的工具，如英国封建社会中王权与教权的斗争；可以是极端恐怖组织进行恐怖活动的思想工具；也可以在行为上自我约束，成为引导人们道德向善、以诚待人的宗教教导，因而真正虔诚的信徒往往是具有道德心和爱心的信徒。在当代西方资本主义世界，流行的是"把肉体交给市场，把灵魂交给教堂"。在生活上是追求高消费，满足欲望，可空虚的灵魂仍然需要上帝指引。我有一个女学生，很善良的女孩子，出国留学五年，回来后精神不佳，经常处于一种内心痛苦状态。我开导过多次，后来她每星期都上教堂，皈依基督教，慢慢有些好转。她感到有种精神寄托，在教友中寻找到一些慰藉。我相信对虔诚教徒来说，宗教信仰可以起到某种道德教化和灵魂安慰的作用。但我要说，宗教信仰可以救人，即陷于精神困境的个人，但不能救世。它可以使特定的个人得到精神解脱，但不可能改变世界、改变社会。世界因科学技术而发展，因生产力的发展而进步，但人的道德和精神世界并没有因宗教而改善。基督教、伊斯兰教、佛教等创立至今已有两千多年，世界并没有因为宗教而成为一个没有战争、人人相爱的世界。宗教可以劝世，但不能救世。

一些人认为西方道德和社会秩序的良好完全依赖宗教，这是言过其实。他们忘记了西方还有一句格言，"把罪犯交给法庭"。在西方，宗教确实发挥了教化的功能，这对西方一些虔诚信徒的道德水平起到了提升作用。这些人怀有对上帝的爱，对人类的爱，对末日审判的恐惧和对天堂的向往。甚至在社会主义中国，宗教也不是鸦片烟，它仍然具有道德和伦理教化功能。宗教最大的危害在于它的政治化。宗教与某种政治势力相结合，往往会激化民族矛盾和社会矛盾。我们奉行宗教信仰自由的政策，但反对宗教沦为某种政治势力的工具。

有的论者说，中国当代社会出现道德问题是因为人们没有宗教信仰。他们提议把中国儒学变为儒教，似乎只要儒学变为儒教就可以发挥西方宗教类似的作用。我对此说持保留态度。这个问题我们上次在"谈儒教"中说过，在此不重复。在这里我要强调，儒学中可能包含某些信仰因素，因为对"天人合一"中之"天"给予超自然的解释，就会引向对有意志的"天"的崇拜。可儒学本质是一种人文文化，而不是宗教。儒学创始人孔子从来没有被神化，没有被抬进神庙，而是被抬进孔庙。孔庙是读书人朝拜之地，而非乞求长生、解脱或有求必应的庙宇。在中国人眼中，孔子是人而非神，是圣人而非凡俗。孔子之能是学而能，多闻、多识，而非天纵之圣。中国所谓儒佛道三教合一说，只是从思想中的某些相通之处说的，而非从宗教角度说的。孔庙中并无释迦牟尼和元始天尊，佛殿中也从无孔子。把儒学变儒教之说有之，但从无此种事实。对读书人来说，得意时拜孔，失意时读庄甚至遁入空门，朝钟暮鼓，青灯黄卷。这是儒佛道三种思想有某些交汇之处，而非三教合一。至于中国百姓，他们没有强烈的宗教教派思想，可以拜和尚，也可以敬道士。和尚、道士共集一堂的事，是常有的。可和尚、道士、儒生共聚一堂做法事的事，从来没有过。

　　西方发达资本主义国家的道德状况，与文明进步、文化普及有关，而非单一的宗教因素。事实上，西方的暴力事件、流行的黄色文化所引发的社会事件，并不少见。至于神职人员中的丑闻，也时有所闻。有人说，西方的科学家也信教并没有妨碍他们成为大科学家。这种现象必须分析。一个大科学家成为科学家并不是因为他信教，反之，他信教并非因为他是大科学家。这是并存关系，而非因果关系。科学家可以信教，正如教徒可以成为科学家一样，因为他们用不同的思维方式解决不同的问题。科学家在实验室中，身份绝不是教徒而科学家，他在科学中必须依靠数据、依靠实验、依靠事实，而不能依靠上帝、依靠祈祷；可在教堂中，他是信徒，他不能以科学精神研究上帝是否真能创造世界，真能在七天中创造万物。宗教对他就是一种信仰，而非科学研究对象。对他来说，上帝是否存在并不是他的研究课题，而是从宗教中获得爱心、净化心灵或救赎自我。因而，科学与宗教、科学家与信徒可以并行而不悖。当它们错位时，矛盾就会激化。当牛顿把第一推动力交给上帝，他在这个问题上就不是科学家，让上帝来解决科学还未解决的问题，是科学的败笔；当哥白尼以科学态度研究天体运动，他就不仅不可能成为教徒而且会遭受教会的迫害。

　　中国并无宗教传统，借神道设教的事古代有过，但也逐渐被文化发展淘汰。中国改善道德风尚，不应从宣传宗教入手，而应推进改革，缩小贫富差距，惩治腐败，改良社会风气，改善人际关系，使人能从社会、从人际关系中得到温暖和关爱，而不是把头朝向天空，希望从上帝处得到爱。爱应在人间，不应在天上。

13. 谈用书难

　　读书人喜欢读书，这极为平常，也极为正常。不喜欢读书的"读书人"，不算读书人。但只读书而不会用书，往往是书痴。用书比读书更难。读书可以带来愉悦，可以坐在沙发上，半靠在床上，甚至完全平躺，悠哉游哉！可用书，则要实践，要身体力行，要改变原来的自我。按照我的体会，读书是享受，而用书则往往是痛苦。它要洗脑、磨炼，要言行合一。

　　清人张潮在《幽梦影》中说，"藏书不难，能看书为难；看书不难，能读为难；读书不难，能用为难；能用不难，能记为难"。这后一句话可议可辩。记，绝不会难于用。博闻强记是一种本事，但绝不是读书的目的。单纯能记住书中所言，与临时查用区别不大。"学止于行而已"，这是中国老话。不会用只能记，最好也不过是书橱，不足为贵。但前几句话很有启发。

　　读书、教书的人，爱书无可指摘。可我发现，我的书真正读过的不多。我没有珍本孤本，也没有特别宝贵的书，都是书店里随时能买到的普通的书。就连我自己家里不太多的藏书，我也没有全读过。经常发生原有的书不知压到何处，想起要读时又买一本。我不谈藏书，因为我们这种知识分子的工资收入无资格谈藏书，最多是买几本普通的书。看起来，买书不难，能看为难，说得对。几乎没有人能读完自己买的书，怪不得古人说，买书不如借书。借书限期还书，逼着非尽快看完不可，而自己买的书往往以为不急，随手一放，结果"无疾而终"。

看书不难，读书为难，亦为知味之言。看书，可以是消遣，可以是随便翻翻，可以漫不经心，可以无所得；读书，则必须认真思考，做笔记，写心得。根据我的经验，看书宜多，读书宜精。看书多，增加知识，扩大视野，而读书则可以深入研究，举一反三，碰撞出自己的思想。当然读书不能是单纯喜欢读，书痴并非读书，而是对书的一种癖好。如果读书无助于做人与行事，与未读无异。能记并非最重要的，重要的还是用。能记，可以引经据典，头头是道，终无实际本领。文人谈兵终为纸上谈兵，不能实战，如赵括，熟读兵书，但最终却全军覆没，此为能读书而不能用书之千年宝鉴。

14. 谈历史唯物主义的最大贡献

马克思社会历史观的最大发现是什么？一个是对人类社会历史发展规律的双重发现。恩格斯说过，像达尔文发现有机界的发展规律一样，马克思发现了人类历史发展的规律；再一个是特殊规律，即资本主义生产方式和建立在它基础上的资本主义社会产生、发展和灭亡的规律，这属于特殊规律。这两个领域中的规律是相互联系的。再一个是由于历史规律的发现而提供的观察社会历史的方法论原则。我们在以往无论是讲授还是学习历史唯物主义时，偏重于基本原理，而往往忽视它的方法论原则。

马克思以人类普遍规律为指导，发现资本主义社会特殊规律，这就是贯穿《资本论》的方法论；而对资本主义的解剖又深化了马克思对人类社会普遍规律的认识，因为人体解剖的确有助于猴体解剖。对资本主义社会的认识，有助于对前资本主义社会的认识。马克思不是为探求社会规律而探求社会规律，而是将其与寻求人类解放道路联系起来。因此，人类社会发展规律、资本主义产生和发展规律最终的落脚点，必然是研究资本主义过渡到社会主义的规律问题，即我们通常说的两个必然性规律。没有两个必然性规律，就没有马克思主义的科学社会主义。

这就是马克思两个伟大发现与科学社会主义的关系。如果说人类普遍规律和资本主义特殊规律的发现引起了人类社会历史观的根本变革，为社会主义从空想到科学提供了理论前提，那么历史唯物主义在当代的价值则是为我们观察当代世界提供方法论原则。只要看看改革开放以来，邓小平理论、"三个代表"重要思想、科学发展观以及中国梦的提出，我们就可以极其清楚地看到历史唯物主义的方法论作用。因为它始终以改革开放为动力，以适时调整社会主义基本矛盾，即不断解决生产力与生产关系、经济基础与上层建筑的矛盾为内容，以实现中华民族伟大复兴为目的。历史唯物主基本原则是中国共产党确立最适合中国的道路、路线、制度的思维方法。

我总觉得我们在历史唯物主义的研究中缺少这一大块，即关于历史唯物主义与当代中国特色社会主义建设的研究。我们的研究者把太多的注意力放在历史唯物主义的体系建构、某个基本原理如何理解、原著中某句话的解读等问题上面。这些问题当然可以研究，也有必要研究，但不应该是我们历史唯物主义研究的主要方向。

15. 谈历史唯物主义的辩证本性

　　西方一些学者把历史唯物主义说成是机械论、宿命论，说历史唯物主义把人视为历史的玩偶、否定人的主观能动性等，罪状甚多，这完全不符合事实。你们绝不能人云亦云。

　　如果马克思是这些学者伪造的那种所谓历史决定论者，马克思何必费终生之力去创造马克思主义呢？学说本身就表明思维的力量，表明主体的力量。马克思和恩格斯又何必组织国际工人协会呢？何必鼓吹革命呢？各国马克思主义者何必组织政党呢？何必搞罢工呢？何必组织革命呢？特别是中国共产党何必为了民族解放如此浴血奋战，牺牲那么多革命者呢？历史证明，马克思主义是最重视人的主观能动性的主义，马克思主义政党是最重视组织群众进行斗争的政党。但马克思主义政党又是反对主观主义，强调按规律办事的政党。因此，马克思主义政党绝不搞盲动主义，不是随时随地鼓吹革命，而是重视社会历史规律。它之所以组织政党、组织群众斗争，是因为它相信资本主义制度不可能是永恒的，是可以改变的，因此，马克思主义政党进行的不是无指望的斗争。马克思主义者又是最坚定的辩证法者，他们认为革命是不可能制造的，一切都依时间、地点、条件为转移。社会革命有高潮时期，有低潮时期，有完全缺乏革命形势的时期。这正说明了历史发展是辩证的，是曲线而非直线，是"之"字形而非"一"字形。

在某一具体社会中，从资本主义过渡到社会主义要经历若干代人，而且可能出现反复。社会形态的世界性转变，即人类社会以一种社会形态取代以另一种社会形态，更是人类历史发展的漫长过程。当今世界是资本主义社会制度处于主导地位的世界，但在某些国家仍然存在封建制度，甚至奴隶制度。这种情况符合历史辩证法，世界的发展并不是步伐一致的列兵行进。世界史表明，人类并不是同步进入同一社会形态的，总是有先有后。所谓先进与落后，就是以它们进入更高一级社会形态来划分的。

世界进入资本主义社会，可以说是进入一个发展辩证法表现得更为明显更为突出的时代。资本主义社会的变化比以往任何社会都快。马克思曾经在《共产党宣言》中生动地描述过资本主义社会的辩证发展。他说："资产阶级除非对生产工具，从而对生产关系，从而对全部社会关系不断地进行革命，否则就不能生存下去。反之，原封不动地保持旧的生产方式，却是过去的一切工业阶级生存的首要条件。生产的不断变革，一切社会状况不停的动荡，永远的不安定和变动，这就是资产阶级时代不同于过去一切时代的地方。一切固定的僵化的关系以及与之相适应的素被尊崇的观念和见解都被取消除了，一切新形成的关系等不到固定下来就陈旧了，一切等级的和固定的东西都烟消云散了，一切神圣的东西都被亵渎了。人们终于不得不用冷静的眼光来看他们的生活地位、他们的相互关系。"说得淋漓尽致，入木三分。没有高度的辩证法思维，何能看得如此透彻入微！

对比一下福山的历史终结论，你们会发现形而上学的思维方法是如何背离现实的。当然社会发展从来是遵循辩证法的，不管承认与否，它都会像木楔子一样楔入人们的脑袋。福山在事实面前终于收回了他的历史终结论。早期资本主义社会到发达资本主义社会，是一个在危机、冲突、调整和自我修补中发展的社会。资本主义社会同样是一个活的机体。当代资本主义社在不断调整自己，充分发挥资本主义上层建筑的自我调节作用。当

15. 谈历史唯物主义的辩证本性 | 355

代世界革命的沉寂并不奇怪，但矛盾并没消失。历史唯物主义关于社会基本矛盾的理论对于资本主义社会同样是有效的。资本主义社会作为社会形态究竟还要存在多少年代，我们不知道，但我们知道没有一种社会形态会永恒不变。社会主义社会同样如此。社会主义社会也是一个存在矛盾、不断变革的社会。六十多年来，中国社会主义社会的发展同样证明了这个真理。

16. 谈马克思主义思想中的死东西与活东西

理论界经常争论马克思主义的当代价值。你们采用的是什么方法，是从马克思主义中区分出哪些仍然有用，哪些已经过时？哪些仍然应该遵守，哪些应该抛弃？如果这样思考，方法论就不对头。

没有一个伟大思想家的著作中包含的是永恒不变的真理。随着时代的变化，后人都会探讨这些思想家的思想中哪些仍然是有价值的，哪些是过时的。1907年意大利哲学家克罗齐曾提出过黑格尔哲学中的死的和活的东西的著名论断，表明任何思想家思想中都包含"死的东西和活的东西"。没有任何活的东西，思想家就失去存在的价值；没有死的东西，那就不是思想家而是永恒真理的化身。人类思想发展是思想积累、继承、创造的历史。积累和继承是对活的东西的肯定，而创造就是对死的东西的摒弃。

我认为，这种关于死的东西和活的东西的区分的观点不适用于马克思主义。这并不是说，马克思主义是永恒不变的真理，而是因为马克思从不把自己的学说视为一成不变的教条，更非包医百病的万灵药方。因此，我们不能从马克思和恩格斯的书中挑出其中哪些是永恒不变的真理，是永远活的东西，而哪些已经死了，可以不必研究。活着的，抱住不放；死了的，弃而不用。这种对待马克思主义的态度就是违背马克思主义。

马克思主义本质并不是一系列真理的汇编，而是为我们提供观察分析问题的基本观点和方法。一个创造性的马克思主义者并不期待从马克思和恩格斯的原著作中寻找那些现成的可以不用费劲拿来就可以用的所谓"活的东西",抛弃那些自以为无用的"死的东西"。我们应该从世界观和方法论的高度来看待马克思主义。如果以教条主义态度对待马克思主义,那全部马克思主义都是死的东西;如果以创造性态度对待马克思主义,那马克思主义就都是活的东西。

历史唯物主义的当代价值,讲的就是历史唯物主义作为历史方法论的价值,而不是某一具体论断的价值。历史唯物主义关于社会历史规律的思想、关于生产方式作为社会存在和发展基础的思想、关于阶级社会中存在阶级和阶级斗争的思想等,都具有方法论价值。可是这些思想并非可以轻易黏贴的标签,在运用时仍然要结合各国的具体实际。当标签用,就是死东西,不管它原本如何正确。当思想方法用,就都是活的东西。马克思主义是一个整体。马克思主义是活的马克思主义,是就马克思主义作为科学体系说的。只有寻章摘句,对号入座,才会说哪些有用,哪些无用,哪些是活的,哪些是死的。

马克思和恩格斯的著作都是在特定的历史条件下写的,都是基于当时时代的判断。正是在这些基于时代的判断中,包含着超越时代的真理性,这就是马克思和恩格斯之所以伟大之处。他们没有脱离时代,但又超越了时代。我只举一个例子,例如生产力发展的无限可能性与地球资源有限性的矛盾,是在20世纪下半叶因生态环境恶化才为人类所注意。我们只有一个地球的思想在20世纪下半叶才开始成为风行世界的口号。在马克思生活的时代,工业革命刚刚开始,人类为生产力仿佛从地底下涌现而惊愕不已,不可能提出资源有限性的问题。当时人类抱着生产力可以无限发展的乐观主义态度,不会产生地球会被科技毁灭的悲观主义的观点。马克思当时没有也不可能面对这个问题。因此,马克思当时对生产力的论证,重点是放在生产力发展对人类社会发展的作用及其重要性上。但我们能说,马克思关于生产力的理论过时了吗?西方有些学者就是这样看的。他们批评马克思的生产力的乐观主义是错误的、已经过时,实际上是把马克思的生产力理论当成死的东西,予以抛弃。这种看法是错误的。

马克思的生产力理论不是孤立的理论,它是与生产关系理论相结合的生产方式理论的一个方面。谁能由当代生态恶化,由自然对人类的报复而得出结论,说马克思的生产力理论是错误的?任何一个马克思主义理论家都能看到,在当代生产力的发展仍然是社会发展的推动器。生产力的落后意味着社会的落后,生产力发展的停滞意味着社会发展的停滞。在当代,科学技术被誉为第一生产力,正是由它在当代生产力中的地位决定的。生产力决定生产关系的理论仍然是历史唯物主义不可推翻的基石。撼动和抛弃生产力理论就是釜底抽薪,就是从根本上推翻历史唯物主义。

马克思重视生产力发展的重要作用,但没有忽视生产关系对生产力发展的反作用。马克思当时已经注意到,在资本主义登上历史舞台后,人与人的社会矛盾而非人与自然的矛盾处于突出地位。而人与自然矛盾的解决取决于人与人的社会矛盾的解决,因此,马克思在《1844年经济学哲学手稿》中,把私有制的扬弃视为人与人的矛盾、人与自然的矛盾的解决方法。因此,马克思当时是在社会关系范围内考察科技发展的负面效应的。只要读读马克思1856年4月16日在伦敦的著名演说,也就是他在《人民报》创刊纪念会上的那篇学说,我们就知道,马克思从没有说一个社会只要生产力发展一切问题就都可以得到解决;相反,他说由于生产关系的制约,生产力的发展、科技的进步会产生许多不合理的社会现象。马克思当时称之为异化。当然,当时正是资本主义发展时期,马克思不可能预见现在出现的生产力发展与资源有限的矛盾问题、生态严重恶化的问题,甚至地球会不会被毁灭的问题。但是,马克思把人与自然的关系放在人与人的关系范围内来考察,把生产力的发展放在与生产关系相互联系中来考察的原则,具有重要的方法论价值。在当代,谁要不理解对利润的无限追求、对资源的掠夺、千方百计满足不合理的高消费的生活方式对生态造成的危害,就是一点也不懂马克思主义。这不是生产力的罪过,而是制约生产力的生产关系的罪过,是在生产关系中处于主导地位的阶级或集团的罪过。

恩格斯曾讲到自然对人类的报复,讲到人类对自然的每次胜利都受到自然界的惩罚问题。恩格斯设想随着社会主义胜利,自然界对人的报复问题即生态问题,可以随之解决。恩格斯的思路是正确的。但现实情况远非如此。社会主义中国的生态环境恶化并不次于西方资本主义国家,因为我们是后发展国家。当西方处于向外扩张的殖民发展期时,我们处于被剥夺发展权的殖民地地位;当我们可以发展时,人类生态环境污染已为西方资本主义发展付出了沉重代价。我们是迟到的发展中国家,或被称为处于发展中的国家。我们与西方在生态问题上有共同利益,这就是人类同处于一个地球;可又有矛盾,这就是高度发展的资本主义国家和曾经的殖民地国家发展需要的矛盾。不放在历史唯物主义视野下,看不清楚这些问题。

我们不可能从马克思和恩格斯的著作中发现地球毁灭的预言和解求之道,但我们可以从他们关于人、自然、社会相互关系的哲学论述中,得到解答历史之谜的方法论原则。马克思主义的基本观点和方法,永远是活的东西。如果采用形而上学的方法,硬要区分马克思主义中的死的东西和活的东西,肯定会走向马克思主义过时论,即使被认为是活的东西,脱离具体条件,变为抽象真理,同样会由活的东西变成死的东西。其实,一些被认为是过时的论断,只要能理解得出这些论断的条件以及如何得出这些论断的方法,不原封照搬,就同样有用。

不要把马克思主义变为语录,变为由许许多多不同的论断组合起来的百科全书,随时供引用、查证。如果这样看待马克思主义,肯定会发现不能一一对号。所谓死的东西和活的东西的区分,就是由这种思想方法而来。

后　记

　　这本小书算是写完了，有个结束。但我自己与学生的交谈，我的哲学思考没有结束。只要身体许可，这种方式的交谈还会继续。这是一种幸福。能与青年学生们交谈，能不断以他们思考的问题来推动我自己的思考，这是极为难得的。我仿佛是一部年代久远、思想陈旧的时钟，学生们不断地以他们的新问题防止我的思想停摆。

图书在版编目（CIP）数据

散步·路上——我与学生聊哲学/陈先达著. —北京：中国人民大学出版社，2014.4
（天下文丛）
ISBN 978-7-300-18553-8

Ⅰ.①散… Ⅱ.①陈… Ⅲ.①哲学-通俗读物 Ⅳ.①B-49

中国版本图书馆CIP数据核字（2014）第059368号

天下文丛
散步·路上
——我与学生聊哲学
陈先达　著
Sanbu Lushang

出版发行	中国人民大学出版社		
社　　址	北京中关村大街31号	邮政编码	100080
电　　话	010-62511242（总编室）	010-62511770（质管部）	
	010-82501766（邮购部）	010-62514148（门市部）	
	010-62515195（发行公司）	010-62515275（盗版举报）	
网　　址	http://www.crup.com.cn		
	http://www.ttrnet.com（人大教研网）		
经　　销	新华书店		
印　　刷	北京中印联印务有限公司		
规　　格	170 mm×210 mm　16开本	版　次	2014年4月第1版
印　　张	23.5 插页2	印　次	2017年4月第3次印刷
字　　数	292 000	定　价	49.80元

版权所有　侵权必究　印装差错　负责调换